W0060562

Matthias Platzeck

Zukunft braucht Herkunft

Deutsche Fragen, ostdeutsche Antworten

| Hoffmann und Campe |

1. Auflage 2009
Copyright © 2009
by Hoffmann und Campe Verlag, Hamburg
www.hoca.de
Satz: atelier eilenberger, Leipzig
Gesetzt aus der Minion
Druck und Bindung: GGP Media GmbH, Pößneck
Printed in Germany
ISBN 978-3-455-50114-8

HOFFMANN
UND CAMPE

Ein Unternehmen der
GANSKE VERLAGSGRUPPE

Nur wer die Vergangenheit kennt, hat eine Zukunft.
WILHELM VON HUMBOLDT

Diese Welt gehört den Optimisten, nicht weil sie
immer recht haben, sondern weil sie positiv eingestellt
sind. Selbst wenn sie irren, denken sie positiv. Deshalb
erreichen sie etwas, korrigieren Fehler, kommen weiter
und haben Erfolg. Kultivierter, wacher Optimismus
zahlt sich aus. Pessimismus bringt nur den leeren
Trost, recht zu haben. Die eine Lehre, die wir daraus
ziehen, ist die Notwendigkeit ständigen Erprobens.
Keine Wunder. Kein Perfektionismus. Keine Endzeit.
Wir müssen einen skeptischen Glauben entwickeln,
das Dogma meiden, gut zuhören und beobachten,
versuchen, Ziele klarzustellen und zu bestimmen.
Nur so können wir die richtigen Mittel wählen.
DAVID LANDES, *Wohlstand und Armut der Nationen (1998)*

Kinder, vergesst nicht: Der eigentliche Sinn des Lebens
liegt im Miteinander.
REGINE HILDEBRANDT

Inhalt

Der 11. September 1989:
Entscheidung in Budapest

Am 11. September 1989 bestieg ich in Budapest eine Interflug-Maschine nach Berlin-Schönefeld. Der Flug war ausgebucht, trotzdem blieben viele Sitzplätze leer. An diesem Tag wollte kaum jemand aus Ungarn zurück in die DDR. Einige Touristen, ein paar westdeutsche Journalisten. Dazu meine Freundin und ich.

Am Abend zuvor hatte der ungarische Außenminister Gyula Horn angekündigt, ab Mitternacht seien alle Bürger der DDR offiziell berechtigt, Ungarn in Richtung Westen zu verlassen. Zigtausende Ostdeutsche im Land hatten seit Wochen auf diese Nachricht gehofft. Schon Anfang Mai waren die ungarischen Grenztruppen daran gegangen, die alten Sicherungsanlagen an der Grenze zu Österreich abzubauen. Und am 27. Juni schnitten Außenminister Gyula Horn und sein österreichischer Kollege Alois Mock mit einer Drahtschere ein symbolträchtiges Loch in den Grenzzaun zwischen den Nachbarländern. Daraufhin machten sich im Laufe des Sommers immer mehr DDR-Bürger auf den Weg nach Ungarn. Eine beispiellose Ausreisewelle kam in Gang, erst langsam, dann immer heftiger. Aber vor Gyula Horns Ankündigung vom 10. September waren Flüchtende, wurden sie von ungarischen Grenzpolizisten aufgegriffen, noch immer an die Behörden der DDR ausgeliefert worden.

Die Folge war ein gewaltiger Rückstau ausreisewilliger DDR-

Bürger. Schon seit Juli hatten sie zu Tausenden Zuflucht in bundesdeutschen Vertretungen gesucht – nicht nur in Budapest, sondern auch in Prag, in Warschau und in Ost-Berlin. In Ungarn verlängerten Urlauber aus der DDR spontan ihren Aufenthalt am Balaton. Das Gelände der bundesrepublikanischen Botschaft war völlig überlaufen. Menschen übernachteten in improvisierten Zeltlagern. Sie alle hatten mit ihrem Leben in der DDR abgeschlossen, sie alle hatten nur noch das Ziel, endlich in den Westen ausreisen zu können. Bereits am 19. August war es anlässlich eines »Paneuropäischen Picknicks« an der ungarisch-österreichischen Grenze bei Sopron zu einem ersten Massenausbruch von 900 Ostdeutschen gekommen. Mit der völligen Öffnung der ungarischen Westgrenze in der Nacht vom 10. auf den 11. September fiel auch das letzte Hindernis. Jetzt stand der Weg in den Westen sperrangelweit offen. Allein in den drei Tagen bis zum 13. September reisten 12 000 Bürger der DDR über Österreich in die Bundesrepublik aus, 30 000 sollten es bis zum Ende des Monats werden. Wir aber flogen zurück nach Berlin-Schönefeld. Zurück in die DDR.

Zwei Jahrzehnte sind vergangen seit jenem 11. September in Budapest. Dieses Buch handelt gewissermaßen von den Folgen meiner Entscheidung, in die bereits wankende DDR zurückzukehren. Im September 1989 war ich 35 Jahre alt. Wie es in der DDR weitergehen würde, dem Land, in dem ich aufgewachsen war, konnte kein Mensch voraussagen. Hätte ich damals meiner Heimat den Rücken gekehrt, wäre mein weiteres Leben völlig anders verlaufen. So aber geriet ich, kaum nach Potsdam zurückgekehrt, mitten hinein in die sich überstürzenden Ereignisse jener vorrevolutionären Wochen.

Mitten im Geschehen wurde ich jetzt zum Akteur und Zeitzeugen zugleich. Ich erlebte die großen Demonstrationen und Kundgebungen des Oktober und am 9. November den Mauerfall. Schon einen Monat später vertrat ich die gerade erst gegründete Grüne Liga am Zentralen Runden Tisch der DDR. Ende Januar

1990 wurde ich zum Minister in die großkoalitionäre »Regierung der Nationalen Verantwortung« unter Führung von Hans Modrow berufen. Als Abgeordneter der ersten (und zugleich letzten) frei gewählten Volkskammer war ich dabei, als die DDR ihr Ende fand und in der Bundesrepublik aufging. Im November 1990 ernannte mich Ministerpräsident Manfred Stolpe zum Umweltminister im soeben gegründeten Bundesland Brandenburg, ein Amt, das ich bis 1998 ausübte. In den vier folgenden Jahren diente ich als Oberbürgermeister meiner Heimatstadt Potsdam und wurde 2000 zum Vorsitzenden der Brandenburger Sozialdemokraten gewählt. Seit 2002 schließlich leite ich die Landesregierung von Brandenburg. Das zusätzliche Amt des Bundesvorsitzenden der SPD musste ich 2006 nach einigen Monaten aus gesundheitlichen Gründen wieder aufgeben, doch auch diese Funktion eröffnete mir hilfreiche neue Einsichten. Die häufig – allzu schlicht – als »Wende« und »Aufbau Ost« bezeichneten historischen Prozesse der vergangenen zwei Jahrzehnte habe ich also in den verschiedensten Konstellationen aus nächster Nähe beobachten können. Dabei habe ich etliche Entwicklungen mitgestalten und beeinflussen dürfen, zu manchem Fortschritt beigetragen – und auch den einen oder anderen Rückschlag eingesteckt.

Inzwischen ist die Freiheitsrevolution vom Herbst 1989 Bestandteil der deutschen und europäischen Zeitgeschichte. Junge Erwachsene des Jahres 2009 waren damals noch nicht einmal geboren. Für viele der Jüngeren in Ostdeutschland ist die DDR nur noch graue Vorzeit. Erzählungen über die Mauer, über Mangelwirtschaft oder Maidemonstrationen, Schlangestehen oder dreizehnjähriges Warten auf einen Trabi kommen ihnen wie Berichte aus einer versunkenen Welt vor, eine eigene Erinnerung daran besitzen sie nicht. Viele der Älteren wiederum, die damals dabei waren, hatten in den vergangenen Jahren oft genug so sehr mit Gegenwart und Alltag zu tun, dass die Zeit der DDR und der Aufbruch des Jahres 1989, der in der friedlichen Revolution mündete, in ihrem Leben kaum noch eine Rolle spielten.

Trotzdem wäre es ein Irrtum zu glauben, die vierzigjährige Geschichte der DDR und ihr dramatisches Ende hätten in der ostdeutschen Gesellschaft keine bleibenden Spuren hinterlassen. Der besondere Entwicklungsweg, den Ostdeutschland seit 1990 zurückgelegt hat, erklärt sich aus der Hinterlassenschaft des gescheiterten Systems der SED. Es gibt ganz konkrete historische Gründe dafür, dass Ostdeutschland bis heute erst gute zwei Drittel der westdeutschen Wirtschaftskraft erreicht. Zugleich ist unsere ostdeutsche Gesellschaft heute zutiefst geprägt von den extrem schwierigen Bedingungen der Umbruchphase nach 1989. Kennzeichnend für Ostdeutschland ist daher ein besonderes Regionalbewusstsein innerhalb der erweiterten und – aufs Ganze gesehen – erfolgreich zusammenwachsenden Bundesrepublik. Allzu verwunderlich ist das nicht: Schließlich teilen die Menschen zwischen Ostsee und Erzgebirge eine Vielzahl von Erfahrungen aus den Jahren der DDR, den Monaten des Umbruchs 1989/90 und den schwierigen Transformationsjahren seither – Erfahrungen, die ihren Landsleuten in Westdeutschland im selben Zeitraum erspart, aber auch vorenthalten blieben.

Als Bundeskanzler Helmut Kohl am 1. Juli 1990 die Währungs-, Wirtschafts- und Sozialunion zwischen beiden deutschen Staaten verkündete, gab er allzu leichtfertig die Parole aus, schon bald könne Ostdeutschland in ein neues Zeitalter »blühender Landschaften« übergehen. Den Bürgern der bestehenden, »alten« Bundesrepublik versprach er: »Keiner wird wegen der Vereinigung Deutschlands auf etwas verzichten müssen.« Den erwartungsvoll auf die Zukunft hoffenden Ostdeutschen wiederum sagte Kohl zu: »Es wird niemandem schlechter gehen als zuvor – dafür vielen besser.«

Solche Sätze sollten Mut machen und Zuversicht erzeugen. Dagegen wäre nichts einzuwenden gewesen, hätte die Regierung Kohl zugleich Rezepte für den wirklich nachhaltigen Aufbau Ostdeutschlands und die gründliche Erneuerung des bedenklich in die Jahre gekommenen Erfolgsmodells West besessen. Doch solche Konzepte blieben aus. Umso tiefer fiel für viele ehemalige DDR-Bürger in den folgenden Jahren der Absturz aus – sowohl emotional als auch materiell. Und umso verständnisloser betrachteten umgekehrt manche Westdeutsche bald schon die neu Hinzugekommenen aus dem Osten. Auf die kurze Euphorie der Vereinigungsphase folgten schwere Jahre des gesellschaftlichen Umbruchs und der mühsamen Neuorientierung. Die Verwerfungen im Übergang von der staatssozialistischen Verwaltungswirtschaft der DDR zur Marktwirtschaft zerrten nicht nur an den Nerven der Menschen, sondern auch am sozialen und kulturellen Gewebe der Gesellschaft im Osten. Ein nahezu flächendeckender Zusammenbruch der Industrie, massenhafte Arbeitslosigkeit und beständige Abwanderung erschütterten in den neunziger Jahren die ostdeutschen Bundesländer. Die Perspektivlosigkeit ganzer Regionen und sozialer Gruppen hinterließ bei vielen Menschen bleibende seelische Verletzungen. Verunsicherung und Niedergeschlagenheit machte sich einige Jahre lang in Ostdeutschland breit. »Dafür sind wir 1989 nicht auf die Straße gegangen«, sagten die Leute. Und sie hatten recht.

Diese besondere ostdeutsche Stimmungslage in ihren verschiedenen Schattierungen haben manche – keineswegs nur westdeutsche – Beobachter in den vergangenen Jahren als die rückwärts gewandte, etwas selbstmitleidige »Ostalgie« eines vermeintlich chronisch beleidigten Menschenschlages missverstanden – kurz: als Sehnsucht nach einer heimeligeren, aber untergegangenen »guten alten Zeit« vor 1989. Sicher, auch diese Stimmung ist in Ostdeutschland hier und da anzutreffen. Bei meinen täglichen Begegnungen mit Bürgerinnen und Bürgern in Brandenburg höre ich immer wieder den auf die DDR bezogenen Satz: »Es war nicht alles schlecht.« Worauf ich zunächst gerne scherzhaft antworte: »Aber es war auch nicht alles gut.« Kommt es dann zum Gespräch, stellt sich meist sehr schnell heraus, was die Menschen wirklich meinen, die heute bei dem Glaubenssatz »Es war nicht alles schlecht« Zuflucht suchen.

Selbstverständlich bedeutete die DDR für Millionen von Menschen in Ostdeutschland – auch für mich – über Jahrzehnte hinweg vor allem ganz normales Leben: Schule und Ausbildung, Beruf und Karriere, Familie und Freundschaften, Höhen und Tiefen, Liebe und Leid, Hoffnungen und Enttäuschungen, Kinder und Enkel. Insofern lebten Menschen in der DDR, sehr vereinfacht gesagt, so wie anderswo auch. Die in der westlichen Bundesrepublik verbreitete Annahme, Bürgerinnen und Bürger der DDR seien zeit ihres Lebens immer nur Opfer des Systems gewesen, lehnen die so Beschriebenen fast durchweg ab – zu Recht, wie ich meine. Auch ich sehe mich nicht gerne so beschrieben, denn diese Charakterisierung spiegelt allenfalls einen kleinen Ausschnitt der Vielfalt meines Lebens zwischen 1953 und 1989 wider. Ja, Opfer eines letztlich untauglichen Systems und seiner Beschränktheit waren wir DDR-Bürger ganz sicher *auch*, aber darauf allein beschränkte sich unser Dasein bis 1989 nun wirklich nicht.

Die meisten Darstellungen der DDR zielen entweder klar auf Verurteilung oder, umgekehrt, auf Rechtfertigung ab. Ich verstehe gut, warum sich sehr viele Menschen in Ostdeutschland in dieser Unterscheidung nicht wiederfinden: Sie hat in ihrer Eindeutigkeit mit den ganz konkreten Alltagserfahrungen der ehemaligen Bürgerinnen und Bürger der DDR sehr wenig tun. Wer wie ich in den Jahrzehnten zwischen 1949 und 1989 zwischen Ostsee und Erzgebirge, Harz und Oderbruch aufwuchs, der war nun einmal in der DDR zu Hause. Dieses Land war uns *vertraut*. Es war, im Guten wie im Schlechten, unsere »Normalität«. Ob sich die Heimatgefühle der Menschen auch auf die Ideologie und Staatsordnung des Landes erstreckten, das war eine ganz andere Frage und für die Lebensläufe der Menschen nicht vorrangig. Im Übrigen: Für manche praktischen Probleme fand die DDR sogar gute Lösungen. Inzwischen werden sie auch in den alten Bundesländern endlich offener diskutiert und nachgeahmt. Man denke an Kindertagesstätten, Ganztagsschulen und Polikliniken.

Dass die Zahl der vom DDR-Sozialismus völlig überzeugten

Bürger überschaubar blieb, hatte triftige Gründe. Wer alt genug ist, weiß noch sehr genau, wie es tatsächlich zuging und aussah im Land, besonders in den späten Jahren des Regimes. Wer sich ehrlich erinnert, der kennt auch noch das lähmende Grundgefühl der Vergeblichkeit, das das Leben in der DDR zunehmend prägte. In einem Tagebucheintrag vom September 1982 hielt die Schriftstellerin Christa Wolf fest: »Eben dies, die bleiern graue Resignation, das bequeme Sich-Gehen-Lassen, hat ja die allermeisten Leute erfasst, die normalerweise schöpferisch sein könnten: Wer eine Generation lang daran gehindert wird, gibt es schließlich auf. Oder geht weg. Mehltau legt sich über alle und alles.«

Das trifft die Stimmung in der DDR der achtziger Jahre sehr gut. Jener Mehltau, der mit den Jahren immer dicker wurde, erstickte tatsächlich Kreativität und Initiative. Betriebsleiter wussten kaum noch, wie sie ihre Pläne erfüllen sollten. Auf den Flüssen unseres schönen Landes schwammen oft giftige Schaumkronen. »In der DDR ist alles grau, nur die Flüsse sind bunt«, lautete zutreffend ein in den Umweltgruppen gängiger Spruch. Nicht nur im oberen Erzgebirge (aber dort vor allem) starben die Wälder unter saurem Regen. In Dörfern und Städten zerfiel zusehends wertvolle historische Bausubstanz. In der Luft hing immer öfter jenes unverwechselbare Geruchsgemisch aus Braunkohlerauch und Zweitakterabgasen, an das sich jeder erinnern kann, der in der DDR gelebt hat oder sie irgendwann einmal besuchte. Die Versorgung mit ganz alltäglichen Gütern funktionierte immer schlechter. Und viele DDR-Bürger hatte Freunde und Verwandte, die innerlich bereits auf dem Weg in den Westen waren. Ausgerechnet Günter Mittag, viele Jahre lang mächtiger Wirtschaftslenker der SED, brachte die trostlose Wahrheit im Rückblick illusionslos auf den Punkt: »Ohne die Wiedervereinigung wäre die DDR einer ökonomischen Katastrophe mit unabsehbaren sozialen Folgen entgegengegangen ... Unbeschreiblich. Da läuft es mir heiß und kalt über den Rücken. Mord und Totschlag, Elend, Hunger.«

War also doch alles schlecht in der DDR? Der scheinbare Widerspruch ist in Wirklichkeit gar keiner: Als alltägliche Heimat und Ort unseres gelebten Lebens war die DDR völlig selbstverständlich »unser Land«. Als Gesellschafts- und Wirtschaftssystem hingegen war sie am Ende weder reformierbar noch überlebensfähig. Vor Ungerechtigkeit und Willkür geschützt hat diese selbst ernannte »Diktatur des Proletariats« ihre Arbeiter und Bauern nie. Und deshalb wünschte eine riesige Mehrheit der Ostdeutschen in den letzten Jahren der DDR nichts sehnlicher herbei als einen wirklichen Neuanfang. So übermächtig wurde diese Sehnsucht bei vielen, dass sie sogar die eigene Heimat verließen, um im Westen bei null wieder anzufangen. Fast immer war das eine schwere Entscheidung. Weitaus lieber bleiben Menschen nun einmal dort, wo sie ihre Wurzeln, Familien und Freunde haben.

Eben deshalb taten wir Bürgerinnen und Bürger der DDR mit unserer friedlichen Revolution von 1989 dann doch das Richtige. Wir haben den Staat der SED, in dem nichts mehr ging, beseitigt und uns auf den Weg in ein geeintes, parlamentarisch-demokratisch verfasstes Deutschland begeben – eine Gesellschaft mit mehr Freiheit und besseren Lebenschancen, als wir sie in der DDR jemals besaßen. Das zu betonen bedeutet keineswegs, dass im gemeinsamen neuen Deutschland alles von vornherein besser wäre als in der DDR. Es bedeutet auch nicht, dass die DDR keine bewahrenswerten Seiten aufgewiesen habe. Es bedeutet aber, dass wir uns für eine Gesellschaftsform entschieden haben, die zur Verbesserung, zur Erneuerung und zur Selbstkorrektur von innen heraus fähig ist.

Die DDR besaß diese Eigenschaften nicht, und genau hier liegt der entscheidende Unterschied zwischen heute und damals. Tatsächlich sind uns Verbesserung, Erneuerung und Selbstkorrektur in den vergangenen zwanzig Jahren auf eindrückliche Weise gelungen. Manchmal auf Umwegen, aber deutlich stärker, als es uns häufig bewusst ist, haben wir uns in Ostdeutschland Schritt für Schritt vielen der Ziele angenähert, die wir mit der Revolution von 1989 durchzusetzen hofften. Das Jahr 1989 steht für »unsere Revolution« (Erhardt Neubert) – einen geglückten Beitrag zur europäischen Geschichte des 20. Jahrhunderts, auf den Deutsche in Ost und West gemeinsam mit Stolz zurückblicken können. Aber auch das, was Ost- und Westdeutsche in den zwei Jahrzehnten seither auf dem Gebiet der ehemaligen DDR geschaffen haben, ist »unser Ostdeutschland«. Wir sollten es weiter verbessern, erneuern und dabei Entwicklungen korrigieren, wo immer dies nötig ist. Denn natürlich ist nicht alles gelungen. Aber wir haben überhaupt keinen Grund, grundsätzlich an der Verbesserungsfähigkeit unserer Gesellschaft zu zweifeln.

Insgesamt haben wir in Ostdeutschland während der vergangenen Jahre beträchtliche Erfolge erzielt: Die Arbeitslosigkeit ist massiv gesunken. Die ostdeutsche Industrie ist zunehmend wettbewerbsfähig und exportstark. Moderne Unternehmen haben in den neuen Bundesländern investiert und hochwertige Arbeitsplätze in Branchen mit Zukunft geschaffen. So ist etwa gerade mein Heimatland Brandenburg auf dem Gebiet der erneuerbaren Energien zu einem wirklichen »Innovationslabor« geworden, das größere Fortschritte gemacht hat als die meisten anderen Bundesländer. Unsere Bildungssysteme haben wir – bei allen noch vorhandenen Defiziten – systematisch verbessert, unsere Landeshaushalte in den meisten Fällen Schritt für Schritt in Ordnung gebracht.

Zugleich sind heute in Ostdeutschland allerdings oft auch Enttäuschung und Ernüchterung zu verspüren. »Was nützen uns die schönsten Freiheiten, wenn die Marktwirtschaft genauso schlecht funktioniert wie damals die DDR?« So wird gerade angesichts der aktuellen Wirtschaftskrise nicht selten gefragt. Wer sich aber ein wenig umsieht in Europa und der Welt, der erkennt schnell, wie viel uns gelungen ist; der erkennt, dass wir in Ostdeutschland in Wahrheit unendlich viel zu verlieren haben. Aber kein Zweifel: Tiefe Finanz- und Wirtschaftsmiseren wie die gegenwärtige bieten begründete Anlässe für kritische Fragen.

Trotzdem führt das Aufrechnen von freiheitlicher Demokratie gegen staatssozialistisches System in die Irre. Denn unsere demokratische Gesellschaft mit ihren Grundrechten und Grundfreiheiten ist ein Wert an sich. An sie haben wir uns allerdings mittlerweile auch so sehr gewöhnt, dass wir sie zuweilen für selbstverständlich halten und manchmal kaum noch wahrnehmen. Doch selbstverständlich sind Freiheit und Rechtsstaatlichkeit eben niemals. Wir würden diese Erträge der Revolution von 1989 bitter vermissen, würden wir sie im 21. Jahrhundert aus Nachlässigkeit noch einmal aufs Spiel setzen.

Die Ostdeutschen haben in den letzten zwei Jahrzehnten enorme Umbrüche bewältigt. Sie haben länger gearbeitet als andere, und sie haben weitere Wege in Kauf genommen, um Arbeit zu finden – nicht, weil sie die besseren Menschen wären, sondern weil die Umstände sie dazu zwangen. Viele Ostdeutsche haben Rückschläge erlitten und sind wieder aufgestanden. Sie haben gelernt, dass andere auch nur mit Wasser kochen. Sie haben nicht den geringsten Anlass zu Furcht oder Kleinmut. Ihr unerschrockener Realismus könnte sich in den kommenden Jahren als taugliche Grundhaltung erweisen. Das 21. Jahrhundert ist zwar noch nicht alt, aber eines wissen wir heute schon ziemlich genau: Einfach – im Sinne einer linearen Fortentwicklung des Bisherigen – werden die vor uns liegenden Jahrzehnte nicht. Wer sich darüber in den vergangenen Jahren noch irgendwelche Illusionen machte, den dürften spätestens die krisenhaften Entwicklungen der vergangenen Monate heftig aufgeschreckt und zum Nachdenken veranlasst haben.

Wir erleben seit dem vorigen Jahr eine schwere globale Wirtschafts- und Finanzmarktkrise, die sich seit dem Herbst 2008 nochmals auf beispiellose Weise verschärft hat und mittlerweile zur schwersten weltweiten Rezession seit achtzig Jahren geführt hat. Im Frühjahr 2008 hatten wir den plötzlichen Anstieg der

Preise für Nahrungsmittel zu verzeichnen. Angesichts des anhaltenden globalen Bevölkerungsdrucks spricht wenig dafür, dass die Ernährungskrisen in den Ländern der Dritten Welt abklingen werden. In der ersten Hälfte des Jahres 2008 gab es einen – von den meisten überhaupt nicht erwarteten – steilen Anstieg der Energiepreise, die mit der einsetzenden Wirtschaftskrise einstweilen wieder stark gesunken sind. Ein Fass Rohöl kostete vor fünf Jahren gerade einmal 30 Dollar, im Juli 2008 waren es fast 150 Dollar und Anfang 2009 wiederum 42 Dollar. Das letzte Wort des Marktes wird auch dies nicht sein. Niemand kann sagen, wo die Grenze nach oben liegt – und ob es solch eine Preisgrenze nach oben zukünftig überhaupt noch geben wird.

In globaler Perspektive stehen wir heute einem ganzen Berg von Herausforderungen gegenüber. Keine dieser Herausforderungen ist völlig neu. Aber wirklich neu ist das Mischungsverhältnis der kommenden Schwierigkeiten – und damit der erforderlichen Lösungen. Und neu ist auch die Unmittelbarkeit, mit der die Probleme der gesamten Welt ganz direkt auf den Alltag der Menschen in Deutschland durchzuschlagen beginnen, ob an der Zapfsäule, an der Käsetheke im Supermarkt, am Arbeitsplatz oder am Bankschalter. Es ist wahrhaft eine lange Liste von Fragen, mit denen die Welt in unserem Jahrhundert fertig werden muss: Da geht es um den Klimawandel und eine sichere Energieversorgung; um globale, aber höchst unzureichend regulierte globale Finanzmärkte; um Überbevölkerung und Ernährungskrisen; um Migration und Integration; um religiösen Fundamentalismus und um Terrorismus; um Massenvernichtungswaffen und organisiertes Verbrechen; um die Gefahr der unkontrollierten Weiterverbreitung von Nuklearwaffen; um regionale Konflikte oder sogar Genozide. Dies alles und vieles mehr werden wir bewältigen müssen. Es fällt schwer, angesichts dieser gewaltigen Herausforderungen nicht den Mut zu verlieren – oder den Kopf in den Sand zu stecken. Weder das eine noch das andere löst unsere Probleme, weder das eine noch das andere können wir uns leisten.

Aber was gibt uns Anlass zur Zuversicht? Wer die Zukunft gewinnen will, tut vor allem gut daran zu wissen, woher er kommt. Das Leitmotiv »Zukunft braucht Herkunft« bedeutet daher auch, dass wir uns zwei Jahrzehnte nach dem Aufbruch von 1989 auf die tatkräftige, zupackende Grundhaltung besinnen sollten, mit der wir Ostdeutschen damals Freiheit und Einheit errangen. Im Herbst jenes Jahres entschlossen sich die Bürgerinnen und Bürger der DDR, ihre Zukunft in die eigenen Hände zu nehmen. Genau das haben die Ostdeutschen in den vielfältigen Umbrüchen seither Jahr für Jahr getan – und sie tun es auch weiterhin. Unter schwierigen Bedingungen beweisen sie immer wieder ihren Erfindungsreichtum und ihre Bereitschaft zur Erneuerung, ihre Flexibilität und ihre Fähigkeit zur Improvisation. Mit dieser zupackenden Grundhaltung lassen sich intelligente Lösungen für Herausforderungen finden, mit denen die deutsche Gesellschaft mittlerweile insgesamt konfrontiert ist.

Alle diese Leistungen rechtfertigen heute eine erneuerte ostdeutsche Selbstwahrnehmung, die sich nicht mehr vorrangig auf erlittene Verluste bezieht, sondern auf erzielte Erfolge und erbrachte Leistungen: in den Jahren *vor* 1989, in den Jahren *nach* 1989 und ganz besonders im Jahr unserer Revolution selbst. Der ebenso freiheitliche wie friedliche Umbruch, aber auch der Weg, den Ost- und Westdeutsche seither gemeinsam zurückgelegt haben, sind bleibende historische Verdienste unseres Landes. Aus diesen Erfahrungen sollten wir das Selbstbewusstsein und die Zuversicht schöpfen, den großen vor uns liegenden Aufgaben gewachsen zu sein. Vom Weg, den wir in Deutschland seit 1989 miteinander zurückgelegt haben, aber mehr noch von den Herausforderungen, vor denen wir im Osten wie im Westen gemeinsam stehen, handelt deshalb dieses Buch.

Mein 1989

Ein Zufall war es nicht, dass ich mich im Spätsommer 1989 in Budapest aufhielt. Schon seit den siebziger Jahren war ich immer wieder in die ungarische Hauptstadt gereist. Damals studierte ich im thüringischen Ilmenau und hatte mich dort mit einem Kommilitonen angefreundet, der aus Ungarn stammte. Seitdem hatte ich Albert in Budapest häufig besucht. Als die politische Atmosphäre in der DDR im Laufe der achtziger Jahre zunehmend stickiger wurde, zog es mich regelmäßig ins weitaus liberalere und weltoffenere Ungarn. Unter den Staaten des Ostblocks hatte das Land schon seit den sechziger Jahren immer eine Sonderrolle gespielt. Nachdem die ungarischen Kommunisten mit sowjetischer Unterstützung den Volksaufstand von 1956 blutig niedergeschlagen hatten, hatten sie in den folgenden Jahrzehnten wirtschaftspolitisch einen deutlich gemäßigteren Kurs eingeschlagen. So sollte die Zustimmung der Bevölkerung zurückgewonnen werden.

Wegen der in Ungarn betriebenen Wirtschaftsreformen wurde die magyarische Spielart des Sozialismus oft scherzhaft als »Gulaschkommunismus« bezeichnet. Und weil man es im Land obendrein mit der ideologischen Reinheit der marxistisch-leninistischen Lehre nicht ganz genau nahm, galt Ungarn zugleich als »lustigste Baracke im Sozialismus«. Zudem hatten sich die ungarischen Sozialisten seit Mitte der achtziger Jahre systematisch nach Westen geöffnet und orientierten sich offen am Leitbild der sozialen Marktwirtschaft. Zumindest gemessen am Maßstab der späten DDR erschien Ungarn als nahezu freies Land. Auch deshalb war Budapest für mich mindestens einmal im Jahr der Ort, an dem ich »auftauchen« konnte, um Luft zu holen, um geistige Anregungen zu sammeln und neue Zuversicht zu tanken. Dass auch der Wein in Ungarn meistens besser schmeckte als in der DDR, hat ebenfalls nicht geschadet.

Seit 1985 regierte in der Sowjetunion der KPdSU-Funktionär Michail Gorbatschow mehr und mehr als entschlossener Reformer. Seine Erneuerungsbereitschaft entsprang weniger fester Überzeugung als blanker Not: Die Sowjetunion war in den achtziger Jahren wirtschaftlich am Ende, entschlossene Reformen erschienen Gorbatschow als einzige Chance, den real existierenden Sozialismus zu retten. Sein Verdienst bestand darin, dass er sich der Krise des sowjetischen Gesellschaftssystems stellte. Doch Gorbatschows Erneuerungsversuch kam viel zu spät, und er sollte letztlich an seinen eigenen Widersprüchen scheitern. Machtpolitisch gesehen bedeuteten Glasnost und Perestrojka daher den – vermutlich von vornherein zum Scheitern verurteilten – Versuch, die sowjetische Diktatur zu modernisieren, um sie zu bewahren. Für die Menschen im Machtbereich der UdSSR waren aber nicht die Motive der Moskauer Reformer entscheidend, sondern die Folgen ihres Handelns. Und die bestanden darin, dass sich die Spielräume eigenständiger Entwicklung nach 1985 erheblich erweiterten. In mehreren Ländern des Ostblocks – neben Ungarn vor allem in Polen – wehte spürbar der frische Wind der Öffnung und des Wandels.

Bei der Politik der greisen DDR-Führung um Erich Honecker dagegen war nicht die geringste Bereitschaft zu Veränderungen zu spüren. Bis in die siebziger Jahre hinein hatte der kleinere der beiden deutschen Staaten durchaus wirtschaftliche Fortschritte verzeichnet. Aber seither war die DDR immer tiefer in die Krise geraten. Das Wirtschaftswachstum sank beständig und hielt mit den Konsumaufwendungen nicht mit. Milliarden wurden in die mikroelektronische Industrie versenkt, ohne dass dabei weltmarktfähige Produkte herauskamen. Die Erträge der Landwirtschaft schrumpften, und immer mehr Nahrungsmittel mussten eingeführt werden. Die Infrastruktur – Maschinen, Fabrikgebäude, Straßen, Gleise, Kanalisation, Strom, Gas, Gesundheitswesen – wurde seit langem auf Verschleiß gefahren. Die Altbausubstanz verfiel in dramatischem Umfang. Die Verschmutzung von Luft, Gewässern und Böden nahm teilweise verheerende Formen an. Das schwerfällige System der zentralen Planung und Lenkung der Wirtschaft funktionierte hinten und vorne nicht mehr. Die Exporte gingen zurück, und die staatliche Verschuldung wuchs den Regierenden über die Köpfe. Die »Werktätigen« in der DDR konnten sich anstrengen, so sehr sie wollten: Angesichts der schieren Ineffizienz, Erstarrtheit und Reformunfähigkeit des Systems, in dem sie unter schwierigen Bedingungen ihre Arbeitsleistung erbrachten, konnten sie den allgemeinen Verfall nicht aufhalten.

Der »Sozialismus in den Farben der DDR« hätte also längst dringend der Erneuerung von innen heraus bedurft. Doch davon wollten Erich Honecker und die SED-Führung partout nichts wissen. Vereinzelte Vorstöße frustrierter Genossen prallten an den autoritären Machtstrukturen ab. Nachträglich berichtete der ehemalige Vorsitzende der Staatlichen Planungskommission, Gerhard Schürer, er selbst und andere hätten Erich Honecker schon seit 1976 immer wieder auf die Notwendigkeit eines Kurswechsels in der Wirtschaftspolitik hingewiesen. Auf die Forderung des Ministerratsvorsitzenden Willi Stoph, Honecker müsse nun endlich »einschneidende Maßnahmen zur Änderung der Wirtschaftspolitik« einleiten, soll der führende Mann der DDR 1982 lapidar geantwortet haben: »Die Worte über einschneidende Maßnahmen wollen wir nie wieder hören.«

Bei dieser Verweigerungshaltung blieb es auch noch, als sich die Sowjetunion selbst längst auf Reformkurs begeben hatte. Die

Einstellung der SED-Nomenklatura zur beginnenden Erneuerungspolitik in der Sowjetunion hatte Politbüromitglied Kurt Hager bereits 1987 in einer rhetorischen Frage auf den Punkt gebracht: »Würden Sie, nebenbei gesagt, wenn Ihr Nachbar seine Wohnung neu tapeziert, sich verpflichtet fühlen, Ihre Wohnung ebenfalls neu zu tapezieren?« Von dieser Haltung wich die DDR-Führung bis zu ihrem bitteren Ende nicht ab. In seinen »Erinnerungen« schreibt Michail Gorbatschow, dass seine eigenen Versuche, Erich Honecker »von der Notwendigkeit zu überzeugen, den Beginn der Reformen im Lande und in der Partei nicht hinauszuzögern, zu keinerlei praktischen Ergebnissen führten. Jedes Mal stieß ich gleichsam auf eine Mauer des Missverständnisses.«

Dass sie mit ihrer Verweigerungshaltung die noch kurz zuvor laut offiziöser Definition als »weltweites Vorbild sozialistischer Staatlichkeit« verehrte Sowjetunion brüskierte, nahm die SED-Führung billigend in Kauf. Die Bürgerinnen und Bürger der DDR hingegen beobachteten diesen Entfremdungsprozess mit wachsender Sorge. Als Erich Honecker im Herbst 1988 die deutschsprachige sowjetische Zeitschrift *Sputnik* verbieten ließ, griffen im Land Enttäuschung und Angst um sich. Die bange Frage lautete: Würde der sogar in der Sowjetunion selbst beginnende Wandel an uns vorübergehen? Umso größer war die allgemeine Erschütterung, als Erich Honecker im Januar 1989 verkündete, die Mauer werde auch in fünfzig und sogar in hundert Jahren noch bestehen bleiben: »Das ist schon erforderlich, um unsere Republik vor Räubern zu schützen, ganz zu schweigen vor denen, die gern bereit sind, Stabilität und Frieden in Europa zu stören.« Die Wirkung dieser Worte hätte kaum ernüchternder, ja demoralisierender sein können. Die Aussicht auf eine hundertjährige Fortsetzung der bestehenden Verhältnisse nahm vielen Menschen buchstäblich die letzte Hoffnung auf ein Licht am Ende des Tunnels, den die DDR zunehmend für sie bedeutete. Solange die SED regierte, so lautete klipp und klar die Botschaft des ersten Mannes im Staate, würde sich nicht das Geringste verändern. Selbst der stets verlässlich regimetreue Schriftsteller

Hermann Kant bewertete Honeckers Ankündigung von weiteren hundert Jahren hinter Mauern im Rückblick als historische Wasserscheide. Laut Kant war das der historische Augenblick, in dem die DDR aus ihrer Vorkrise mit voller Kraft in die akute Krise schlitterte.

Die Abwendung der DDR-Bürger von ihrem Staat verlief in Etappen. Aber spätestens jetzt reichte die Mehrheit bei ihrer Obrigkeit die innere Kündigung ein. Mit wachsender Verzweiflung suchten viele nach irgendeinem Ausweg, nach einem neuen Anfang, einer neuen Idee – das erst machte die Ereignisse des Jahres 1989 möglich. Immer mehr Menschen trafen für sich die Entscheidung, ihr Land bei erstbester Gelegenheit zu verlassen: Schon seit 1984 hatten Jahr für Jahr bis zu 50 000 Bürgerinnen und Bürger Ausreiseanträge gestellt; 1987 warteten bereits 100 000 darauf, für immer gehen zu dürfen. Sie alle hatten so sehr mit der DDR abgeschlossen, dass sie bereit waren, für eine ungewisse Zukunft ihre Familie, Freunde und Heimatorte zurückzulassen – womöglich für immer. Andere wiederum versuchten, im Land selbst neue Wege einzuschlagen. Sie trafen die Entscheidung, sich von den bedrückenden Verhältnissen nicht länger herunterziehen zu lassen, sondern gemeinsam mit Gleichgesinnten von unten her aktiv zu werden – so staatsfern, so selbstbestimmt und so frei, wie es innerhalb der DDR irgend möglich war. Genau das war der Entschluss, den ich Ende 1987 auch für mich traf.

Unter den Bedingungen der DDR weckte selbstorganisierte Aktivität umgehend den Argwohn der Obrigkeit. Vieles von dem, was heute als »zivilgesellschaftliches Engagement« oder »ehrenamtliche Tätigkeit« erwünscht und hochwillkommen ist, deuteten die Regierenden der DDR und ihre Sicherheitsorgane misstrauisch als »feindlich-negative Tätigkeit«. Der SED war es stets verdächtig, wenn Bürgerinnen und Bürger auf eigene Faust handelten. Aber genau darum ging es uns, als wir Anfang 1988 zusammen mit ungefähr zwanzig Gleichgesinnten in Potsdam zunächst die »Arbeitsgemeinschaft Pfingstberg« und wenig später die »Arbeitsgemeinschaft für Umweltschutz und Stadtgestaltung« (ARGUS) gründeten. Aus meiner beruflichen Erfahrung als Verantwortlicher für Umwelthygiene besaß ich seit Jahren ein ziemlich genaues Bild von den Umweltverhältnissen in Potsdam und Umgebung. Zu sehen und zu riechen war die Misere zwar seit langem für alle, aber wir besaßen auch die Messdaten, die vor der Öffentlichkeit stets geheim gehalten wurden. Die Zeit war überreif, selbst etwas zu tun.

Ganz pragmatisch und unspektakulär wollten meine Freunde und ich vorgehen. Nicht um Provokation und Umsturz ging es uns, sondern schlicht darum, in unserer unmittelbaren Heimat dem Verfall irgendetwas entgegenzusetzen. Als Erstes machten wir uns ab Februar 1988 gemeinsam daran, in unserer Freizeit das Aussichtsschloss Belvedere auf dem Potsdamer Pfingstberg wieder freizulegen. Das unter Friedrich Wilhelm IV. erbaute architektonische Kleinod war über Jahrzehnte völlig zugewachsen und zur Ruine heruntergekommen. Unter dem Dach unserer Initiative ARGUS wollten wir fortan in öffentlichen Veranstaltungen Umweltthemen diskutieren, Problembewusstsein schaffen und gegen den wahllosen Abriss der wertvollen barocken Altbauten in unserer Stadt protestieren.

Wie weit wir mit diesem Engagement kommen würden, wussten wir selbst nicht. Nicht ansatzweise hatten wir bereits den Sturz der SED-Herrschaft im Sinn. Dem Obrigkeitsstaat, in dem wir lebten, ein paar selbstbestimmte Freiräume abzuringen – ganz schlicht darum ging es uns. Und das gelang uns schon bald ziemlich gut. Die beiden letzten Jahre der DDR erlebte ich deswegen keinesfalls als ausschließlich trostlose, durchgängig graue und hoffnungslose Zeit, sondern durchaus als hoffnungsvolle Phase des Aufbruchs – trotz aller Hindernisse und Widerstände, die uns tagtäglich das Agieren schwer machten. Wenigstens warteten wir nicht mehr bloß ab, sondern taten etwas, und genau das war für uns erst einmal das Wichtigste. Missstände auf keinen Fall bloß passiv erdulden, sondern Engagement entwickeln und einfach irgendwo anfangen, selbst zu handeln – genau das empfehle ich auch heute noch allen, die mit den Verhältnissen in ihrem Umfeld unzufrieden sind. Ein wirksameres Heilmittel gegen Mutlosigkeit und Niedergeschlagenheit gibt es nicht.

Im Rückblick ist mir klar, dass sich der Zerfall des SED-Staates im Jahr 1988 dramatisch beschleunigte. Noch galt der Allmachtsanspruch der Einheitspartei, noch stand die Fassade und simulierte Normalität. Aber an den Graswurzeln der Gesellschaft regte sich neues Leben. Überall in der DDR entstanden in diesem Jahr unabhängige neue Initiativen und oppositionelle Gruppen. Allerdings wussten die Beteiligten noch zu wenig voneinander, um sich jeweils als einzelne Bestandteile einer größeren Bewegung begreifen zu können.

Für mich wurde die Arbeit bei ARGUS 1988 nach und nach zum zentralen Lebensinhalt. Keine Sekunde lang bildete ich mir ein, mit unserer Landschaftspflege, unserer Arbeit auf dem Pfingstberg oder unseren Diskussionsveranstaltungen könnten wir die SED-Herrschaft wirksam unterhöhlen. Dass am Ende alles so schnell gehen würde, hätte ich mir daher selbst wenige Monate vor der friedlichen Revolution vom Herbst 1989 schlicht noch nicht vorstellen können. Dafür erschienen die vielen Widerstände im System zu zäh, dafür waren unsere Fortschritte zu klein und die Rückschläge zu groß. Der Kitt, der die DDR unter der Herrschaft der SED zusammenhielt, wurde brüchiger, aber er zerbröselte noch nicht.

Außerordentlich frustrierend war es, zwischendurch immer wieder zu erleben, wie wenig sich unter den realen Bedingungen der DDR tatsächlich verwirklichen ließ. Wie Millionen andere auch konnte ich die blockierte Atmosphäre des späten SED-Staates manchmal sogar körperlich kaum mehr ertragen. Aus diesem Grunde zog es mich in diesen Jahren immer wieder nach Ungarn. Im Mai 1989 war ich wieder dort gewesen. Ich hatte mich entschlossen, den »Kampftag der Arbeiterklasse« in diesem Jahr möglichst weit weg zu verbringen. Ich wollte einfach keine Spruchbänder mehr sehen, mit Aufschriften wie »Aus jedem

Gramm Material und aus jeder Stunde Arbeitszeit einen höheren Nutzeffekt erzielen«. Die Lust am 1. Mai in der DDR mit seinen ewig gleichen sinnentleerten Aufmärschen und Parolen war mir schon seit Jahren gründlich vergangen. In Ungarn war inzwischen alles ganz anders. Hier hatten die Reformkommunisten um Gyula Horn, Imre Pozsgay, Miklós Nemeth und Károly Grósz im Mai 1988 den langjährigen Parteichef János Kádár zum Rücktritt gezwungen. Inzwischen arbeitete man systematisch auf die Einführung einer sozialen Marktwirtschaft hin. Und sogar unabhängige Parteien waren in Ungarn seit Januar 1989 zugelassen.

Selten hat mich etwas so aufgewühlt und motiviert wie die Verhältnisse, die ich in diesen Frühlingstagen in Budapest erlebte. In der Stadt gab es am 1. Mai nicht bloß *eine* offizielle Maidemonstration wie in der DDR, sondern es fanden mindestens drei statt: Auf dem Heldenplatz demonstrierten wie jedes Jahr die Kommunisten, aber gleich daneben fanden auch Kundgebungen der gerade erst gegründeten Sozialdemokraten und der Grünen statt. Alles schien im Aufbruch, überall wurden Flugblätter verteilt, an jeder Ecke wurde diskutiert. Die Polizei stand dabei, guckte zu und regelte nur noch den Verkehr. Wer wie ich an die Verhältnisse der DDR gewöhnt war, kam sich vor wie in einer anderen Welt.

Von dieser Reise kehrte ich voller neuem Optimismus nach Potsdam zurück. Es schien jetzt überhaupt ein wunderbarer Frühling zu werden. Budapest war in Bewegung. An der ungarischen Westgrenze wurden die Sperranlagen abgebaut. In Peking demonstrierten schon seit April die Studenten auf dem Platz des Himmlischen Friedens für Freiheit und Menschenrechte. In Warschau saß die lange verbotene Gewerkschaft Solidarność seit Anfang des Jahres mit am Runden Tisch. Und in Moskau regierte mit Glasnost und Perestrojka Michail Gorbatschow, der zudem soeben die letzten russischen Soldaten aus Afghanistan abgezogen hatte. Wie sollte da der Durchbruch zu Erneuerung und Demokratie auch in der DDR noch viel länger aufzuhalten sein?

Doch die großen Hoffnungen verflogen nach meiner Rückkehr sehr schnell wieder. Am 7. Mai hatten in der DDR die kommunalen »Volkswahlen« stattgefunden, wie immer mit Einheitsliste und »Zettelfalten«. Aber diesmal waren die Dinge anders verlaufen als gewöhnlich. Überall in der DDR hatten nämlich so viele Menschen mit Nein gestimmt wie noch nie. Bekannt wurde dies, nachdem Bürgerinnen und Bürger in Hunderten von Wahllokalen erstmals die Stimmenauszählung überwacht und die tatsächlichen Ergebnisse festgestellt hatten. Als die offiziellen Resultate bekanntgegeben wurden, war daher sofort klar, dass die Rohdaten von den Behörden in großem Stil gefälscht sein mussten. Überall schrieben daraufhin Bürger Eingaben oder erstatteten Strafanzeigen wegen Wahlfälschung. Auch bei uns in Potsdam schlugen die Wogen hoch. Kirchliche Gruppen, aber auch ARGUS, organisierten Versammlungen, um den offensichtlichen Betrug anzuprangern. Das Ausmaß der Wahlverweigerung und die anschließenden Proteste waren gewiss ermutigende Signale. Aber natürlich waren die Staatsanwaltschaften angewiesen worden, alle Anzeigen zu verschleppen. Wieder einmal schien der Protest wirkungslos im Sande zu verlaufen.

Das war an sich schon deprimierend genug. Doch dann kam im Juni die blutige Niederschlagung der Pekinger Studentenproteste auf dem Platz des Himmlischen Friedens. Da wurde uns auf sehr drastische und beängstigende Weise vorgeführt, auf welche Weise Demokratiebewegungen eben auch zu Ende gehen können. Das *Neue Deutschland,* die Parteizeitung der SED, titelte umgehend: »Konterrevolutionärer Aufruhr in China wurde durch Volksbefreiungsarmee niedergeschlagen«. Die Volkskammer billigte einstimmig die Wiederherstellung von Ordnung und Sicherheit »unter Einsatz bewaffneter Kräfte«. Erich Honecker gratulierte dem neuen chinesischen Parteichef Jiang Zemin. Egon Krenz reiste nach Peking und erklärte, in China sei »etwas getan worden, um die Ordnung wieder herzustellen«. Volksbildungsministerin Margot Honecker propagierte den Kampf »mit der Waffe in der Hand«. Das alles ließ sich nur als knallharte Drohung des Staates an seine Bürger verstehen. Auch in der DDR,

Ein Moment der Euphorie: das erste Pfingstbergfest am Potsdamer Belvedere im Juni 1989.

so gab man uns klipp und klar zu verstehen, würde das Regime im Ernstfall nicht vor der »chinesischen Lösung« zurückschrecken.

Zugleich geschahen in dieser schwierigen Phase allerdings auch Dinge, die mir Mut machten. Als wir mit unserer AG Pfingstberg am 10. Juni ein großes Kulturfest veranstalteten, kamen 3000 Menschen aus Potsdam und der gesamten Republik – ein großer, völlig unerwarteter Erfolg für uns. Die Stimmung an diesem Tag war selbstbewusst, optimistisch und ausgelassen. Bei unseren Gästen handelte es sich überwiegend um DDR-Bürger, die unbedingt im Land bleiben wollten, aber keine Lust mehr hatten, sich alles gefallen zu lassen. Etliche Künstler waren dabei und viele Umweltaktivisten. Eine Gulaschkanone samt Soldaten zu deren Bedienung hatte uns umstandslos der sowjetische Stadtkommandant zur Verfügung gestellt. Der Mann wusste durchaus, welche Art von Veranstaltung er damit förderte; die Gulaschkanone war seine Methode, sich für Perestrojka in der DDR einzusetzen. Und die Stasileute, die auffällig unauffällig am Festplatz herumstanden, luden wir ein, doch einfach mitzumachen.

An kleinen Details wie diesen war zu erkennen, dass die Verhältnisse nicht mehr ganz so monolithisch und einbetoniert waren, wie es vordergründig aussah. Ansatzweise war an diesem Tag bereits zu spüren, welche Kraft die Bürgerbewegung in der DDR einmal entfalten könnte. Am Abend saßen wir dann in unserer Gruppe zusammen und waren einfach glücklich: Mit all diesen klugen und fröhlichen Menschen war doch etwas anzufangen, bestätigten wir uns gegenseitig. Solche Leute, wie wir sie an diesem Tag auf unserem Pfingstberg erlebt hatten, gab es schließlich überall in der DDR. Warum sollte es da nicht gelingen, in diesem Land eine bessere Gesellschaft zu schaffen? An diesem Abend war die Hoffnung groß.

Solche euphorischen Momente gab es also auch in dieser Zeit. Im Alltag aber gestaltete sich alles erst einmal noch viel schwieriger, als es ohnehin schon gewesen war. In den Wochen nach dem Blutbad von Peking trat die Stasi deutlich aggressiver auf als zuvor. Bereits im Vorfeld des Jahrestags des Volksaufstandes vom 17. Juni 1953 ordnete das Ministerium für Staatssicherheit »höchste tschekistische Wachsamkeit« an, und in Berlin baute die Stasi ab Anfang Juli eine »Soforteinsatzgruppe operative Beobachtung« auf. In meinem Freundeskreis lösten die Reaktionen der SED-Führung auf die chinesischen Ereignisse große Beklemmung aus. Neue Angst stellte sich ein. Gute und aktive Leute, die vorher nie mit dem Gedanken gespielt hatten, ihre Heimat zu verlassen, entschlossen sich in diesen Wochen plötzlich doch, ihre Ausreise zu beantragen oder bei erster Gelegenheit in den Westen zu gehen. Irgendwann im Sommer waren sie von einem auf den anderen Tag verschwunden. Innerhalb meines Freundeskreises führte das in diesen Monaten auch zu Auseinandersetzungen, manchmal zu bitterer Enttäuschung. Ich jedenfalls war zunehmend frustriert. Rund um uns herum, so kam es mir vor, brach gerade überall die Freiheit aus: In Polen wurde im August Tadeusz Mazowiecki als erster Nichtkommunist in einem Mitgliedsland des Warschauer Pakts zum Ministerpräsidenten gewählt, und auch in Ungarn ging es weiter aufwärts. Nur bei uns in der DDR schien alles immer gespenstischer zu werden. Und viele von denen, die daran etwas hätten ändern können, wollten einfach nur noch so schnell wie möglich weg.

Scharfsinnig hat der SPD-Politiker Erhard Eppler die inneren Entwicklungen der DDR in diesen Monaten beobachtet. Am 17. Juni hielt er vor dem Deutschen Bundestag die jährliche Gedenkrede zur Erinnerung an den Volksaufstand von 1953. An die Adresse der SED gerichtet, erklärte Eppler, es gebe in der DDR bei vielen Menschen »so etwas wie ein DDR-Bewusstsein, ein manchmal fast trotziges Gefühl der Zugehörigkeit zu diesem kleinen, ärmeren deutschen Staat, aus dem sie gerne etwas machen wollen. Wenn ich mich nicht täusche, war dieses Gefühl vor zwei Jahren stärker als heute. Aber noch dürfte es in der DDR eine Mehrheit geben, deren Hoffnung sich nicht auf das Ende, sondern auf die Reform ihres Staates richtet. Wenn sich die Führung der SED allerdings weiterhin in jener realitätsblinden Selbstgefälligkeit übt, die wir aus den letzten Monaten kennen, dann könnte in weiteren zwei Jahren aus dieser Mehrheit eine Minderheit geworden sein.« Äußerungen wie diese pflegte die SED-Führung stets als unerwünschten Rat von außen beiseitezuwischen. In die inneren Angelegenheiten der DDR wolle er sich keineswegs einmischen, fügte Eppler vorsorglich hinzu. »Aber ich will, dass sich die Bürgerinnen und Bürger der DDR in die inneren Angelegenheiten ihres eigenen Staates einmischen können.«

Genau das wollten wir, und genauso geschah es schließlich auch – allerdings noch viel schneller, als Eppler vermutete. Schon innerhalb weniger Monate sollte ein massiver gesellschaftlicher Aufbruch die verbreitete Resignation ablösen. Und dieser Aufbruch trat paradoxerweise gerade deshalb ein, weil die DDR-Führung auch weiterhin überhaupt nicht daran dachte, ihren – von Eppler völlig zu Recht kritisierten – Kurs der »realitätsblinden Selbstgefälligkeit« zu revidieren. Wie sehr der Druck im Kessel DDR stieg, bekam ich in diesen Wochen auch persönlich deutlich zu spüren.

Auch wer nicht zu den besonders ängstlichen Menschen gehört, kann irgendwann an einen Punkt gelangen, an dem ihm dann doch mulmig wird. So ging es mir, als nach der umstrittenen Kommunalwahl im Mai eines Tages zwei Offiziere vom Ministerium für Staatssicherheit bei mir auftauchten. Ich erinnere mich noch gut an die Situation. Mit geübtem Geheimdienstlerblick auf meine Nasenwurzel starrte mich einer der beiden zunächst lange wortlos an, seine massigen Fleischerhände lagen reglos auf dem Tisch. Dann erläuterte er mir knapp den Grund seines Kommens. Es verhalte sich so, sagte er, dass die Geduld seines Ministeriums mit mir nunmehr aufgebracht sei. Nur eine Chance gebe er mir noch: Ich möge doch bitte schön im Rahmen einer kirchlichen Versammlung am folgenden Sonntag öffentlich erklären, die amtlichen Kommunalwahlergebnisse seien nach meiner Überzeugung doch nicht verfälscht worden, sondern korrekt und rechtmäßig zustande gekommen. Sollte ich mich dazu nicht bereit erklären, könne ich mich schon einmal mit dem Gedanken vertraut machen, dass meine drei Töchter Erika, Katharina und Maria in einem staatlichen Kinderheim demnächst möglicherweise besser aufgehoben sein könnten als bei ihren Eltern. Sie bezogen sich dann auch auf meine geschiedene Frau, die aktiv in der kirchlichen Opposition arbeitete. Ich möge mir die Sache also gut überlegen. In ein paar Tagen würden sie wiederkommen, kündigten die beiden Stasimänner zum Abschied an, und dann werde man schon weitersehen.

Die Drohung hätte eindeutiger nicht ausfallen können. Trotzdem stand für mich fest, dass ich die Rede nicht halten würde, die die Stasi von mir hören wollte. Also musste ich versuchen, den Erpressungsversuch ins Leere laufen zu lassen. Das einzige Mittel, die Herren von der Staatssicherheit nach solchen Situationen wieder loszuwerden, hieß »Dekonspiration«. Ich berichtete also sofort überall unter meinen Kollegen und Bekannten von dem Vorfall. Irgendwer, hoffte ich, würde davon wiederum den Stasimann mit den Fleischerhänden in Kenntnis setzen. Wäre den Leuten in der Kirche im Voraus klar, dass ich ihnen einen von der

Stasi erpressten Sinneswandel auftische, dann wäre die Rede für die Stasi wertlos, ja sogar kontraproduktiv. Und glücklicherweise funktionierte die Methode. Ein weiteres Mal ließen sich die Männer von der Stasi jedenfalls nicht bei mir blicken.

In dieser Zeit ermunterten wir einander oft, kühlen Kopf zu bewahren und nicht die Nerven zu verlieren. Das war alles andere als einfach. Gerade im Frühsommer 1989 zog der SED-Staat noch einmal drastisch die Zügel an. Viele Menschen im Land konnten oder wollten das nicht mehr ertragen. Auch deshalb verließen in den folgenden Monaten immer mehr Leute die DDR. Häufig waren es gerade diejenigen, die das Land am dringendsten brauchte, wenn es überhaupt noch irgendeine Chance der Erneuerung geben sollte. Mit ihrer Grenzöffnung am 11. September zogen die Ungarn dann endgültig den Stöpsel aus der Wanne DDR. Was als tröpfelnder Abfluss begonnen hatte, schwoll nun an zu einem breiten, unaufhaltsamen Strom.

Wie konnte es weitergehen mit der DDR, mit Deutschland und Europa? Auch das waren die Fragen, über die wir am Abend des 10. September mit meinem Freund Albert in Budapest diskutierten. Nach der Ankündigung von Außenminister Gyula Horn, Ungarn werde noch in derselben Nacht die Grenzen öffnen, schienen alle möglichen Szenarien denkbar und undenkbar zugleich. Angesichts der beängstigenden Mischung aus starrsinniger politischer Führung, zusammenbrechender Wirtschaft und einem Volk auf der Flucht war es vollständig ungewiss, ob und wie die DDR noch einmal auf die Beine kommen konnte. Denkbar erschien, dass der marode SED-Staat schlicht leerlaufen und schon bald zum völligen Stillstand kommen würde. Keineswegs ausgeschlossen war daher zugleich, dass die in die Defensive geratene Partei und ihre »bewaffneten Organe« versuchen könnten, das widerwillige Volk gewaltsam zu unterwerfen. Im Fall einer »chinesischen Lösung« wären auch meine Freunde und ich betroffen gewesen, so viel war klar. Penibel ausgearbeitete Pläne für Internierungslager und Listen mit Namen der zur Internierung vorgesehenen Systemkritiker lagen tatsächlich längst vor. Und welche Rolle würde die UdSSR spielen? Wie würden sich die im Land stationierten sowjetischen Truppen verhalten? Gab es überhaupt noch irgendeine Aussicht auf einen friedlichen Ausgang der dramatischen Krise, in die die DDR geraten war? War es bei so vielen himmelweit offenen Fragen nicht schlicht verrückt und gefährlich, in ein Land zurückzukehren, das in diesen Wochen so sehr aus den Fugen zu geraten schien?

Unser Freund bot an, uns noch in derselben Nacht mit dem Auto nach Österreich zu bringen. Er erklärte uns für verrückt, weil wir die Rückkehr in die DDR auch nur in Erwägung zogen. Wir diskutierten bis in die frühen Morgen, aber unser Entschluss stand eigentlich von vornherein fest: Nein, wir würden nicht über die plötzlich sperrangelweit geöffnete österreichische Grenze in den Westen gehen. Wir würden in die DDR zurückkehren, mochte alles, was dort kommen würde, auch noch so unübersichtlich, unberechenbar und womöglich sogar gefährlich sein. Auschlaggebend waren die Kinder, unsere Familien und Freunde. Meine Töchter lebten zwar bei meiner geschiedenen Frau, aber ich wollte sie auf keinen Fall missen. Außerdem hatten wir uns schon während der Gründung unserer Bürgerinitiative gefragt, was wir einstmals auf die Fragen unserer Kinder antworten würden. Wir wollten ihnen dann sagen können: »Wir haben zumindest versucht, dieses System ein bisschen freier, ein bisschen offener und demokratischer zu machen.« Westdeutschland spielte bei diesen Überlegungen keine Rolle.

Überhaupt, die alte Bundesrepublik war mir fremd. In Westdeutschland kannte ich so gut wie niemanden. Ich hatte dort weder Verwandte noch Freunde. Auch war es keineswegs so, dass ich die Ordnung der Bundesrepublik von vornherein für das erstrebenswertere System hielt. Wie den meisten Oppositionellen in der DDR (und auch den meisten Politikern in der Bundesrepublik) stand mir der Sinn zu diesem Zeitpunkt durchaus nicht nach einer Vereinigung der beiden Staaten. Was ich wollte, war eine bessere, freiere und demokratische Ordnung innerhalb des Landes, in dem ich zu Hause war. Natürlich war die DDR ein missratener Staat, aber sie war doch zugleich *mein* missratener Staat. Noch hatte ich die DDR nicht aufgegeben. Noch war auch bei mir jenes »fast trotzige Gefühl der Zugehörigkeit« zu diesem kleinen Land nicht abgestorben, von dem Erhard Eppler gesprochen hatte.

Und außerdem: Im Kreis meiner Potsdamer Freunde war ich immer derjenige gewesen, der mit dem größten Nachdruck fürs Durchhalten und Weitermachen plädiert hatte. Unter den Mitstreitern bei ARGUS und in der Pfingstberg-Gruppe galt ich als ein »Hierbleiber« ohne Wenn und Aber. Da konnte und wollte ich jetzt, da es womöglich wirklich schwierig wurde, nicht plötzlich die Segel streichen. Ich hatte noch nie in meinem Leben darüber nachgedacht, was eigentlich Heimat bedeutet, wie Heimatgefühl entsteht, was alles dazugehört. In dieser Budapester Nacht habe ich es begriffen. Am Ende wusste ich ganz klar, wo ich hingehöre, wo ich zu Hause bin.

Und so flog ich also am 11. September 1989 zurück nach Schönefeld. Die westdeutschen Journalisten an Bord der Maschine hatten die Nacht an den gerade geöffneten ungarisch-österreichischen Grenzübergängen verbracht. Aufgeregt berichteten sie von den großen historischen Ereignissen, die sie soeben erlebt hatten. Als sie erfuhren, dass ich ein Ostdeutscher auf dem Weg zurück in die DDR war, fragte mich einer: »Aber um Himmels willen, sind Sie denn völlig verrückt geworden?« Ich weiß nicht mehr, was ich antwortete. Die Sorgen des Mannes um meinen Geisteszustand konnte ich an diesem Tag ganz sicher nicht zerstreuen.

Fast zwei Jahrzehnte nach jenem für mich (aber nicht nur für mich) so entscheidenden 11. September 1989 fällt mir die Antwort leichter. Nein, ich war nicht verrückt geworden. Alles, was danach passierte, bestätigte diesen Befund. Nur wenige Tage nach meiner Rückkehr begannen wir, Unterschriften für den Gründungsaufruf des Neuen Forums zu sammeln. Die Dinge nahmen ihren Lauf, doch in welche Richtung sie sich entwickeln würden, konnten wir damals nicht wissen. Vielleicht hatte Erich Honecker ja recht mit seiner Voraussage von weiteren hundert Jahren Mauer? Es ist wichtig, sich heute noch einmal klarzumachen, wie vollständig offen die Lage in jenen Wochen war. Welcher Entschluss und welches Verhalten würden sich als richtig erweisen – für einen selbst, die eigene Familie, den eigenen Freundeskreis? Sollte man gehen oder bleiben? Den Mund aufmachen oder weiter schweigen? Widersprechen oder in Deckung bleiben? Etwas riskieren oder abwarten? Den Gründungsaufruf des Neuen Forums unterschreiben oder doch lieber nicht? Das waren Fragen, die sich viele stellten.

In diesen Wochen schien alles möglich und nichts undenkbar. In den Wochen nach der Grenzöffnung in Ungarn kippte in der DDR die Stimmung: zunächst langsam, dann immer schneller. Aber erst nach der großen Leipziger Demonstration am 9. Oktober mit ihren 70 000 Teilnehmern, gegen die das Regime wider Erwarten nicht gewaltsam vorging, wendete sich das Blatt endgültig zugunsten der Bürgerinnen und Bürger. Für mich ist deshalb der 9. Oktober der eigentliche Tag der Deutschen Einheit. In den Wochen und Monaten zuvor hatten alle in völliger Unkenntnis der weiteren Entwicklung gehandelt. Niemand konnte in jenen Wochen wissen, was als Nächstes passieren würde – und sehr viel hätte tatsächlich ganz anders kommen können. Genau darum verbietet sich jedes allzu leichtfertige Urteil über die Entscheidungen, die Menschen damals trafen. Jeder von ihnen hatte seine Gründe. Ich jedenfalls hatte meinen Entschluss gefasst.

In den flirrenden Septemberwochen kamen die Dinge in der DDR erst so richtig in Bewegung. Und in der Woche zwischen dem 2. und 9. Oktober wuchs die Dynamik des Geschehens schließlich so sehr, dass die bestehende Ordnung irreparabel aus den Fugen geriet. Dies waren die entscheidenden Tage des Herbstes – auf jeden Fall habe ich sie so erlebt. Gerade erst waren die Prager Botschaftsflüchtlinge in die Bundesrepublik ausgereist, und am Dresdner Hauptbahnhof hatten sich ausreisewillige

Demonstranten Straßenschlachten mit der Polizei geliefert. Daraufhin ließ Erich Honecker am 3. Oktober den visafreien Reiseverkehr in die Tschechoslowakei aussetzen. Bürgerinnen und Bürger der DDR besaßen nun buchstäblich keine einzige legale Möglichkeit mehr, in ein Nachbarland zu reisen. »Sind wir denn jetzt nur noch von Feinden umgeben?«, fragten sich die Menschen entgeistert. Das war die Lage, in der der Protest schließlich auch auf Potsdam übergriff.

Am Abend des 4. Oktober strömten die Potsdamer in großen Scharen zur Friedrichskirche auf dem Babelsberger Weberplatz. Dort wurde der Gründungsaufruf des oppositionellen Neuen Forums verlesen – wegen des großen Andrangs gleich mehrere Male. Mehr als 3000 Menschen hatten den Mut aufgebracht zu kommen, obgleich sich ein paar Straßen weiter im Karl-Liebknecht-Stadion die Bereitschaftspolizei intensiv auf einen Großeinsatz vorbereitete. Niemand, weder die Organisatoren noch die Staatsmacht, hatte mit einem solchen Ansturm gerechnet.

Mein Freund Wieland Eschenburg und ich hatten uns bereit erklärt, Einlassaufgaben zu übernehmen. Man rechnete mit einigen Hundert Teilnehmern. Nachdem wir mit Freunden in meiner Küche bei einem Glas Wein die Weltlage beleuchtet hatten, brachen wir zum Weberplatz auf, um unseren »Dienst« anzutreten. Doch dazu hatten wir gar keine Gelegenheit mehr. Nicht nur die Kirche war bereits voll, sondern auch der Platz davor. Ein wunderbares Gefühl. Nachts zählten wir dann im Haus des Pfarrers Stefan Flade die eingesammelten Spenden für inhaftierte Demonstranten und Bürgerrechtler. Viele Scheine waren zusammengekommen – auch das verdeutlicht die Entschlossenheit, die an diesem Abend geherrscht hatte. Auf einmal ahnten wir, dass es den Oberen der DDR nicht mehr gelingen würde, den Geist des Protestes noch einmal zurück in die Flasche zu bannen.

Tags darauf wollte man den Kindern in den Potsdamer Schulen tatsächlich weismachen, am Vorabend hätten sich in Babelsberg Verbrecher mit bösen Absichten versammelt. Meine elfjährige Tochter Erika begehrte mutig dagegen auf und erwiderte ihrer Lehrerin: »Nehmen Sie das zurück! Meine Mama und mein Papa waren dabei, und die sind keine Verbrecher.« In der folgenden Stunde wurde die Klasse gleich von zwei Lehrern agitatorisch bearbeitet. Noch heute bin ich stolz auf Erikas Courage. In der DDR gab es in diesen Tagen wohl viele Tausende solcher kleinen Begebenheiten, in denen sich das erwachende Selbstbewusstsein zeigte. Für sich genommen handelte es sich um winzige Zwischenfälle, doch in der Summe veränderten sie das ganze Land.

Drei Tage später, als in Berlin der 40. Jahrestag der DDR bereits in den Protesten der Bevölkerung versank (und in dem kleinen märkischen Dorf Schwante die ostdeutsche Sozialdemokratie gegründet wurde), trafen sich bei uns in Potsdam zum zweiten Mal nach der Veranstaltung im April Umweltgruppen aus dem gesamten Land. Diese Veranstaltung hatte ARGUS organisiert – formal unter dem Dach des Kulturbundes der DDR. Alle Bezirke der DDR waren vertreten, nur die Leipziger Freunde mussten absagen, denn dort liefen bereits die Vorbereitungen für den 9. Oktober. Noch während wir tagten, setzten die Behörden auch in der Potsdamer Innenstadt erstmals auf Konfrontation. Demonstranten wurden von Polizei und Stasi mit Gewalt auseinandergetrieben. Über unsere Veranstaltung vom 7. Oktober in Potsdam existiert ein Bericht des MfS, in dem die Dramatik des Tages anschaulich zum Ausdruck kommt: »Der Ablauf der Veranstaltung wurde wesentlich durch ständige Eingriffe der hinlänglich bekannten Potsdamer Stabe, Carola (Leiterin Argus und Hauptorganisator der Veranstaltung) und Platzeck, Matthias (Leiter der Projektgruppe Information) politisiert, wodurch es insbesondere in den Nachmittags- und Abendstunden des 7. 10. 1989 zu einer Eskalierung der Situation kam. (…) Durch die vordergründigen Einbeziehungen von Vor-Ort-Berichten aus Leipzig und über die Zusammenrottungen in der Potsdamer Innenstadt forcierten diese feindlich-negativen Kräfte die Atmosphäre, um den Boden für eine sogenannte Willenserklärung zu bereiten.«

Für »feindlich-negativ« hielten wir uns selbstverständlich gerade nicht. Im Gegenteil: Wir traten ja nicht gegen, sondern *für* etwas ein! Schließlich ging es uns gerade darum, der über viele Jahre auf katastrophale Abwege geratenen DDR, die wir durchaus als *unser* Land betrachteten, eine bessere Zukunft zu eröffnen. Die in dem zitierten Stasi-Bericht erwähnte Willenserklärung, beschlossen am 7. Oktober auf der Potsdamer Umweltgruppen-konferenz, zeigt sehr deutlich, wie wir damals dachten. In unserer Resolution hieß es: »Wir sind am Tage des 40. Geburtstages unserer Republik betroffen, traurig und wütend über den Zustand unseres Landes. Das Gehen vieler ist für uns Ausdruck der Enttäuschung und der Abkehr, die schon seit Jahren Teile der Bevölkerung erfasst haben. Wir sind von Unehrlichkeit umgeben, wo Aufrichtigkeit lebenswichtig wäre. Wir müssen feststellen, dass Engagement und Sorgen um unser Dasein und das unserer Kinder bagatellisiert oder gar kriminalisiert werden. Wir wollen Wahlen, die durchschaubar sind, Alternativen bieten und von der Öffentlichkeit lückenlos kontrollierbar sind. Wir wollen als selbstbewusste Bürger unseres sozialistischen Staates endlich glaubhaft in den Entscheidungsmechanismus im Lande einbezogen werden, statt ein Leben in privater Zurückgezogenheit zu führen. Wir wollen ehrliche Analysen und Aussagen über den Zustand unserer Wirtschaft und unserer Umweltbedingungen. Wir wollen Medien, in denen wir unser Leben und unsere Probleme wiederfinden.«

Diese Erklärung hatten wir in kleinem Kreis in der Nacht zuvor verfasst. Sie verdeutlicht nicht nur unsere damaligen Anliegen, sondern zeigt zugleich, von welchen Rahmenbedingungen wir damals noch ausgingen. Dass es auch weiterhin zwei deutsche Staaten geben würde, erschien uns offensichtlich. Und dass in der DDR irgendeine – wie wir hofften: menschlichere – Form von Sozialismus herrschen sollte, hielten wir für ausgemacht. Wie sehr sich die deutsche und europäische Geschichte schon innerhalb der nächsten paar Wochen beschleunigen würde, wie radikal sich die gesamte politische Tagesordnung verändern sollte – das war selbst zu diesem Zeitpunkt noch für niemanden absehbar.

Die Potsdamer Gewaltszenen vom 7. Oktober, als Staatssicherheit und Volkspolizei gegen Protestierende vorgingen, erlebte ich in den Abendstunden selbst noch mit. Das gesamte Stadtzentrum befand sich im Ausnahmezustand. Menschen wurden niedergeknüppelt, mehr als hundert Demonstranten auf rüdeste Art festgenommen. Die Revolution von 1989 war also keineswegs nur »friedlich« – jedenfalls nicht von vornherein. Natürlich nahmen die allermeisten der demonstrierenden Bürgerinnen und Bürger das Motto sehr ernst, mit dem sie in jenem Herbst auf die Straßen gingen: »Keine Gewalt!« Schließlich hatten sie allen Grund, sich vor »chinesischen Verhältnissen« zu fürchten. Für die Gegenseite galt das aber keineswegs. Aus der Perspektive der SED-Spitze konnte die Aufrechterhaltung des bestehenden Systems »mit der Waffe in der Hand« durchaus irgendwann als geeigneter – weil letzter – Ausweg erscheinen.

Die entscheidende Wasserscheide des Revolutionsgeschehens war deshalb die – ganz unerwartet gewaltfrei verlaufende – Leipziger Montagsdemonstration am 9. Oktober. Weil die Lage Spitz auf Knopf stand und jeder mit dem Schlimmsten rechnete, verfolgte an diesem Tag das ganze Land atemlos die Berichterstattung von ARD und ZDF. Kampfgruppen und Panzerwagen hielten sich in Bereitschaft, Maschinengewehrnester waren aufgebaut – und kamen dann doch nicht zum Einsatz. Erst dieses Zurückweichen bedeutete den Durchbruch zur Gewaltlosigkeit. *Vor* dieser glücklichen Wendung war die Staatsmacht – wie zwei Tage zuvor in Potsdam – einige Male mit größter Brutalität gegen Demonstranten vorgegangen. *Nach* diesem Tag jedoch hatte die SED das Heft des Handelns mit einem Schlag an die Bürgerinnen und Bürger verloren. Der Ruf »Wir sind das Volk« aus 70 000 Leipziger Kehlen widerlegte ein für alle Mal das Trugbild der unverbrüchlichen Einheit von Volk und Partei. Der Geist war aus der Flasche, die »führende Rolle« der SED als angemaßte Fiktion bloßgestellt. Die vermeintlich Führenden hatten die Dinge nicht mehr im Griff – und würden sie auch nicht wieder unter ihre Kontrolle bringen. Mir jedenfalls war nach dem Leipziger 9. Oktober sofort klar: Dieser Tag hatte nicht nur die DDR, sondern Deutschland und vielleicht sogar Europa verändert. Noch immer war die weitere Entwicklung offen. Doch so wie es gewesen war, würde es auf keinen Fall wieder werden.

Tatsächlich trat die Revolution nun überall in eine ganz neue Phase ein. Plötzlich ereigneten sich auch in Potsdam fast täglich Kundgebungen und Versammlungen, Demonstrationen und Friedensgebete. Und überall sonst geschah dasselbe. Insgesamt fanden im Oktober in allen Bezirken der DDR 330 Demonstrationen statt. Bis zu Erich Honeckers erzwungenem Rücktritt dauerte es unter diesen Umständen nur noch eine gute Woche. Am 18. Oktober präsentierte sich Egon Krenz als neuer Generalsekretär der SED vor den Kameras – und enttäuschte sofort auf der ganzen Linie. In seiner gewohnt formelhaften Ansprache ans Volk bezeichnete er die Bürgerinnen und Bürger der DDR zunächst als »liebe Genossen«. Dann erklärte er: »Mit der heutigen Tagung werden wir eine Wende einleiten, werden wir vor allem die politische und ideologische Offensive wiedererlangen.« Damit hatte Krenz immerhin einen Begriff geprägt, der heute noch zur Bezeichnung der Ereignisse vom Herbst 1989 verwendet wird. Zu Unrecht, wie ich meine: Denn was die Bürgerinnen und Bürger der DDR in diesen Wochen und Monaten vollbrachten, war keine »Wende«, sondern eine ausgewachsene Revolution. Aber klar wurde mit dieser Ansprache zugleich, dass von Honeckers langjährigem Kronprinzen außer neuen Worthülsen nicht das Geringste zu erwarten war.

Ich erlebte die Rede von Krenz zufälligerweise an dessen Wohnort Dierhagen, einem Dorf auf Fischland an der Ostsee. Carola Stabe und ich nahmen dort als Abgesandte von ARGUS an einem Treffen von Umweltschützern und Schriftstellern der DDR teil. Nach dem Auftritt des neuen Generalsekretärs tauchten noch am selben Abend Mitarbeiter der SED-Bezirksleitung aus Rostock bei uns auf. Sie ahnten scheinbar, welche Enttäuschung die Rede ausgelöst hatte, und wollten die Versammlung auf Linie bringen. Doch sie hatten keine Chance mehr. Am selben Tag übrigens hatten wir an der Ostseeküste zwischen Dierhagen und Wustrow die erste nennenswerte Windkraftanlage der DDR eingeweiht – ein schönes Signal für eine bessere Zukunft. Das Windrad ist heute noch in Betrieb.

Zu dieser Zeit waren wir bei ARGUS und den anderen Gruppen schon Tag und Nacht damit beschäftigt, eine gemeinsame Organisation der Umweltinitiativen in der DDR zu gründen. So entstand Anfang November das Umweltnetzwerk Grüne Liga. Da ich in der Nähe von Berlin wohnte und ein Telefon hatte, wurde ich ohne große Umstände zum provisorischen Sprecher bestimmt. Selbst zu dieser Zeit glaubten wir noch allen Ernstes daran, dass die DDR eine Zukunft hätte. »Wenn es bleibt, wie es war, dann hauen die Leute weiter ab. Aber wenn wir jetzt die Chance ergreifen und endlich ein besseres, freies und egalitäres Land aufbauen, dann bleiben alle hier« – so ungefähr dachten wir in dieser Phase.

Natürlich war das eine romantische Vorstellung. Aus dem Abstand von zwanzig Jahren und mit all dem Wissen über das inzwischen Geschehene lässt sie sich leicht als völlig unrealistisch belächeln. In der Tat: Wir überschätzten die ökonomische Leistungsfähigkeit der in Wahrheit völlig heruntergewirtschafteten DDR bei weitem. Wir unterschätzten das Ausmaß der ökologischen Verheerung im Land. Wir verkannten zeitweise den völlig legitimen Wunsch einer großen Mehrheit von Bürgerinnen und Bürgern der DDR, nach Jahrzehnten der Entbehrung endlich Anschluss an westliche Lebensstandards zu finden – notfalls in Westdeutschland selbst. Und ganz sicher machten wir uns auch eine ganze Menge Illusionen über die Möglichkeiten solch eines armen kleinen Landes, frei schwebend mitten in Europa existieren zu können, gleichermaßen unabhängig von der Sowjetunion wie von den Vereinigten Staaten. Aber eben dies war tatsächlich das Leitbild, das zahlreiche Menschen – auch mich – in den letzten Monaten der DDR noch stark motivierte: gewissermaßen die Vision einer »freien und lebenswerten Republik Ostdeutschland«.

Natürlich fällt es nicht schwer, sich heute über diese sehr idealistischen und mehr als nur ein bisschen wolkigen Vorstellungen lustig zu machen. Sie mögen inzwischen weltfremd erscheinen, aber sie entstanden aus Zeitumständen, in denen nach Jahrzehnten eingefrorener Verhältnisse in Europa mit einem Schlag unendlich viel kreative Erneuerung zumindest vorstellbar erschien. Jedenfalls haben diejenigen, die in den Monaten der Revolution von 1989/90 solchen Gedanken anhingen, nicht den geringsten Grund, sich ihrer damaligen Visionen zu schämen. Dass sich nicht alle anspruchsvollen Ideen und Ziele dieser Zeit verwirklichen ließen, spricht nicht von vornherein dagegen, solche Ideen und Ziele zu entwickeln. Ein wenig mehr von der überbordenden Erneuerungsbegeisterung, die in der DDR während der Revolutionsmonate vor zwanzig Jahren für kurze Zeit um sich griff, könnte unser vereinigtes Gemeinwesen heute durchaus gebrauchen.

Das Datum, das dann alles endgültig veränderte, war der 9. November. Am Abend saßen wir in Potsdam – wie fast immer in jenen Tagen – zusammen mit Freunden aus der Umwelt- und Bürgerrechtsbewegung und diskutierten die nächsten Vorhaben. Unser neuestes Projekt war eine große Kundgebung, die ein paar Tage später im Babelsberger Fußballstadion stattfinden sollte. Wir rechneten fest mit 10 000 Teilnehmern. Während wir über Tontechnik und Lichtanlagen berieten, platzte plötzlich jemand mit der Nachricht herein, dass die Mauer offen war. Einen Augenblick lang sagte niemand ein Wort. Dann erst meinte einer sehr trocken in die Stille hinein: »Mensch, musste das denn ausgerechnet jetzt sein? So kriegen wir doch unmöglich das Stadion voll.« Und alle brachen in großes Gelächter aus.

Die ekstatischen Bilder der Nacht vom 9. auf den 10. November 1989 wird kein Mensch vergessen, der damals dabei war. »Gestern Nacht war das deutsche Volk das glücklichste Volk auf der Welt«, rief Berlins Regierender Bürgermeister Walter Momper am folgenden Tag. Er hatte völlig recht. Fast noch wunderbarer war, dass sich die ganze Welt mit uns Deutschen zu freuen schien – vor dem Hintergrund unserer Geschichte durchaus keine Selbstverständlichkeit. Mit der massenhaften Überflutung der Grenzanlagen war die längst zerfließende Herrschaft der SED endgültig gebrochen: Schließlich war die Mauer der sichtbarste und sinnfälligste Ausdruck ihrer Macht. Die symbolische Kraft des Augenblicks war daher überwältigend. Jetzt musste auch der Letzte begreifen, dass in Deutschland und Europa eine neue Zeitrechnung begann.

Der Mauerfall war ein spektakuläres Ereignis. Allerdings war die Öffnung der Grenze nur noch eine Frage der Zeit gewesen. Dass die Mauer das Jahr 1989 kaum überleben würde, war mir bereits einige Wochen vor dem 9. November klar geworden. Und tatsächlich besaßen Bürgerinnen und Bürger der DDR zum Zeitpunkt der Maueröffnung schon seit fast einer Woche im Prinzip vollständige Reisefreiheit. Am 1. November nämlich hatte die DDR wieder visafreie Reisen in die ČSSR zugelassen; zwei Tage später hatte sie der Öffnung der tschechoslowakischen Grenze zur Bundesrepublik für Bürger der DDR zugestimmt. Diese mussten bei der Ausreise nur noch ihren Personalausweis vorzeigen. Seitdem konnte sich also jeder Ostdeutsche in Erfurt, Dresden oder Potsdam in seinen Trabi setzen und mit dem Umweg über die ČSSR nach Stuttgart, Köln oder Hamburg fahren. Die Mauer war nur noch das funktionslos gewordene Relikt einer untergegangenen Ära.

Noch am späten Abend des 9. November fuhr ich zur Glienicker Brücke. An diesem legendären Schauplatz des Kalten Krieges hatten Amerikaner und Russen enttarnte internationale Agenten ausgetauscht. Für mich besaß die Brücke allerdings eine andere Bedeutung. Nicht weit entfernt von hier war ich am Ufer der Havel aufgewachsen. Während meines gesamten bisherigen Lebens hatte sie Potsdam und West-Berlin, Deutschland und Deutschland, Ostblock und Westblock voneinander getrennt. Ich hatte es niemals anders erlebt. Und selbst noch in dieser Nacht, in der sich die Deutschen bereits als das glücklichste Volk auf der

Welt feierten, blieb die Glienicker Brücke geschlossen. »Das können Sie vergessen«, wiesen uns die Grenzposten barsch zurecht. »Diese Brücke wird niemals offen sein.«

Am folgenden Abend jedoch fuhr ich über die Glienicker Brücke nach West-Berlin, zum ersten Mal in meinem Leben. Auch hier stand die Zukunft plötzlich weit offen.

Einstieg in die Politik

Ich wollte Politik machen, und nun war die Zeit dafür reif. Der Beginn des Dezember war geprägt von der Einrichtung eines Zentralen Runden Tisches der DDR nach polnischem Vorbild. Nun begannen die ersten Machtkämpfe der neuen Ära. Die noch regierende SED hätte am liebsten wieder nur die Blockparteien am Tisch gehabt. Aber mit Blockpolitik alten Stils ging es jetzt natürlich nicht mehr. Also mussten auch die neuen oppositionellen Organisationen platziert werden: das Neue Forum, der Demokratische Aufbruch, Demokratie jetzt, die Grüne Partei, die Initiative Frieden und Menschenrechte. Dann kamen für die Opposition noch der Unabhängige Frauenverband und auf der Regierungsseite der DDR-Gewerkschaftsbund FDGB dazu. So saßen sich in der ersten Sitzung am 7. Dezember jeweils 17 Vertreter der Regierungsparteien und der Opposition gegenüber.

Daraufhin haben weitere Gruppen ebenfalls ihren Anspruch angemeldet, auch wir von der Grünen Liga. Auf einmal verhielten sich auch die bereits gesetzten Bürgerbewegungen sehr restriktiv. Schließlich fand aber eine Sitzung statt, in der jede Gruppe fünf Minuten Redezeit erhielt, um sich vorzustellen. Ich sprach für die Grüne Liga. Zwar konnten wir noch keine belastbaren Strukturen vorweisen, waren aber bereits ein Begriff als die einzige freie Umweltbewegung der DDR. Am Ende wurden noch

Am ersten deutsch-deutschen »Grünen Tisch« im März 1990: mit Markus Rössler, Helmut Röscheisen und Klaus Schlüter.

zwei Organisationen nachnominiert: auf Regierungsseite die Vereinigung für gegenseitige Bauernhilfe und auf der Oppositionsseite die Grüne Liga.

Ab sofort saßen wir also als gleichberechtigter Partner am Runden Tisch. Das war Politik pur. Direkter und ungeordneter, informeller und vibrierender habe ich Politik nie wieder erlebt. Völlig unklar war, was der Runde Tisch eigentlich durfte und was nicht. Vorne saß Hans Modrow als Regierungschef und nahm Weisungen der Vertreter des Runden Tisches entgegen, die er in die Tat umsetzen sollte. Klar war nur, dass hier zur Überbrückung der Zeit bis zur freien Volkswahl nach polnischem Vorbild ein nicht gewähltes Interimsparlament ganz eigener Art gebildet worden war – ein Kontroll- und Streitschlichtungsorgan, in dem sich Regierung und Opposition paritätisch gegenübersitzen sollten. In der ersten Sitzung wurde das institutionelle Selbstverständnis der neuen Institution festgelegt: »Die Teilnehmer des Runden Tisches treffen sich in tiefer Sorge um unser in die Krise geratenes Land, seine Eigenständigkeit und seine dauerhafte Entwicklung.« Was das prinzipielle Bekenntnis zur DDR betraf, war man sich in diesem Gremium durchaus einig.

Geschlafen habe ich in diesen Wochen und Monaten kaum. Silvester wollten meine Freundin und ich die neue Freiheit genießen und Freunde in Hamburg besuchen. Aber kurz vor der Abfahrt war bei mir Schluss. Nichts ging mehr. Ich schlief drei Tage und war danach wieder fit. Für meine Freundin war es gewiss nicht sonderlich unterhaltsam, am Silvesterabend dazusitzen und darauf zu warten, dass ich wieder aufwachte. Aber natürlich war dieser »Schlafanfall« auch ein Zeichen dafür, wie intensiv wir damals lebten und wie viel Adrenalin in diesen Monaten produziert wurde.

Zugleich verschärfte sich die politische Krise der DDR immer mehr. Ab Mitte Dezember begriffen die SED und auch einige Vertreter der Blockparteien, dass ihnen die Dinge nun endgültig entglitten. Die Auseinandersetzungen wurden härter. Staatssicherheit und Armee waren noch nicht entwaffnet und wurden nervös. Am 15. Januar platzte mitten in eine Sitzung des Runden Tisches hinein die Nachricht, dass Zehntausende von Menschen gerade drauf und dran waren, die Stasizentrale in der Berliner Normannenstraße zu stürmen. Daraufhin bat Modrow uns Bürgerrechtler, ihn zu begleiten, um die Lage dort zu beruhigen. Mit Markus Meckel, Konrad Weiß, Wolfgang Ullmann und anderen brachen wir auf und versuchten, beruhigend auf die Menschenmenge einzuwirken. Dieser Sturm auf die Normannenstraße war ein deutliches Signal. Für den harten Kern der alten Garde bedeutete er, dass es ihnen immer heftiger an den Kragen ging. Und keiner konnte einschätzen, wie locker ihnen der Colt noch saß.

Ohnehin wusste man in dieser Phase nie, was als Nächstes passieren könnte. Der Wahlkampf lief an. Die Westparteien versuchten, die Blockparteien als Partner zu gewinnen, um eine Basis in der DDR herzustellen. Zugleich wurden verschiedene ostdeutsche Neupolitiker als Stasispitzel enttarnt. Tag für Tag verließen im Januar etwa 2000 Bürger die DDR, und die wirtschaftliche Lage verschlechterte sich zusehends. Niemand hatte bei alledem noch einen Überblick. Hinzu kam, dass im Januar ständige Krisen- und Notsitzungen stattfanden, weil Hans Modrow mehrfach mit seinem Rücktritt drohte. Auch dieser Schritt hätte gefährliche Folgen haben können, denn ob man den SED-Mann Modrow nun schätzte oder nicht – als Ministerpräsident war er in dieser schwierigen Umbruchphase die einzige verbliebene Integrationsfigur der DDR. Trotz allem, was uns trennt und unterscheidet, achte ich Hans Modrow bis heute. In den schwierigen Monaten des Umbruchs tat er alles, um die Situation nicht eskalieren zu lassen und Blutvergießen zu verhindern. Dafür hat er meinen Respekt. Aus allen diesen Gründen waren diese Wochen unglaublich spannend.

Ende Januar fand dann in der Evangelischen Akademie Tutzing bei München eine Tagung zur deutsch-deutschen Frage statt, an der ich teilnehmen sollte. Eingeladen war eine Schar von Bürgerrechtlern und Neupolitikern aus der DDR, von denen man im Westen offenbar meinte, dass aus ihnen noch einmal etwas werden könne. Inzwischen ging es auf der Ebene der internationalen Politik längst um die Vereinigung und die Frage, unter welchen Bedingungen die Sowjetunion die deutsche Einheit akzeptieren würde. Gedankenspiele aller Art waren im Umlauf. Bundesaußenminister Hans-Dietrich Genscher etwa machte auf der Tutzinger Tagung den Vorschlag, das künftige vereinigte Deutschland solle der NATO angehören, wobei allerdings das Gebiet der DDR nicht in die militärischen Strukturen des westlichen Bündnisses eingebunden würde.

Auf derselben Tagung erlebte ich erstmals auch Willy Brandt. Der SPD-Vorsitzende sprach in Tutzing sehr klar und sehr direkt. »Man könnte salopp sagen, die Sache ist gelaufen, die von Deutschland handelt«, erklärte er. »Die Einheit von unten hat sich bereits auf eindrucksvolle Weise vollzogen, nicht nur in Berlin vom 9. auf den 10. November, sondern vielerorts seitdem an der bisherigen innerdeutschen Grenze.« Die staatliche Vereinigung sei demzufolge nur noch eine Frage der Zeit. Und über die Situation in der DDR merkte Brandt – »bewusst in dieser Zuspitzung« – auch dies an: »Die Abwanderung, die vor allem durch hausgemachte Effekte in beängstigendem Umfang fortbesteht, dürfte erst abebben, wenn in den Betrieben und Kombinaten, wenn zumal auch in der Verwaltung neuer Wind spürbar wird. Wer noch von einem ›Dritten Weg‹ träumt, sollte erkennen, dass die DDR gegenwärtig nicht die Option hat, ein schwedischer Wohlfahrtsstaat zu werden, womöglich mit jugoslawischer Selbstverwaltung und ökologischem Spitzenniveau, jedenfalls nicht aus eigener Kraft.«

Es wäre übertrieben zu behaupten, dass mich diese Argumente schon damals überzeugt hätten. Aber zumindest stimmten sie mich nachdenklich. Denn gerade mit diesen Sätzen traf er bei mir den wunden Punkt. Ich gehörte ja selbst zu denen, die zu diesem Zeitpunkt noch immer vage von einem ganz eigenständigen Weg der DDR träumten – irgendwo zwischen Ost und West, Markt und Plan, Ökonomie und Ökologie, direkter und repräsentativer Demokratie, Eigenstaatlichkeit der DDR und europäischer Einbindung. Zwar stimmte ich Willy Brandt damals noch nicht zu, weder bei seinem Plädoyer für die Vereinigung noch bei seiner Einschätzung, in der DDR sei eine ganz eigenständige Wirtschafts- und Gesellschaftsordnung mangels geeigneter Voraussetzungen schlechterdings nicht zu verwirklichen. Aber der Sozialdemokrat Brandt war ein Staatsmann, den ich – wie eine riesige Mehrheit der DDR-Bürger – bereits seit seiner Zeit als Bundeskanzler und Architekt der bundesrepublikanischen Ostpolitik in den frühen siebziger Jahren immer außerordentlich bewundert hatte. Unvergesslich war sein Besuch in Erfurt 1970, als viele Tausend DDR-Bürger vor seinem Hotelzimmer »Willy Brandt ans Fenster« riefen. Brandts eindrucksvolle Erfahrung und Urteilskraft standen außer Frage, und darum besaßen seine Worte Gewicht für mich.

Für Brandt hatte immer festgestanden, dass die Deutschen in der Bundesrepublik gegenüber den Deutschen in der DDR zur Solidarität verpflichtet waren. War Deutschland nach 1945 auch geteilt, so blieb es für ihn doch stets eine Nation. Dieses Bewusstsein so weit wie möglich wach zu halten und damit die Möglichkeit wenigstens nicht auszuschließen, dass beide Teile irgendwann einmal wieder zu einem deutschen Nationalstaat zusammenfinden könnten – dieser Gedanke hatte seiner Ostpolitik von Anfang an zugrunde gelegen. Und jetzt, im Winter 1989/90 war Brandt klar, dass es in erster Linie darauf ankam, einen Zusammenbruch der DDR zu verhindern, weil es in solch einer Situation leicht doch noch zu einer Weltkrise hätte kommen können. Für die Stabilität in Europa wäre nichts so gefährlich gewesen wie chronisch unruhige Verhältnisse in der DDR. So hätte der Sieg der Herbstrevolution schnell wieder verspielt werden können. Diese historischen Dimensionen der Überlegungen Willy Brandts begriff ich, exakt vier Jahrzehnte jünger und von klein auf in der DDR sozialisiert, allerdings erst nach und nach.

In gewisser Weise war die Situation ohnehin paradox: Wir Revolutionäre und Bürgerrechtler in der DDR hatten soeben gesiegt, das autoritäre Regime der SED war faktisch beseitigt. Doch zugleich drohte vielen von uns in den Wochen nach dem 9. November der Appetit an dieser Revolution zu vergehen. Immer weniger DDR-Bürger riefen »Wir sind das Volk«, dafür skandierten immer mehr »Wir sind ein Volk« und »Deutschland einig Vaterland«. Bei Kundgebungen wurden nun schwarz-rot-goldene Fahnen geschwenkt, in deren Mitte Hammer, Zirkel und Ährenkranz herausgeschnitten waren. Und als Helmut Kohl am 19. Dezember in Dresden vor Zehntausenden sprach, hieß es auf Transparenten: »Helmut, nimm uns an die Hand, führ uns ins Wirtschaftswunderland«.

Doch Wunder, Konsum und schneller Wohlstand waren nicht das, was die Protagonisten der Revolution angestrebt hatten. Wo sie jetzt noch versuchten, auf Kundgebungen vor den Folgen einer schnellen Wiedervereinigung zu warnen, mussten sie sich auf heftigen Widerspruch gefasst machen. Schon ab Dezember schwand bei vielen von uns die euphorische Stimmung beträchtlich. Die Revolution, so schien es uns, wurde um ihren ursprünglichen Geist gebracht und auf ein Gleis umgeleitet, das wir nicht gern befahren wollten. Damals war das auch für mich eine ernüchternde Erfahrung. Heute ist mir klar, dass dieser Wandel vor allem eines war: eine ganz normale und zutiefst menschliche Erscheinung.

War es denn etwa verwunderlich, dass die Menschen in der DDR in den Wochen nach der Maueröffnung immer ungeduldiger auf schnellen Wohlstand zu hoffen begannen, auf die Einführung der D-Mark und die Wiedervereinigung? Gewiss, mangels Erfahrung und Wissen herrschten noch reichlich diffuse Vorstellungen darüber, ob und wie das alles funktionieren könnte. So malten sich die Menschen einstweilen unrealistische Ost-West-Symbiosen vom schönen Leben aus. Wie hätte es auch anders ein können? Eine Art »Sozialismus mit Westgeld« war das neue Ideal. Nicht wenige hatten die Vorstellung, sie könnten künftig Westgeld verdienen und nach Mallorca reisen, zugleich aber ihre sicheren Arbeitsplätze behalten und zu den alten Ostpreisen zwischen vollen Regalen einkaufen gehen. Es war in vieler Hinsicht eine flüchtige Übergangszeit der großen Illusionen. In der Sache hatten daher natürlich die Skeptiker recht, die warnten, dass die Dinge kaum so einfach und widerspruchsfrei funktionieren würden. Insofern lagen die Bürgerrechtler und Revolutionäre der ersten Stunde durchaus richtig. Gleichzeitig aber verloren wir gerade in dieser Phase die Tuchfühlung zu großen Teilen der Bevölkerung, deren Bedürfnisse und Sehnsüchte wir nicht ausreichend verstanden.

Eine entscheidende Ursache dafür war sicherlich die Struktur des Runden Tisches. Dieser Runde Tisch war einerseits eine völlig unverzichtbare Einrichtung. Angesichts der chaotischen Lage in der DDR um die Jahreswende 1989/90 bot vermutlich allein die auf diese Weise institutionalisierte Kooperation der »alten« und der »neuen« Kräfte im Land die Chance, spontane Gewaltausbrüche und den wirtschaftlichen Kollaps abzuwenden. Aber andererseits hatten sich am Runden Tisch ganz überwiegend diejenigen Kräfte zusammengefunden, die sich, aus verschiedenen Gründen und mit unterschiedlichen Zielen, den Fortbestand einer eigenständigen DDR wünschten. Eben darin unterschied sich der Runde Tisch aber zunehmend von der breiten Mehrheit der Bürger im Land und ihrer Begeisterung für eine zügige Vereinigung. So wichtig der Runde Tisch auch war, wurde er doch am Ende von der tatsächlichen Entwicklung im Land überholt.

Dasselbe galt auch für das wahrscheinlich ehrgeizigste Projekt, das wir am Runden Tisch verfolgten: die Ausarbeitung eines eigenständigen Entwurfes für eine neue Verfassung der DDR. Diese sollte nach unseren damaligen Vorstellungen die »sozialen Errungenschaften« und »sozialen Standards« der DDR festschreiben, sehr viel direkte Demokratie vorsehen sowie vor allem dem Grundgesetz der Bundesrepublik ein eigenständiges Verfassungsrecht entgegensetzen. Auf diese Weise könnte, so hofften wir damals, ein schneller Beitritt der DDR zur Bundesrepublik nach Grundgesetzartikel 23 doch noch abgewendet werden.

Im Rückblick meine ich, dass wir am Runden Tisch teilweise zu unseren eigenen Zielen in Widerspruch gerieten. Dass sich Vertreter der Herbstrevolution und die Repräsentanten der ehemaligen Staatsparteien in diesem Gremium näherkamen, war bis zu einem gewissen Grad verständlich und unvermeidlich. Beide Seiten teilten schließlich den Wunsch, die Eigenständigkeit der DDR zu bewahren und deren bloßen »Anschluss« an die Bundesrepublik zu verhindern. Eine andere Sache aber war es, die »sozialen Errungenschaften und Standards« in der DDR über Gebühr anzupreisen. Um sie war es nämlich bei Licht besehen längst nicht so günstig bestellt, wie Bürgerrechtler und SED-/PDS-Akteure am Runden Tisch aus ganz unterschiedlichen taktischen Gründen behaupteten. Was die soziale Wirklichkeit der DDR in ihren späten Jahren vor allem kennzeichnete, waren häufige

Altersarmut und grassierende Wohnungsnot, wachsender Pflege-notstand und die zunehmende Überforderung des Gesundheits-wesens. Die Lebenserwartung in der DDR lag deutlich niedriger als in der Bundesrepublik, die Umweltbelastung dagegen teil-weise dramatisch höher. Auch gegen Missstände wie diese waren die Menschen im Herbst 1989 massenhaft auf die Straße gegan-gen. Und die Misere bestand unverändert fort – eben deshalb richteten sich die Hoffnungen einer großen Mehrheit der DDR-Bürger zunehmend auf den Westen. Indem wir Herbstrevolutio-näre nun am Runden Tisch dafür eintraten, »Errungenschaften« der DDR per se zu bewahren, die nur die wenigsten Bürger in ihrem Alltag erlebten, liefen wir Gefahr, allzu sehr als Verbün-dete derjenigen alten Kräfte wahrgenommen zu werden, die wir doch vor kurzem selbst noch bekämpft hatten. Damit förderten wir nicht unbedingt das Ansehen, das die Opposition und der Runde Tisch in der Bevölkerung genossen.

Am Ende gelang es schon aus Zeitmangel nicht mehr, den Ver-fassungsentwurf noch rechtzeitig vor der Volkskammerwahl fer-tigzustellen und am Runden Tisch zu verabschieden. Allerdings standen besonders die Sozialdemokraten am Runden Tisch dem Vorhaben von Anfang an ablehnend gegenüber. Ihrer Ansicht nach handelte es sich dabei um ein nicht demokratisch legitimier-tes Gremium, das keinerlei Befugnis hatte, verfassungsrechtliche Tatsachen zu schaffen und so der erst noch zu wählenden Volks-kammer vorzugreifen. »Demokratische Wahl bedingt Befugnis«, erklärte damals Richard Schröder von der SPD, »und nur die Verdienste, die der Wähler honoriert, setzen sich in Befugnis um!« Im Rückblick kann ich diesem Standpunkt deutlich mehr abgewinnen als in jenen Tagen.

Doch die frei gewählte Volkskammer sollte erst im März an die Stelle des Runden Tisches treten. Vorher wurde die Opposi-tion durch die Gründung einer großkoalitionären »Regierung der nationalen Verantwortung« am 5. Februar selbst noch für kurze Zeit in die Regierung einbezogen. Aus den Kreisen der Opposition sollten acht Minister ohne Geschäftsbereich gewählt werden. Ich erfuhr davon, als ich während der Tutzinger Tagung unvermittelt an ein Telefon im Foyer geholt wurde. Am Apparat war die Grüne Partei in Berlin. Man fragte, ob ich nicht Minister werden könnte. Zwar gehörte ich der Grünen Liga an und nicht der Grünen Partei, aber einen eigenen Kandidaten hatte man offenbar nicht so schnell gefunden. »Hauptsache ein Grüner«, erklärte man mir. Ich bat um Bedenkzeit. Ein westdeutscher Journalist, der das mitkriegte, meinte dazu: »Wissen Sie, im Westen arbeitet man dreißig Jahre, bis man gefragt wird, ob man Minister werden will.« Ich rief zurück und sagte zu.

Hätte man mich in Tutzing nicht ans Telefon bekommen, wäre ich wahrscheinlich nicht Minister geworden. So oder ähnlich begannen zu dieser Zeit politische Laufbahnen – oder eben nicht. Auf allen Ebenen suchte man händeringend nach Menschen, die bereit waren, sich politisch zu engagieren. Dass die Grüne Partei im Januar 1990 mir, also dem Mitglied einer anderen Vereinigung, einen ihr zustehenden Ministerposten anbot, erscheint aus heutiger Sicht mehr als merkwürdig. Damals aber war dies durchaus normal. Unendlich viele Posten und Mandate waren 1990 in der DDR neu zu besetzen. Fragte man aber Leute, ob sie etwa Bürgermeister, Landrat oder Landtagsabgeordneter werden wollten, winkten nicht wenige sogleich ab: So etwas könnten sie nicht! Der begeisterte Gestaltungswille des Herbstes ließ schon ab Januar 1990 sehr merklich nach. Offensichtlich fehlte vielen zunächst auch das Selbstbewusstsein, in irgendwelchen Versammlungen zu erklären: »Jawohl, ich mache das.« Von Gerangel um politische Posten konnte jedenfalls keine Rede sein.

Ich jedenfalls hatte meine Entscheidung getroffen – aber merkwürdig war das Ganze doch. Am Abend vor meiner Vereidigung ließ ich in meiner Küche mit Freunden bei ein paar Gläsern Wein die ganze Verrücktheit der Ereignisse in den zurückliegenden Monaten noch einmal Revue passieren. Gerade erst ein halbes Jahr war es her, dass ein Stasioffizier mit Fleischerhänden in Potsdam vor mir gesessen und gedroht hatte, er werde meine Töchter in ein Kinderheim stecken. Und am nächsten Morgen würden mich – wie widerwillig auch immer – genau dieselben, vor kurzem noch linientreuen Abgeordneten der DDR-Volkskammer zum Minister wählen, die auch schon zur Zeit jenes Einschüchterungsversuchs amtiert hatten. Einerseits schien der untergegangene SED-Staat bereits unendlich weit zurückzuliegen, andererseits war er immer noch sehr präsent. Auf die Absurdität dieser Lage stießen wir lachend miteinander an.

Ebenso unwirklich ging es für uns acht neue Minister weiter. Als wir am nächsten Tag frisch vereidigt aus der Volkskammer in unseren neuen Amtssitz, das Gebäude des Ministerrates kamen, beäugten uns die meisten Mitarbeiter sehr skeptisch aus ihren Zimmertüren. Jahrelang hatte man ihnen eingetrichtert, alle Oppositionellen und Bürgerrechtler seien grundsätzlich finstere Verbrecher. Nicht wenige glaubten das tatsächlich. Nur ganz allmählich ließen sie sich davon überzeugen, dass wir sie weder malträtieren noch verhaften lassen würden. Doch einige von ihnen blieben trotzdem auf der Hut. Es dauerte Wochen, bis die mir zugeteilte Sekretärin Vertrauen fasste. Andere erwiesen sich anpassungsfähiger und erklärten mit gedämpfter Stimme, dass sie schon immer heimlich dem antikommunistischen Widerstand angehört hätten. Solche Geschichten bekam man jetzt immer häufiger zu hören. Nicht wenige legten sich ihre Vergangenheit neu zurecht. Besonders aufrichtig und wahrhaftig war das nicht, aber zweifellos allzu menschlich.

Die »Regierung der nationalen Verantwortung«, der ich nun angehörte, amtierte von Anfang Februar bis Anfang April 1990, also nur wenige Wochen. Aber gereist wurde umso mehr in dieser Zeit. Angeführt von Hans Modrow, besuchten wir den neuen polnischen Premierminister Tadeusz Mazowiecki in Warschau und flogen am 6. März auch nach Moskau zu Michail Gorbatschow. Es war eine Art Abschiedsbesuch der kurz vor ihrem Ende stehenden Regierung Modrow. Besonders wir Minister aus der Opposition legten Wert darauf, Gorbatschow in seiner Unterstützung für den Umbruch in der DDR zu bestärken. Für die weitere Entwicklung in Deutschland und Europa, ja sogar in der ganzen Welt hing fast alles davon ab, ob die Sowjetunion ihren Kurs der Öffnung auch weiterhin beibehalten würde. In seinen Erinnerungen *Ich wollte ein neues Deutschland* schreibt Hans Modrow: »Matthias Platzeck dankte Michail Gorbatschow im Namen der Jugend der DDR, er habe ihr viel Mut gegeben. Die Freundschaft zwischen beiden Völkern zu vertiefen sei wichtig. Dazu sollte ein gemeinsames Jugendwerk beitragen, an dem sich auch die BRD beteiligen könnte. Dieses Jugendwerk sollte von nichtstaatlichen Organisationen und Stellen getragen sein.«

Sieht man einmal über den unverkennbar SED-geprägten Duktus dieser Passage hinweg – ganz sicher sprach ich Michail Gorbatschow nicht »im Namen der Jugend der DDR« an –, scheinen mir meine damaligen Einlassungen immer noch zuzutreffen. In der Tat hatte uns Michail Gorbatschow mit seiner Reformpolitik in den letzten Jahren der DDR viel Mut gemacht. Und das Ziel, Deutsche und Russen schon in jungen Jahren mit Hilfe eines deutsch-russischen Jugendaustauschs einander näherzubringen, halte ich heute für ebenso wichtig wie damals. Lange Jahre tat sich auf diesem Gebiet bedauerlich wenig. Mit der 2006 gegründeten Stiftung Deutsch-Russischer Jugendaustausch kommt nun hoffentlich Bewegung in die Sache.

Die wichtigste Reise der »Regierung der nationalen Verantwortung« war zweifellos der Besuch, den wir Bundeskanzler Helmut Kohl am 13. Februar in Bonn abstatteten. In der Begleitung von Ministerpräsident Modrow erschienen wir mit sage und schreibe siebzehn Ministern, darunter allen acht Neuministern aus den Bürgerbewegungen. Hier kam es zu einem mittleren Eklat. Angespannt waren die Beziehungen zwischen der Regierung Modrow und Kohl ohnehin. Modrow forderte von Bonn einen sofortigen Solidarbeitrag von 10 bis 15 Milliarden für die DDR, den die Bundesregierung jedoch seiner Übergangsführung verweigerte. Gerade uns Bürgerbewegte ärgerte es außerdem, dass Kohls aus

Pressekonferenz anlässlich des Besuchs der Modrow-Regierung in Bonn
im Februar 1990 mit Wolfgang Ullmann, Hans Modrow und Helmut Kohl.

Ost-CDU, Demokratischem Aufbruch und DSU bestehende
»Allianz für Deutschland« im anlaufenden Wahlkampf mit
hohen Beträgen aus dem Westen finanziert wurde. Wir begriffen
die DDR als eigenständiges Gemeinwesen und lehnten diese
Wettbewerbsverzerrung zu unseren Ungunsten ab. Dieses Thema
sprach ich stellvertretend für alle Oppositionsgruppen dem Bundeskanzler gegenüber offen an. Anstatt mir persönlich zu antworten, wandte sich Kohl verärgert an Modrow. Der Herr Ministerpräsident möge doch bitte seinem vorlauten Jungminister den
Mund verbieten: »Ich brauche mich von diesem jungen Herrn
nicht belehren zu lassen.«

Erfahrungen wie diese waren es, die das Missvergnügen bei
vielen Vertretern der Bürgerbewegung in diesen Monaten immer
mehr wachsen ließen. Die wachsende Einflusslosigkeit und
Schwäche der DDR lagen auf der Hand; dass die Bonner Regierenden die Regierung Modrow nur noch für ein Übergangsphä-
nomen hielten, war insofern durchaus nachvollziehbar. Was uns
mehr störte, war der offensichtliche Unwille Helmut Kohls und

seiner Leute, die Regierung Modrow wenigstens im Hinblick auf Tonart und Umgangsformen respektvoll und fair zu behandeln. Sie wussten, dass sie es nicht nötig hatten, und darum gaben sie sich auch keine Mühe mehr.

Ihren Höhepunkt erreichte die Frustration der Bürgerrechtler am 18. März, dem Tag der Volkskammerwahl. Im Herbst hatten sie kurzzeitig eine mächtige Massenbewegung angeführt. Jetzt aber war Kohls »Allianz für Deutschland« mit 48 Prozent eindeutige Siegerin. Dagegen blieb die SPD mit 21,9 Prozent weit hinter ihren Erwartungen zurück. Die in PDS umbenannte SED landete bei 16,4 Prozent. Noch viel schlimmer aber traf es die beiden Parteien, die unmittelbar aus den Bürgerbewegungen des vorigen Herbstes hervorgegangen waren. Das Bündnis 90 und die Grüne Partei, auf deren Liste ich kandidierte, erzielten zusammengenommen gerade einmal 4,9 Prozent. Man konnte es drehen und wenden, wie man wollte: Die Volkskammerwahl war zu einem Plebiszit über den Beitritt zur Bundesrepublik Deutschland geworden, und die Befürworter der weiteren Eigenstaatlichkeit der DDR hatten eine klare Niederlage eingesteckt.

Es schien mir ungerecht, dass viele, die in dem Umbruch eine wichtige Rolle gespielt hatten, nun nicht in die Volkskammer gelangt waren. Wäre im November gewählt worden, hätten die Parteien der DDR-Opposition wohl 50 oder 60 Prozent gewonnen. Im Dezember hätte es schon etwas weniger günstig ausgesehen. Und nun waren uns nicht einmal fünf Prozent geblieben. Ungerecht war sicherlich ebenfalls, dass die westdeutschen Parteien die DDR zur Arena ihrer eigenen machtpolitischen Auseinandersetzungen gemacht hatten. Aber demokratisch abgestimmt hatten die Bürgerinnen und Bürger der DDR selbst. Überhaupt war »ungerecht«, wie mir schnell klar wurde, ein ziemlich unpolitischer Begriff. Und mir war durchaus bewusst, dass es gut nachvollziehbare Gründe für das Votum der Bürger gab.

Schlicht zutreffend war der Vorwurf, dass die DDR-Bürgerbewegungen keinen begeisternden und auf die Zukunft gerichteten Entwurf für die veränderten Verhältnisse angeboten hatten. Die Gründe dafür liegen auf der Hand. Viele Aktivisten der Bürgerbewegungen wiesen langjährige eindrucksvolle Dissidentenkarrieren auf. Sie hatten sich dem SED-Regime in Zeiten entgegengestellt, als der Preis dafür unkalkulierbar hoch gewesen war. Viele wurden verhaftet und sogar gegen ihren Willen ausgebürgert. Dafür gebührt ihnen bis heute höchster Respekt. Die Agenda der DDR-Opposition war über Jahre hinweg der Widerstand gegen das Herrschaftsmonopol der Einheitspartei gewesen. Sie forderte mehr direkte Demokratie, mehr Bürgerbeteiligung, die umfassende Berücksichtigung sozialer und ökologischer Belange – also genau diejenigen Ziele, die in den Verfassungsentwurf des Runden Tisches Eingang fanden. Als sich aber die politische Tagesordnung wandelte, als plötzlich nicht mehr die innere Umgestaltung der DDR im Vordergrund stand, sondern die schnelle Vereinigung der beiden deutschen Staaten zum entscheidenden Thema aufstieg, konnten die Bürgerbewegungen keinen originären eigenen Beitrag mehr leisten – und wollten dies auch gar nicht. Die »nationale Frage«, das war nicht unsere Frage. Die politische Konsequenz war unser Wahlergebnis vom 18. März.

Die Volkskammerwahl war nichts anderes als das Waterloo der Bürgerbewegungen. Von den 400 Abgeordneten des ersten frei gewählten Parlaments der DDR stellte die Fraktionsgemeinschaft aus Bündnis 90, Grüner Partei und dem Unabhängigen Frauenverband gerade zwanzig. Die Enttäuschung der Bürgerbewegten war riesengroß. Viele Menschen, die mit ihrem mutigen Widerstand die freien Wahlen in der DDR überhaupt erst ermöglicht hatten, waren mit ihren Kandidaturen erfolglos geblieben. Kluge und couragierte Köpfe der Bürgerbewegung – etwa die beiden Potsdamer Rudolf Tschäpe und Reinhard Meinel vom Neuen Forum – mischten fortan nicht mehr an zentraler Stelle in der Politik mit. Wäre mehr Leuten wie ihnen der Sprung ins erste freie Parlament der DDR gelungen, hätte die Entwicklung im Land möglicherweise eine andere Wendung genommen.

In der letzten Volkskammer

Der politische Betrieb in der DDR wandelte sich nach dem 18. März schlagartig. Plötzlich ging es »westdeutscher« zu. In Windeseile übernahmen Referenten und Referatsleiter, deren Herkunft man auf Anhieb ihren Anzügen ansehen konnte, die Fraktionsbüros. »Jetzt ist mal Schluss mit dem Wirrwarr«, lautete ihre unmissverständliche Botschaft, »jetzt bringen wir hier mal richtig System rein.« Darauf waren die meisten Neupolitiker aus den Bürgerbewegungen nicht vorbereitet, weder strukturell noch organisatorisch, aber oftmals auch nicht emotional und seelisch. Diese Entwicklung hatten sie so auch keineswegs gewollt. Gewiss, die Demokratie entfaltete sich jetzt – aber dies geschah anders, als wir es uns in unseren bürgerbewegten Träumen ausgemalt hatten. Sie verlor ihre Spontaneität, ihre Fröhlichkeit, ihre Gemeinschaftlichkeit. »Wir treffen uns, diskutieren so lange, bis alle einig sind, und beschließen dann gemeinsam« – mit diesem Gestus hatten wir angefangen, doch damit war es jetzt vorbei. Plötzlich wurden Gesetzgebungsverfahren mühsam und bürokratisch in den Parlamentsausschüssen eingeleitet – das kannten wir so nicht. Obendrein mussten nun viele Regelungen aus dem Westen übernommen werden, weil ja die Vereinigung beider Staaten vorzubereiten war. Wo Ostdeutsche störrisch genug waren, trotzdem immer noch eigene Impulse setzen zu wollen, bekamen sie regelmäßig zu hören, ihre Vorstellungen seien nicht mit dem Grundgesetz vereinbar: »So geht das alles nicht.« Auch diese Erfahrung war für nicht wenige von uns außerordentlich ernüchternd.

Immerhin: Unter den Fraktionen in der neu gewählten Volkskammer wies die kleine Fraktionsgemeinschaft aus Bündnis 90 und Grünen anerkanntermaßen die höchste Dichte profilierter und eigenständiger Köpfe auf. Unter ihnen befanden sich so eindrucksvolle Persönlichkeiten wie Marianne Birthler und Joachim Gauck, Günter Nooke und Jens Reich, Werner Schulz und Wolfgang Ullmann, Konrad Weiß und Vera Lengsfeld. Sie alle waren auf ihre eigene Weise hochkarätige intellektuelle und rhetorische Kapazitäten, sie alle verfügten über die Gabe der klugen Analyse und des überzeugenden öffentlichen Auftritts. Jeder von uns sah sich jederzeit imstande, zu nahezu jedem beliebigen Thema eine steile These vorzutragen. Und weil unser kleiner Haufen mit Abstand die buntesten politischen Vögel der vergehenden DDR stellte, waren wir ständig in den Talkshows und Diskussionsrunden der deutschen Fernsehsender vertreten. Den Egos der einzelnen Mitglieder unserer Fraktion tat das natürlich richtig gut, unserer eigentlichen Fraktionsarbeit dagegen nicht immer.

So brillant diese Kollegen auch waren, so schwierig war oft die Koordination der praktischen Fraktionsarbeit. Weil wir daher über Monate nicht in der Lage waren, uns auf einen Fraktionsvorsitzenden zu einigen, amtierten als »Sprecher« neben- und nacheinander Jens Reich, Vera Lengsfeld, Wolfgang Ullmann und Marianne Birthler – deutlich zu viele für eine nur zwanzigköpfige Gruppe. Klassische Ausschusstätigkeit, also das Hauptgeschäft jedes Parlaments, war mit diesen groß dimensionierten Charakteren nicht ganz einfach zu organisieren. Einige verstanden wohl auch nicht so recht, warum sie überhaupt in irgendeinem profanen Rechts-, Haushalts- oder Finanzausschuss sitzen sollten, wenn sie doch zur selben Zeit auf Podien oder Kirchentagen über das große Ganze hätten reden können.

Da es nun einmal keinen Fraktionsvorsitzenden gab, fielen

einige seiner Aufgaben dem Parlamentarischen Geschäftsführer zu. In diese Funktion, zu der auch die Leitung der Fraktionssitzungen gehörte, hatte man mich gewählt. Niemals zuvor in meinem Leben (und auch niemals danach) musste ich so schnell so viel lesen. Es gab keine speziellen Sitzungswochen wie heute im Bundestag; die Volkskammersitzungen fanden jede Woche an fast jedem Wochentag statt. Es war eine intensive Zeit: In nur sechs Monaten verabschiedete diese Volkskammer 164 Gesetze und 93 Beschlüsse. Jeden Morgen, wenn ich ins Büro kam, lagen auf meinem Schreibtisch bereits stapelweise Akten, die ich durcharbeiten, auswerten und an die einzelnen Mitglieder meiner Fraktion verteilen musste. Es war viel Stress, aber Spaß gemacht hat es trotzdem.

Unsere Fraktionsbüros befanden sich übrigens im Gebäude des Zentralkomitees der SED. Die Geschichte unserer »Inbesitznahme« dieser Büros war skurril und ließe sich abendfüllend erzählen; wir stießen auf beträchtliches Beharrungsvermögen der Alteingesessenen. Die Tagungsstätte der frei gewählten Volkskammer war wie bisher der Palast der Republik. Allein das wäre für mich ein Grund gewesen, dieses Gebäude zu erhalten. In welchem anderen Parlament wurde schon einmal der Beschluss gefasst, das eigene Land aufzulösen? Und das ist nur ein Aspekt. Wir sollten uns mehr als bisher angewöhnen, mit der Geschichte der DDR sensibel umzugehen. Auch sie gehört zu unserer Vergangenheit.

Nachdem sich die äußeren Rahmenbedingungen unserer Arbeit vollständig verändert hatten – und in Windeseile weiter veränderten –, zeigten sich in den Wochen nach der Volkskammerwahl tatsächlich die Grenzen der Politikfähigkeit der ehemaligen Bürgerbewegungen. Alle Beteiligten waren zutiefst davon überzeugt, dass in erster Linie sie die Revolution ausgelöst, vorangetrieben und zum Erfolg geführt hätten. Obendrein stritt man untereinander mit Hingabe über längst Vergangenes. Vermutlich waren das ganz typische Verhaltensmuster von langjährigen Dissidenten. Verständnis für diese Emotionen hatte ich durchaus, denn natürlich hatten Stasi und SED gerade dem harten Kern der Bürgerrechtler auf bösartige und üble Weise mitgespielt. Trotzdem schadete uns nicht selten die Selbstbezogenheit der Debatten, die wir untereinander austrugen. Dem Volk der Ostdeutschen ging es in seiner übergroßen Mehrheit längst um ganz andere Dinge.

So bitter es für die früheren Oppositionellen auch sein mochte: Schon im Frühjahr 1990 interessierte sich tatsächlich kaum noch jemand dafür, wem es im untergegangenen SED-Staat wie schlecht ergangen war, wer gelitten und wer sich widersetzt hatte. Die Menschen blickten nicht zurück in die Vergangenheit, sie waren tief besorgt über die Gegenwart. Sie litten unter der plötzlichen Unübersichtlichkeit der Verhältnisse, fürchteten sich vor der Unordnung im Land und wollten wissen, wie es weitergehen solle. Aber niemand in der DDR konnte ihnen diese Orientierung vermitteln. In den Betrieben wurde gestreikt, und die Bauern zogen mit Traktoren vor den Palast der Republik, weil inzwischen auch die Landwirtschaft zusammenzubrechen drohte. Wer die Revolution gemacht hatte, spielte schlicht keine Rolle mehr. Für die Leute zählten nur noch Gegenwart und Zukunft. Im Grunde zeigte sich schon damals, also noch vor Währungsunion und Vereinigung, ansatzweise die widersprüchliche Tendenz, einerseits die Vergangenheit des SED-Regimes zu verklären und andererseits die Einheit als Allheilmittel zu betrachten. Bis 1989 sei zwar alles mies und armselig gewesen, aber zumindest habe man immer gewusst, woran man war. Und im vereinigten Deutschland werde wieder Ordnung herrschen, allerdings auf höherem materiellen Niveau. So ungefähr dachten im Frühjahr 1990 nicht wenige in der DDR.

In diesen Monaten unternahmen wir den letzten Versuch, eine eigene Verfassung der DDR zu entwerfen und durchzusetzen. Das war gewissermaßen das letzte Gefecht der Bürgerbewegungen. Jedenfalls brachte unsere Fraktion Anfang April den Verfassungsentwurf des Runden Tisches in die Volkskammer ein; Ende April wurde er mit 179 zu 167 Stimmen abgelehnt. Im Grunde war das Projekt spätestens seit der Volkskammerwahl chancenlos gewesen. Dass wir zu dieser Zeit wirklich alle noch an unsere Sache geglaubt haben, halte ich für unwahrscheinlich. Trotzdem meine ich bis heute, dass es den Versuch wert war. Dass wir den Entwurf zur Diskussion stellten, obwohl wir uns über seine Erfolgsaussichten schon keine Illusionen mehr machten, hatte auch mit Selbstachtung und Selbstrespekt zu tun. Man soll in dieser Hinsicht die Wirkung von Verfassungsprozessen nicht unterschätzen. Eine neue DDR-Verfassung hätte ein guter Impuls sein können, um in Deutschland ein anderes Gefühl für das Zusammenwachsen der beiden Gesellschaften zu entwickeln. Wir argumentierten, dass auch die DDR in diesen Prozess etwas Eigenes einbringen müsse, damit die ostdeutsche Gesellschaft – zum Vorteil beider Seiten – im neuen gemeinsamen Staat mit Selbstbewusstsein auftreten könne. Aber das wollten in der DDR nur sehr wenige – wir Bürgerrechtler aus Überzeugung, die ehemals Mächtigen in der PDS aus Angst. Und im Westen wollte es sowieso fast niemand.

Wolfgang Schäuble, auch damals Bundesinnenminister, hat die wirklichen Kräfteverhältnisse des Frühjahrs 1990 sehr klar auf den Punkt gebracht: »Liebe Leute, es handelt sich um einen Beitritt der DDR zur Bundesrepublik, nicht um die umgekehrte Veranstaltung. Wir haben ein gutes Grundgesetz, das sich bewährt hat. Wir tun alles für euch. Ihr seid herzlich willkommen. Wir wollen nicht kaltschnäuzig über eure Wünsche und Interessen hinweggehen. Aber hier findet nicht die Vereinigung zweier gleicher Staaten statt. Wir fangen nicht ganz von vorn bei gleichberechtigten Ausgangspositionen an.« Natürlich hatte Schäuble damit in gewisser Weise recht: Unbestreitbar war es die kleine DDR mit ihrer widersinnigen Staats- und Wirtschaftsordnung, die gescheitert war, nicht die viel größere Bundesrepublik mit ihrer funktionierenden sozialen Marktwirtschaft. Gerade deren Erfolg hatte ja für sehr viele Bürgerinnen und Bürger der DDR über viele Jahre hinweg die Strahlkraft und Attraktivität des Westens ausgemacht. Gerade wegen dieser Strahlkraft war man ja Abend für Abend vor dem Fernseher kollektiv in den Westen »ausgereist«, hatte ARD und ZDF eingeschaltet und nicht das Fernsehen der DDR. Und gerade deshalb zog es so viele Menschen vom Osten in den Westen und nicht umgekehrt. Das überwältigende Ungleichgewicht der Ausgangslage war im Frühjahr 1990 völlig klar und unbestreitbar. Und natürlich sprach manches dafür, auf bewährte Rezepte zurückzugreifen, um schnelle Lösungen für die vielen Probleme zu finden, die sich vor uns auftürmten. Die herrschende Logik des Westens lautete: Die Ostdeutschen haben den Kommunismus verjagt. Sie sehnen sich nach Wohlstand. Sie wollen so komfortabel leben wie im Westen. Was lag da näher, als im Osten alles möglichst flächendeckend und zügig nach dem Muster des erfolgreichen Westens einzurichten?

So dachte Wolfgang Schäuble. So dachte Helmut Kohl. So dachten die Verwaltungsprofis aus dem Westen und sehr viele andere Westdeutsche auch. Nach Wiederaufbau, Wirtschaftswunder und gelungener Westintegration waren sie ganz einfach tief überzeugt von den Vorzügen ihres bundesrepublikanischen Gemeinwesens. Den Untergang der DDR einschließlich des konkurrierenden sozialistischen Gesellschaftsmodells begriff die politische Klasse der Bundesrepublik ganz überwiegend zugleich als Bestätigung ihres Erfolgsmodells West. Hatte dieses Modell seine Überlegenheit nicht gerade erst bewiesen? Und waren es denn nicht die Bürgerinnen und Bürger der DDR selbst, die dies mit ihrer Freiheitsrevolution und ihrem millionenfachen Aufbruch nach Westen bestätigten? Na eben! Und was aus ostdeutscher Perspektive bis heute so schwer nachzuvollziehen ist: Zwar nicht immer, aber doch in den allermeisten Fällen meinten es Westdeutsche, die so argumentierten und entsprechend handelten, sogar gut mit ihren ostdeutschen Brüdern und Schwestern.

Aber das Gutgemeinte ist im wirklichen Leben nun einmal nicht immer das Gute – und aus genau diesem Unterschied entstehen nicht selten schwere atmosphärische Störungen. Tatsächlich ignorierten die Bundesregierung und große Teile der politischen und verwaltenden Klassen der Bonner Republik schlicht und einfach, dass es bei der Vereinigung der beiden deutschen Staaten auch um die nichtmateriellen, um die emotionalen und seelischen Bedürfnisse ihrer ostdeutschen Landsleute hätte gehen müssen. Gerade wo die westdeutsche Politik mit all ihrer Erfahrung, mit ihren bewährten Instrumenten, mit großzügigem finanziellem Einsatz und enormem Selbstbewusstsein besonders tatkräftig zu helfen meinte, gerade dort hinterließ sie im Osten – scheinbar paradoxerweise – oft ein Gefühl der ohnmächtigen Verbitterung.

So schwer ist diese Bitterkeit gar nicht zu verstehen. Aber vielfach fehlten auf westdeutscher Seite die Bereitschaft und wohl auch die Fähigkeit zur Anteilnahme, zur Einfühlung in die seelische und psychische Lage, in der sich die Ostdeutschen 1990 wiederfanden. In deren Welt war soeben das Unterste nach oben und das Oberste nach unten gekehrt worden. »Bis auf die Uhrzeit und die Jahreszeit«, wie manche sagten, schien so gut wie nichts Bestand zu haben. Kaum etwas versprach noch Stabilität, nirgendwo blieben verlässliche Orientierungspunkte, alles schien gleichzeitig umgekrempelt zu werden – und die rasende Fahrt ging immer noch weiter. Ob Verfahren, Regeln oder Einrichtungen – was immer den westdeutschen Machern der staatlichen Vereinigung auf dem Territorium der DDR fremd und unbekannt vorkam, schien der »Abwicklung« anheimzufallen. Dass damit aber zugleich immer auch die Lebenswelt, der Alltag und das Selbstbewusstsein der Ostdeutschen abgewickelt wurden, erkannten selbst viele der wohlmeinenden westdeutschen Helfer nicht.

Damals zitierte man in Ostdeutschland gerne einige treffende Sätze von Theodor Fontane, die der Schriftsteller nach dem deutsch-dänischen Krieg von 1864 über die Inbesitznahme von Schleswig und Holstein durch Preußen geschrieben hatte. Obgleich Fontane selbst Preuße war, vermochte er sich in die Seelenlage der »Angeschlossenen« hineinzuversetzen: »Ohne uns zu fragen werfen sie die wichtigsten Einrichtungen hier über den Haufen und oktroyieren dafür nach Gutdünken andere. ... Da kommt doch jeder Kerl von dort mit der Miene eines kleinen persönlichen Eroberers und als müsse er uns erst die höhere Weisheit bringen. ... Auf diese Weise einigt man Deutschland nicht.« Was ihre preußischen Vorfahren in Schleswig und Holstein betrieben hatten, das meinten viele Bürger der DDR nun am eigenen Leibe zu erleben. Beispiele für die »kleinen persönlichen Eroberer«, von denen Fontane schrieb, hat in Ostdeutschland seit 1990 jeder kennengelernt.

Erst vor diesem Hintergrund konnte in Ostdeutschland entstehen, was der Bürgerrechtler und Naturwissenschaftler Jens Reich, mein Fraktionskollege in der Volkskammer, im Sommer 1990 als »völlig neues Selbstgefühl« beschrieb: eine »DDR-Identität nach dem Tode der DDR«. Dieses erst *nachträglich* entstehende Empfinden von Verbundenheit hatte bereits zu dem partiellen Zusammenrücken von Opposition und Modrow-Regierung in der Phase des Runden Tisches geführt. Beobachtern von außen musste dieser Prozess zweifellos äußerst merkwürdig erscheinen. Schließlich hatten sich beide Seiten eben noch während der Revolution feindlich gegenübergestanden. Jetzt schienen sie teilweise am selben Strang zu ziehen, um die staatliche, aber eben nicht emotionale Einheit nach westdeutscher Blaupause abzuwehren.

Weshalb besaßen die westdeutschen Organisatoren der Einheit so wenig Gespür für die voraussehbaren Wirkungen einer Politik, die auf umfassende Angleichung des Ostens an den Westen abzielte? Viel Zeit ist vergangen, aber das Thema bleibt bis heute sensibel. Auf keinen Fall will ich alte Wunden nochmals aufreißen oder neue Missverständnisse zwischen Ost- und Westdeutschen stiften. Erst recht nicht möchte ich mir den allzu häufig verwandten Vorwurf der »typisch ostdeutschen Undankbarkeit« einhandeln.

Genau darum geht es für mich zuallerletzt. Nach nunmehr zwei Jahrzehnten ist wechselseitiges Aufrechnen zwischen »Besserwessis« und »Jammerossis« unergiebiger und nutzloser denn je. Niemand hat etwas davon, wenn die alten Vorbehalte weiterhin gepflegt werden. Dass dies an manchen Stammtischen immer noch mit der größten Hingabe geschieht, ist allerdings nicht zu leugnen. Deshalb ist es umso wichtiger, dass wir uns wenigstens rückblickend klar machen, aus welchen Gründen der Start in die staatliche Einheit in den ersten Jahren nach 1990 so angespannt und unbefriedigend verlief. Wie kam es dazu, dass sich das unverdrossen zitierte Ziel der »inneren Einheit« – was immer man im Einzelnen darunter versteht – so schwer verwirklichen ließ?

Ich glaube, ein bisschen verhält es sich mit dieser ewig ausbleibenden »inneren Einheit« so wie mit einem falsch geknöpften Oberhemd: Hat man die Sache erst einmal falsch angefangen, dann hilft auch noch so gewissenhaftes Weiterknöpfen nicht: Das Endergebnis gerät immer schief. Falsch angefangen haben wir 1990 zum einen, weil Bundeskanzler Kohl mit seinen beiden grundlegenden Einheitsversprechen völlig irreführende Erwartungen weckte. »Es wird niemandem schlechter gehen als zuvor – dafür vielen besser« und »Keiner wird wegen der Vereinigung Deutschlands auf etwas verzichten müssen« – das waren schlicht und einfach uneinhaltbare Zusagen. Den Westdeutschen wurde auf diese Weise weisgemacht, die Einheit werde für sie keine Veränderungen bringen oder gar Opfer erfordern. Den Ostdeutschen wiederum wurde suggeriert, der Weg in die »blühenden Landschaften« werde kurz und schmerzlos sein.

Gemessen an diesen Vorhersagen mussten alle später *tatsächlich* erzielten Fortschritte immer geringfügig und unbefriedigend erscheinen, selbst dann, wenn sie in Wirklichkeit sehr beachtlich waren. Mit seinen unangemessenen Prognosen hatte Helmut Kohl also auf viele Jahre hinaus die Preise verdorben. Genau das scheint mir bis heute ein Teil des Problems zu sein. Die Weckung unrealistischer Erwartungen hat nämlich dazu geführt, dass wir zuweilen nicht wahrnehmen, wie viel gelungen ist in den vergangenen zwei Jahrzehnten. Gemessen an einer realistischen Messlatte existieren mittlerweile vielerorts in Ostdeutschland tatsächlich »blühende Landschaften«, es wird meistens nur nicht so wahrgenommen. Wir haben in den vergangenen zwei Jahrzehnten unendlich vieles aufgebaut und geschaffen. Städte und Dörfer erstrahlen in neuem Glanz, ostdeutsche Unternehmen sind mit attraktiven Produkten und intelligenten Dienstleistungen international wettbewerbsfähig, Verkehrs- und Kommunikationsinfrastruktur wurden rundum erneuert oder überhaupt erst aufgebaut, und in unseren Flüssen und Seen können wir wieder schwimmen.

Keine Frage, ohne sehr viel solidarische Unterstützung aus dem Westen wäre dieser erfolgreiche Aufbau niemals möglich gewesen. Und richtig ist auch der Einwand, dass nicht alle Regionen und Gesellschaftsgruppen in Ostdeutschland gleichermaßen an den Erfolgen teilhaben, die wir bislang erreicht haben. Vielfach kämpfen wir mit strukturellen Problemen wie etwa der demographischen Schrumpfung, für die es nirgendwo auf der Welt schnelle Sofortlösungen gibt. Es stimmt also: Der Aufbau Ost ist auch zwei Jahrzehnte nach dem Ende der DDR ein unvollendetes Projekt. Das wird auch in Zukunft so bleiben – und wie könnte es anders sein? Es wird niemals so sein, dass »blühende Landschaften« fertig aufgebaut und bezugsfertig vor uns liegen. Insofern atmeten Helmut Kohls Vorhersagen von 1990 paradoxerweise sogar ein bisschen den alten utopischen Geist der DDR. Das hat dem Prozess der Einheit nicht gutgetan. Darum meine ich, wir sollten uns endlich von der Vorstellung lösen, eine perfekte Gesellschaft sei möglich. Erst dann können wir erkennen, dass Ostdeutschlands Landschaften in den vergangenen Jahren viel kräftiger aufgeblüht sind, als im Osten wie im Westen gewöhnlich wahrgenommen wird.

Wer heute auf die positiven Entwicklungen in ostdeutschen Städten und ganzen Erfolgsregionen hinweist, der stößt im Westen üblicherweise auf ausgeprägte Unkenntnis – und erntet im Osten heftigen Widerspruch. Viele Westdeutsche halten den Osten – zu Unrecht – für ein teures Fass ohne Boden. Für manche Ostdeutsche wiederum ist jedes Glas grundsätzlich mindestens zur Hälfte leer, ganz egal wie viel darin ist. War ihnen nicht einst versprochen worden, alle Probleme würden sich innerhalb weniger Jahre in Luft auflösen? Na also! Gemessen daran kann alles tatsächlich Erreichte nur als ungenügend erscheinen. Helmut Kohl setzte 1990 im Hinblick auf Ostdeutschland und die Vereinigung eine inflationäre Erwartungsökonomie in Gang, mit deren Spätfolgen wir uns zwei Jahrzehnte später noch immer herumschlagen.

Richtig wäre 1990 eine andere Strategie gewesen. Richtig wäre es gewesen, den Menschen in beiden Teilen Deutschlands reinen Wein einzuschenken und ihnen zugleich Zuversicht zu vermitteln. Als »Kanzler der Einheit« hätte Helmut Kohl die Aufgabe gehabt, die Menschen in *beiden* Teilen des Landes auf die vor ihnen liegenden Schwierigkeiten vorzubereiten. Man hätte nicht gleich wie einst Winston Churchill von »Blut, Schweiß und Tränen« reden müssen, doch ein kräftiges »Brüder, in eins nun die Hände« wäre sehr angemessen gewesen. Schließlich war die Herstellung der deutschen Einheit ein Vorhaben, das in beiden Teilen Deutschlands überwältigende Zustimmung fand – Kohl hätte also bei den Menschen geradezu offene Türen eingerannt. Sie wollten ja anpacken und wären also empfänglich gewesen für eine unmissverständliche Botschaft nach dem Leitmotiv »Von nichts kommt nichts«.

Manchmal denke ich noch immer darüber nach, wie ein wirklicher »Kanzler der Einheit« damals argumentiert hätte. Vielleicht so: »Wir Deutsche aus dem Osten und aus dem Westen haben gemeinsam vor dem Brandenburger Tor und überall im Land den Fall der Mauer gefeiert. Wir haben uns in den Armen gelegen. Und wir haben uns gemeinsam zu dem Ziel bekannt, zukünftig als eine Nation in einem gemeinsamen Land zu leben. Aber wenn dieses Bekenntnis ernst gemeint gewesen sein soll, dann bedeutet es zugleich ein Versprechen. Dann bedeutet es das Versprechen, gemeinsam daran zu arbeiten, dass dieses neue Zusammenleben auch wirklich gelingen kann. Machen wir uns nichts vor, die Menschen in der DDR sind von einem widersinnigen wirtschaftlichen System jahrzehntelang um die Früchte ihrer harten Arbeit gebracht worden. Darum ist Ostdeutschland heute in keinem guten Zustand. Wir werden Geduld brauchen. Es wird lange dauern, und es wird Entbehrungen kosten, bis Ost und West in jeder Hinsicht auf demselben Stand sind. Aber wann genau es so weit sein wird, das ist nicht einmal entscheidend. Entscheidend ist, dass wir dies als unser *gemeinsames* Ziel begreifen. Und darum können auch wir im Westen nicht einfach so weitermachen wie bisher. Auch wir im Westen müssen jetzt zuhören und hinzulernen; auch für uns bedeutet dieser Umbruch eine riesige Gelegenheit, manches besser zu machen. Wir Deutsche sitzen jetzt alle im selben Boot. Wir sind alle miteinander dafür zuständig, dass dieses Boot nicht kentert, sondern Fahrt aufnimmt – und dass dabei niemand über Bord geht. Lasst uns ab sofort alle zusammen anpacken, dann wird es uns gelingen, dieses gemeinsame neue Deutschland miteinander aufzubauen.«

So ungefähr hätte es vielleicht klingen können. Natürlich ist das nichts weiter als ein Gedankenspiel. Kein Mensch kann wissen, ob es in der konkreten Situation von 1990 tatsächlich einen wesentlichen Unterschied ausgemacht hätte, wenn der führende Politiker in Deutschland die Bürgerinnen und Bürger beider Landesteile in dieser oder ähnlicher Weise angesprochen hätte. Mich jedenfalls hätte eine zugleich realistische, zuversichtliche und kämpferische Tonlage 1990 beeindruckt. Zeit meines Lebens bin ich ein durch und durch optimistischer Mensch gewesen. Darum versuche ich stets, mich selbst und andere anhand von möglichen Perspektiven und erzielten Erfolgen zu motivieren, statt ständig das Missglückte und Mangelhafte in den Vordergrund zu rücken. Mit dieser Grundhaltung widme ich mich aber meiner Arbeit (und meinem übrigen Leben) nicht etwa deshalb, weil ich eine besonders naive Frohnatur wäre. Ich weiß sehr gut, dass vieles nicht so ist, wie es sein sollte. Und ich nenne ernste Probleme sehr wohl beim Namen, statt allzu schönfärberisch immer nur von »Chancen« und »Herausforderungen« (oder eben von unmittelbar bevorstehenden »blühenden Landschaften«) zu reden.

Wo zu viel versprochen wird, da fallen die Enttäuschung und Verbitterung hinterher umso heftiger aus. In solchen Situationen melden sich dann – ob von ganz links oder ganz rechts – immer schnell diejenigen zu Wort, die hämisch auf die Differenz zwischen Versprechen und Wirklichkeit verweisen. Dabei haben sie selbst meist keine Lösungen für die praktischen Probleme der Bürgerinnen und Bürger parat. Das erhöht die allgemeine Mutlosigkeit dann nur noch weiter. Grundfalsch wäre es allerdings, aus alledem den Schluss zu ziehen, dass Politik und Politiker am besten von vornherein in Deckung bleiben und gar nicht versuchen sollten, Menschen mit einem attraktiven Bild von der Zukunft zu gemeinsamem Handeln zu ermutigen. Zwischen überbordenden Versprechungen nach dem Muster »Blühende Landschaften« oder »Keiner muss verzichten« und ideenlosem Durchwurschteln gibt es nach meiner Überzeugung sehr wohl eine weitere Variante, gewissermaßen einen dritten Weg: das gemeinsame Zupacken.

Genau so, ganz praktisch und aus eigener Kraft hatten wir im Februar 1988 in Potsdam damit begonnen, das historische Belvedere auf dem Pfingstberg wieder instand zu setzen. Genau so handfest hatte sich gegen alle Widerstände die Bürgerbewegung in der DDR gegründet. Und genau so funktionieren auch heute überall in den Vereinen und Initiativen die Netzwerke des zivilgesellschaftlichen Engagements. Genau so, mit Zusammenhalt und Bürgersinn, gelang es uns 1997 in Brandenburg, das große Oderhochwasser zu bewältigen, und 2002 beim »Wunder von Mühlberg« an der Elbe war es nicht anders. Ich habe es immer wieder erlebt: Ganz gewöhnlichen Menschen gelingen immer wieder dann außergewöhnliche Dinge, wenn sie sich zusammenschließen, ihre Angelegenheiten in die eigenen Hände nehmen und an einem Strang ziehen.

Dass Helmut Kohl darauf verzichtete, die gesellschaftlichen Kräfte in beiden Teilen Deutschlands zu mobilisieren und auf die bevorstehenden schwierigen Aufgaben einzustimmen, hat also weder dem Prozess der inneren Vereinigung noch dem Aufbau Ost genützt. Doch im Vereinigungs- und Wahljahr 1990 ging die Taktik des Kanzlers erst einmal auf. Deshalb ist mir aus dem Abstand von zwei Jahrzehnten auch klar, dass bei unserem Verfassungsentwurf ganz einfach das Timing nicht stimmte. Im Frühjahr und Sommer 1990 wollten die Leute keine eigenständige DDR mehr haben, sondern lebten schon voll und ganz in der Erwartung der Vereinigung.

Das also waren die äußeren Bedingungen, mit denen wir uns konfrontiert sahen. Aber auch bei mir hatte in den Wochen rund um die Volkskammerwahl der Glaube an die Überlebenschancen einer eigenständigen DDR rapide nachgelassen. Als Minister hatte ich ja plötzlich ganz neue Möglichkeiten, mit den Wirtschaftsverantwortlichen der DDR in Kontakt zu treten. Also fuhr ich zur Leipziger Messe, führte etliche Gespräche, hörte genau zu, fragte nach und ließ mir realistische Zahlen vorlegen. Man musste kein Mathematiker sein, um zu einem eindeutigen Resümee zu gelangen. Ich weiß noch, wie ich abends in meinem Hotel über den Unterlagen saß und am Ende nur noch melancholisch dachte: »Das war's. Ade, olle DDR!«

Die Lage war noch viel aussichtsloser, als mir zuvor schon bewusst gewesen war. Auch ein ausgewachsener Marshall-Plan hätte der DDR nicht mehr geholfen. Und selbst mit maximaler finanzieller Unterstützung von außen (die niemand mehr zu geben bereit war) hätte die DDR nur unter den Bedingungen einer absolut fairen, rücksichtsvollen und partnerschaftlichen Marktwirtschaft wieder auf die Beine kommen können – und die war bei bestem Willen nirgendwo zu entdecken. Ohnehin hätten wir einen eigenständigen Kurs ja nur einschlagen können, wenn die große Mehrheit der DDR-Bürger Gefallen an solch einem Husarenritt gefunden hätte. Das war offenkundig nicht der Fall. Wie ausgeprägt der Wunsch nach einer wirklichen Erneuerung der DDR von innen heraus war, das hatte ja bereits das Wahlergebnis vom 18. März sehr eindeutig dokumentiert: Ganze fünf Prozent hatten dafür gestimmt.

Kurz, die Vorstellungen der euphorischen Revolutionstage hatten sich endgültig als Illusion erwiesen. Das hatten wir zu akzeptieren, und ich jedenfalls akzeptierte es auch. In den letzten Monaten der DDR ging es uns Bürgerrechtlern in der Volkskammer und auch den meisten Abgeordneten der anderen Fraktionen vor allem darum, die Bedingungen des Beitritts zur Bundesrepublik für den Osten so selbstbestimmt und würdig wie nur möglich zu gestalten. Die Währungs-, Wirtschafts- und Sozialunion trat bereits am 1. Juli 1990 in Kraft. Und am 23. August schließlich stimmte die Volkskammer mit 294 gegen 62 Stimmen dafür, mit Wirkung vom 3. Oktober 1990 den Beitritt der DDR zur Bundesrepublik Deutschland nach Artikel 23 zu erklären.

Unser Thema hieß Brandenburg

Irgendwann im Spätsommer 1990 waren die Abstimmungen alle gelaufen und die Verträge geschlossen. Die DDR stand vor der Auflösung, in ein paar Monaten sollten die zwei deutschen Staaten zu einem gemeinsamen verschmolzen werden. Wir Abgeordneten vom Bündnis 90 begannen uns Gedanken darüber zu machen, wohin die Reise für uns gehen könnte. Als politische Organisation hatten wir offensichtlich keine große Zukunft. An einem dieser Spätsommertage saß ich mit Joachim Gauck zusammen, der ja auch zu unserer Volkskammerfraktion gehörte. Gauck sagte: »Du, ich kenne dich jetzt ein halbes Jahr, warum gehst du eigentlich nicht zu den Sozialdemokraten? Bist doch einer.« Wie er das meine, wollte ich wissen. »Na ja«, erwiderte Gauck, »so von der Art und Weise wie du agierst, wie du redest, wie du denkst, bist du doch eigentlich ein Sozialdemokrat.«

Ich weiß nicht mehr genau, was ich Joachim Gauck damals antwortete. Auf jeden Fall hatte er etwas erkannt, was mir selbst zu dieser Zeit noch gar nicht so richtig klar war. Dabei stammte ich aus einer durch und durch sozialdemokratischen Familie. Mein Großvater väterlicherseits aus Nordhausen war ein eingefleischter Sozialdemokrat ohne Wenn und Aber gewesen. Mein Großvater mütterlicherseits war Pfarrer und ebenfalls sozialdemokratisch orientiert. Mein Vater war gleich nach dem Krieg

79

aus Überzeugung in die SPD gegangen, hatte aber Jahre später seinen Austritt aus der SED erklärt, weil ihm die Entwicklung nach der Zwangsvereinigung mit der KPD nicht gefiel. Und alle in meiner Familie verehrten Willy Brandt. Diese Art von Vorprägung war bei mir also tatsächlich vorhanden.

Doch es gab bei mir natürlich auch andere Vorprägungen. Eine davon war meine ziemlich tief sitzende Skepsis gegenüber Parteien. Diese Vorbehalte, die ich zweifellos mit Millionen von Ostdeutschen teilte, hatten ihre Ursachen in der Art und Weise, wie »Partei« in der DDR vier Jahrzehnte lang verstanden worden war. Neben der herrschenden Sozialistischen Einheitspartei Deutschlands gab es in der DDR die von der SED abhängigen sogenannten Blockparteien. Aber wenn es von einem Menschen hieß, er sei »in der Partei«, dann war sofort klar, dass es sich um ein Mitglied der SED handeln musste. Die Begriffe »SED« und »Partei« waren im alltäglichen Sprachgebrauch der DDR so gut wie gleichbedeutend. Das hatte Konsequenzen für das Politikverständnis der Gesellschaft insgesamt, aber auch für die Organisationsvorstellungen der Oppositionellen: Mit allem, was so funktionierte (oder zu funktionieren schien) wie die herrschende Partei, wollte man am liebsten überhaupt nichts zu tun haben. Je mehr mit den Jahren die Distanz zwischen der SED und der Bevölkerung wuchs, desto größer wurde auch die Skepsis gegen das Prinzip der Partei selbst.

Bei mir selbst war es so gewesen: Ich hatte mit der SED ganz einfach nichts zu tun haben wollen. Dabei hätte ich mir das Leben in der DDR durchaus erleichtern können, wenn ich mir die Sache anders überlegt hätte. Bereits 1980 war ich zum Direktor für Ökonomie am Krankenhaus in Bad Freienwalde berufen worden. Was mir damals nicht klar war: Mit der Zusage verband sich die feste Erwartung, ich würde nun auch in die »Partei« eintreten. Die zuständigen SED-Genossen sahen sich die Sache ein Jahr lang an, dann wurden sie ungeduldig. »Du leitest hier einen 800-Mann-Betrieb«, hieß es plötzlich. »Dir ist doch wohl klar, dass du jetzt auch in die Partei gehen musst. Du kannst hier nicht ökonomischer Direktor sein und nicht in der Partei. Das geht nicht.« Ich war ehrlich überrascht: Davon war nie die Rede gewesen. »Wäre eine SED-Mitgliedschaft die Bedingung für die Arbeit auf meinem Posten gewesen, dann hättet ihr mich doch vorher fragen müssen«, erwiderte ich. Und ich bekräftigte, dass ich nicht vorhätte, jetzt oder irgendwann später in die Partei einzutreten. Fortan wurde meine Arbeit schwieriger. Einer meiner Abteilungsleiter gehörte der SED an und erfuhr daher immer schon am Montagnachmittag in der internen Parteiversammlung, was personell, materiell oder finanziell im Krankenhaus geplant war. Ich als sein Vorgesetzter dagegen wurde regelmäßig erst in der staatlichen Versammlung am folgenden Dienstag in Kenntnis gesetzt – auf die Dauer eine schwierige Konstellation.

Solche Dinge erlebten in der DDR Millionen von Bürgerinnen und Bürgern. Zwischen Mitgliedern und Nichtmitgliedern der SED verlief in der DDR eine wahrnehmbare Trennlinie. Auf allen staatlichen Fragebögen (von denen es viele gab) hatten Bürger über ihre Parteimitgliedschaft Auskunft zu geben. Und schon Kindergärten vermerkten die SED-Mitgliedschaft der Eltern auf Karteikarten. In der Schule wurden Lehrer mitunter sogar angehalten, für die Elternaktive zielgerichtet Genossen zu werben. Solche jahrzehntelangen Erfahrungen erklären, warum sich die Oppositionsgruppen in der DDR als alles Mögliche begriffen: als Graswurzelbewegungen, als gesellschaftliche Selbsthilfeorganisationen, als konsensorientierte Bürgerinitiativen, als lose Netzwerke gleichgesinnter Menschen – nur nicht in einem wirklich politischen Sinne als parteimäßig aufgebauter Gegenpol zur SED.

Dieser typische Antiparteienreflex steckte auch in mir. Als es während des Aufbruchs von 1989/90 darum ging, geeignete Organisationsformen für die demokratische Erneuerung zu finden, lag mir die Idee der politischen Partei fern. Die einzige Ausnahme war die allerdings nur wenige Wochen während Absicht gewesen, in Potsdam in die Blockpartei LDPD einzutreten, um sie gemeinsam mit anderen zu »entern«. Der Grund dafür war eine vergleichsweise kritische Rede des damaligen LDPD-Vorsitzenden Manfred Gerlach gewesen. Freunde bei ARGUS waren bereits Mitglieder bei den Liberaldemokraten und sahen nun Chancen, dort etwas zum Besseren zu verändern. Allerdings mussten wir sehr bald erkennen, dass sich innerhalb des Blockparteiensystems schlicht nichts bewegen ließ.

»Nun bist du da ewig nicht reingegangen, warum also jetzt?«, sagte ich mir auch noch, als nach der Revolution freie Parteien entstanden. Diesem Motto blieb ich zunächst treu. Natürlich war mir klar, dass Parteien unter den Bedingungen einer parlamentarischen Demokratie eine andere Funktion besaßen als in der DDR, wo die »führende Rolle« der SED von vornherein festgeschrieben war. Trotzdem glaubte ich zu dieser Zeit noch wie viele andere, Parteien gleich welcher Art hätten sich überlebt, nun sei die Zeit der Bewegungen und der selbstbestimmten kleinen Einheiten angebrochen. Auch bei mir zu Hause in Babelsberg gab es die ersten Pläne, Straßenkomitees zu gründen, in denen alle basisdemokratisch auf dem großen Thingplatz über ihre eigenen Belange entscheiden sollten. Aus heutiger Sicht mutet das alles ziemlich romantisch und wolkig an, aber das war nun einmal die politische Denkströmung, der ich damals anhing.

Einen grundsätzlich anderen politischen Ansatz verfolgten von Anfang an die Sozialdemokraten in der DDR. Die federführend von den beiden Pastoren Martin Gutzeit und Markus Meckel am 7. Oktober 1989 im märkischen Schwante gegründete SDP hatte es strategisch von vornherein darauf angelegt, nicht bloß »Initiative«, »Forum« oder »Arbeitsgemeinschaft«, sondern eine Partei zu sein. Wo die Bürgerbewegungen in der DDR zunächst nur mitreden und mitbestimmen wollten, bestritt die SDP grundsätzlich den Wahrheitsanspruch der SED – und stellte damit die Machtfrage. Genau das unterschied die Sozialdemokraten von den übrigen Oppositionsbewegungen. Genau das machte sie aus Sicht der Staatspartei auch besonders gefährlich. Die SDP steckte

nicht wie die anderen Oppositionsgruppen in einem andauern-
den Selbstfindungsprozess, sondern konnte ihre Ziele sehr konkret benennen. Rechtsstaat, strikte Gewaltenteilung, soziale
Marktwirtschaft, Freiheit der Gewerkschaften und Streikrecht
lauteten ihre zentralen Anliegen. Und sie stellte auch unmissver-
ständlich klar, dass sie ihre politischen Ziele im Rahmen einer
parlamentarischen Demokratie zu verfolgen gedachte – also in
einer Ordnung, in der politische Parteien miteinander konkur-
rierten, um durch freie Wahlen auf Zeit legitimierte Handlungs-
macht zu erlangen. Für die »führende Rolle« einer einzigen Partei,
wie sie die SED für sich reklamierte, war in diesem Konzept
natürlich kein Platz. Anders als die übrigen Oppositionsgruppen
forderte die SDP damit die Einheitspartei auf der ganzen Linie
heraus.

Joachim Gauck kam bei mir zu früh mit seiner Idee vom »Sozialdemokraten« Platzeck. Meine politischen Wurzeln hatte ich
nun einmal bei ARGUS und in der Grünen Liga, in der Öko-
logiebewegung und beim Bündnis 90. Das prägte – und bedingte
zunächst noch meine politischen Optionen. Im Übrigen war für
mich zunächst eigentlich nur klar, was ich mir für meine Zukunft nicht vorstellen konnte und wohin ich auf keinen Fall
wollte. Nach dem Beitritt der DDR zur Bundesrepublik gehörte
ich bis zur Bundestagswahl im Dezember zu den 144 Volkskam-
merabgeordneten, die in den Bundestag geschickt wurden. Also
hatte ich nun ein Büro in Bonn. Was mit dem Ausdruck »Raum-
schiff Bonn« gemeint war, begriff ich in diesen Wochen ziemlich
gut. Es war eine völlig andere, eine geruhsame, fast schon be-
ängstigend intakte und von allen historischen Ereignissen unbe-
einträchtigte Welt, der ich dort begegnete. Bei uns im Osten raste
die Geschichte gerade im Schnellzug mitten durchs Land, in
Bonn dagegen floss der Rhein gemächlich dahin wie eh und je –
so wenigstens kam es mir vor. Dass die Revolution in der DDR
und die Vereinigung die Verhältnisse in Deutschland und Europa *insgesamt* fundamental verändert hatten, das war manchen
der westdeutschen Abgeordneten, denen ich hier begegnete, nicht

anzumerken. Für mich stand nicht erst nach diesen Erfahrungen fest, dass ich für den Bundestag auf keinen Fall kandidieren wollte. Das war schlicht nicht meine Welt.

Aber was dann? Ich fragte mich, wo man politisch noch einmal ganz neu anfangen, entscheiden und wirklich gestalten konnte – und die Antwort hieß ziemlich eindeutig: in den gerade erst gegründeten fünf ostdeutschen Bundesländern. In der DDR waren die alten Länder Mecklenburg-Vorpommern, Brandenburg, Sachsen-Anhalt, Sachsen und Thüringen schon 1952 aufgelöst und durch vierzehn Bezirke (sowie Ost-Berlin) ersetzt worden. Man wollte die historisch gewachsenen Identitäten der einzelnen Länder-Regionen untergraben, um das hierarchische Prinzip des »demokratischen Zentralismus« besser durchsetzen zu können. Gelungen war das nur zum Teil. Als es mit der DDR zu Ende ging, stellte sich heraus, wie intensiv die alten landsmannschaftlichen Identitäten trotz allem immer noch waren: Sachsen wollten ihren Freistaat wiederhaben, Vogtländer ihr Vogtland, Eichsfelder ihr Eichsfeld, und die Karl-Marx-Städter legten großen Wert darauf, wieder in Chemnitz leben zu können.

Mir wurde immer klarer, dass meine Aufgabe Brandenburg hieß. Aufgewachsen am Tiefen See in Potsdam, empfand ich zeit meines Lebens eine tiefe Zuneigung zu diesem flachen Land und seinen manchmal etwas wortkarg wirkenden, aber fast immer erfrischend geradlinigen Menschen. Zu ihnen fühlte ich mich hingezogen. Und zum Wasser. Schwimmen, Paddeln, Rudern, Motorbootfahren, Segeln, das Geräusch von Wasser, das Angeln auf dem Steg – mit alledem war ich groß geworden. Die Sehnsucht danach empfand ich intensiv, als ich während des Studiums im thüringischen Ilmenau lebte und später ein paar Jahre lang im sächsischen Karl-Marx-Stadt arbeitete. Also zog es mich und meine Familie bei erstbester Gelegenheit zurück in die Mark. Es muss Wasser da sein, Seen und Flüsse, und es müssen Wälder da sein – das war mein Kriterium. Als geradezu idealer Ort erwies sich Bad Freienwalde nordöstlich von Berlin, wo ich ab 1980 am Krankenhaus arbeitete. Dort angekommen, legte ich mir ein kleines Segelboot auf dem Parsteiner See zu und war fast jedes Wochenende zu irgendeiner Regatta unterwegs. Seit dieser Zeit liebe ich diesen nordöstlichen Teil Brandenburgs mindestens so sehr wie meine Heimatstadt Potsdam. Eine so wunderbare Mischung aus Seen, Wäldern und hügeliger Landschaft findet man kaum anderswo.

Diese Gefühle für meine Heimat hatten damals jedoch nichts mit einer Liebe zu »Brandenburg« zu tun. Eine Region mit diesem Namen existierte schließlich nicht mehr, auch nicht im Sprachgebrauch der DDR. »Nein, im Verlaufe vieler Jahre habe ich keinen einzigen Menschen getroffen, der sich als Brandenburger bezeichnet hätte«, schrieb bald nach dem Umbruch von 1989 der Cottbusser Schriftsteller Kristian Pech. »Allenfalls kam man aus der Prignitz, der Uckermark, dem Fläming, dem Spreewald, der Lausitz und wie die Landschaften alle heißen mögen. Man kam aus den Bezirken Potsdam oder Frankfurt oder Cottbus oder aus irgendeinem Kreis in diesen Bezirken.« So war es tatsächlich. Seit dem Krieg gehörten große Teile der einstigen Mark Brandenburg zu Polen, und bei der Gebietsreform Anfang der fünfziger Jahre wurde das Land administrativ völlig neu gegliedert. So gehörte die Inselstadt Havelberg in der Altmark nun zum Bezirk Magdeburg und Strasburg, Perle der Uckermark, zum Bezirk Neubrandenburg. Der Name Brandenburg war nach und nach zu einem Begriff aus der Geschichte geworden. Wer ihn in den achtziger Jahren verwendete, der redete meist über askanische Markgrafen oder den Großen Kurfürst, über Karl Friedrich Schinkel oder Theodor Fontane.

Aber als das Land namens Brandenburg im Sommer 1990 wieder Konturen annahm, wusste ich, dass in genau diesem Raum auch meine politische Heimat liegen würde. Hier fühlte und fühle ich mich emotional zu Hause. In diesem Land kannte ich mich aus, über seine Geschichte hatte ich schon immer alles nur irgendwie Erreichbare gelesen. Im gerade gegründeten Brandenburg politisch tätig zu sein bedeutete für mich also, in genau derjenigen Region etwas aufbauen und gestalten zu können, die mir ohnehin am meisten am Herzen lag – was könnte es Schöneres geben? Der Plan, den vor allem Günter Nooke, Marianne Birthler, Wolfgang Pohl und ich gemeinsam fassten, war ein Sonderweg: In diesem ostdeutschen Bundesland trat das Bündnis 90 bei den Landtagswahlen im Oktober 1990 als eigenständige Kraft an – also auch gegen die Grünen. Wir kandidierten völlig aus dem Stand, mit einer kleinen Truppe und sehr viel Enthusiasmus, aber praktisch mittellos. Nachts fuhren wir mit dem Trabi herum und klebten unsere Plakate. Darauf stand »Bürger für Bürger« und »Brandenburg«, dazu war ein großer Landesadler zu sehen. Das war unser Thema. Die Umfragen fielen allerdings verheerend aus. Meistens wurden wir überhaupt nicht berücksichtigt, weil sogar die Experten der Umfrageinstitute nicht begriffen, dass in Brandenburg das Bündnis 90 und die Grünen zwei verschiedene Parteien waren.

Als wir dann am Nachmittag des Wahltages zusammenkamen, erfüllte uns eine gewisse Wehmut. Wir waren sicher, dass es nun endgültig zu Ende ging mit dem Bündnis 90 und damit auch mit den Resten der DDR-Bürgerbewegung als eigenständiger politischer Kraft. Also sagten wir uns: »Macht nichts, wenigstens haben wir uns nicht ergeben. Wenn wir schon untergehen, dann wenigstens in Ehren. Lasst uns was trinken und ein fröhliches Abschiedsfest feiern!« Aber dann kamen irgendwann die Hochrechnungen, und es zeigte sich, dass wir deutlich über 5 Prozent erhalten hatten. Am Ende wurden es dann sogar 6,4 Prozent, während die Grünen nur auf 2,8 Prozent kamen. Aus unserer Party wurde also doch kein Abschiedsfest.

Nachdem wir es wider Erwarten ins Parlament geschafft hatten, wollten wir nun auch dorthin, wo entschieden und gestaltet wird: in die Regierung. Noch in der Wahlnacht sprachen wir darüber mit Manfred Stolpe. Denn die eigentlichen Sieger in dieser ersten Brandenburger Landtagswahl waren die Sozialdemokraten, die mit Stolpe als Spitzenkandidat mehr als 38 Prozent der Stimmen gewonnen hatten. Er war auf Anhieb von der Vorstellung angetan, nicht mit der CDU in einer großen Koalition, sondern gemeinsam mit uns (und der FDP) zu regieren. Mit dieser Konstellation könne die gute Tradition der DDR-Revolution in die neue Zeit getragen werden, lautete sein Argument.

Zur Brandenburger »Ampelkoalition« kam es dann tatsächlich, und in der neuen Landesregierung übernahm ich das Amt des Ministers für Umwelt und Raumordnung. Zwar trug die sogenannte Ampel ihren Namen zu Unrecht, schließlich war in ihr nicht die Grüne Partei vertreten, sondern das aus der Bürgerbewegung der DDR hervorgegangene Bündnis 90. Aber das machte diese Regierungskoalition nicht weniger ungewöhnlich – im Gegenteil. Dass in Brandenburg ebenso wie in den anderen ostdeutschen Bundesländern nicht alles auf Anhieb rund laufen konnte, lag auf der Hand. Immerhin waren die vor uns liegenden Aufgaben geradezu gigantisch. Zugleich ging es hier um die Neugründung eines Bundeslandes mit allen seinen Institutionen – und die allermeisten Akteure dabei hatten bislang noch keinerlei Gelegenheit gehabt, Erfahrungen mit demokratischer Politik und Verwaltung zu sammeln.

Große Schwierigkeiten mit den ungewohnten politischen Verhältnissen und Umgangsformen in Ostdeutschland hatten dabei vor allem die Politik- und Verwaltungsprofis aus Nordrhein-Westfalen, von denen sich die Brandenburger SPD in der Anfangszeit beraten ließ. Keine Frage, viele dieser Experten brachten eine Menge Fachwissen und Routine mit, und mit manch einem von ihnen bin ich bis heute gut befreundet. Aber ihnen war doch nicht immer klar, dass sie Brandenburg nicht komplett nach westdeutschem Muster umkrempeln konnten. Ganz besonders die aus der Bürgerbewegung der DDR stammenden Politiker waren vielen westdeutschen »Entwicklungshelfern« suspekt. Eine nichtgrüne bürgerbewegte Regierungspartei kannten sie aus der alten Bundesrepublik nicht. Daher fehlte manchen auch das Verständnis für die Ansichten und Biographien von markanten Persönlichkeiten wie etwa Günter Nooke oder Marianne Birthler.

Ein ganz typisches Beispiel für die Unterschiedlichkeit der Politikbegriffe, die hier zuweilen aufeinanderprallten, erlebte ich noch vor Beginn meiner Amtszeit als Minister. Im Verlauf der Regierungsbildung hatte ich beschlossen, Paul Engstfeld zum Staatssekretär in meinem Ministerium zu ernennen, da er mir aufgrund seiner Qualifikation und Erfahrung bei der Europäischen Union in Brüssel als der am besten geeignete Kandidat erschien. Seine Parteizugehörigkeit hatte bei meiner Entscheidung keine Rolle gespielt. Daraufhin erhielt ich einen Anruf aus dem Büro des zukünftigen Chefs der Brandenburger Staatskanzlei. Jürgen Linde war zuvor jahrelang Oberstadtdirektor im nordrhein-westfälischen Gelsenkirchen gewesen, wo die sozialdemokratische Welt zu dieser Zeit noch in Ordnung war. Linde ließ mir ausrichten, ich möge doch bitte in seinem Zimmer vorstellig werden. An unsere kurze Unterredung erinnere ich mich noch genau.

»Setzen Sie sich mal hin, junger Mann«, eröffnete Linde das Gespräch.

»Ich heiße Platzeck«, erwiderte ich.

»Also, ich habe gehört, Sie wollen sich als Staatssekretär einen Mann aus Brüssel holen. Wissen Sie überhaupt, dass Engstfeld Mitglied der CDU ist?«

»Ja, klar weiß ich das.«

»Na, das geht nicht, das geht *grundsätzlich* nicht.«

»Wieso denn nicht?«

»Ich habe schon jemanden für Sie.«

»Herr Linde, ich gehöre nicht der SPD an. Ich vertrete das Bündnis 90, und wir sind eine eigenständige Partei. Wen ich mir als Staatssekretär nehme, das ist meine Sache. Gibt es sonst noch etwas zu besprechen?«

Jürgen Linde meinte es nicht einmal böse. Wie viele andere Westdeutsche, die gleich nach dem Ende der DDR in die fünf neuen Länder gingen, unterstellte er allerdings ganz selbstverständlich, hier könnte man alles kopieren, was im Westen bereits existierte. Das war ein Irrtum. Ähnliche Missverständnisse zwischen eingeborenen Ostdeutschen und zugereisten Westdeutschen waren deshalb in diesen frühen Jahren an der Tagesordnung. Um zu einem auskömmlicheren Miteinander zu gelangen, war es daher unabdingbar, im Umgang miteinander ein Verhältnis auf gleicher Augenhöhe herzustellen. Und dazu gehörte eben auch, dass bestimmte Konflikte erst einmal klar und deutlich ausgetragen werden mussten, damit man sie sodann erfolgreich überwinden konnte. Allzu oft – und dies gilt unglücklicherweise bis heute – leidet das Gespräch zwischen Ost- und Westdeutschen darunter, dass beide Seiten nach anfänglichen Streitigkeiten oder Missverständnissen nicht am Ball bleiben, sondern sich wieder zurückziehen und ihre gegenseitigen Vorurteile pflegen. Als produktiver erweist sich seit nunmehr zwei Jahrzehnten immer wieder der direkte Dialog. Jedenfalls sind Jürgen Linde und ich nach unserem ersten verunglückten Gespräch in der Brandenburger Staatskanzlei über viele Jahre hinweg tadellos miteinander ausgekommen.

Blickt man zurück auf die knapp zwei Jahrzehnte, in denen das Land Brandenburg aufgebaut wurde, dann lässt sich durchaus von einer Erfolgsgeschichte sprechen. Eine ganz entscheidende Bedingung dieses Erfolgs war, dass sich Bürger aus den DDR-Bezirken Frankfurt, Potsdam, Cottbus, Schwerin und Neubrandenburg sehr bald im neu gegründeten Land Brandenburg zu Hause fühlten. Tatsächlich entwickelte sich Brandenburg sehr schnell zur Bezugsgröße des Heimatgefühls der Menschen in dieser Region. Schon 1991 staunte der Schriftsteller Kristian Pech, wie schnell sich die lange unterbrochene Kontinuität der Brandenburger Geschichte wiederhergestellt habe: »Heute existiert aufs Neue, und es ging alles sehr rasch vonstatten, ein Land Brandenburg, bewohnt von mehr als zweieinhalb Millionen Brandenburgern. Das alte Wandervogellied über die märkische Heide ist zum unumstrittenen ›Nationalgesang‹ geworden. Kein Rundfunktag vergeht, an dem es nicht mehrmals gesendet würde. Man singt es bei Festtagen und Begräbnissen, an Kneipentischen und in Badewannen und sicher auch in Autos, zumal sie zahlreicher geworden sind. Die Brandenburger kennen wieder die Farben ihrer Flagge, ihr Wappen.«

Selbstverständlich ist Regionalpatriotismus nicht alles. Keinesfalls ersetzt die Liebe zum eigenen Land wirtschaftlichen und gesellschaftlichen Fortschritt. Aber wo sich Menschen nicht positiv mit ihrer eigenen Heimat identifizieren, da fallen auch solche Fortschritte viel schwerer. Im besten Falle bedingen sich die beiden Faktoren gegenseitig: Wo sich die Bürgerinnen und Bürger im besten Sinne zu Hause fühlen, da engagieren sie sich nicht bloß für das eigene Fortkommen, sondern auch für ihr Gemeinwesen. Und wo man sich für das eigene Gemeinwesen engagiert, da steigt zumindest die Wahrscheinlichkeit, dass daraus auch bessere ökonomische Ergebnisse, mehr Zusammenhalt und wiederum neue Identifikation erwachsen können – ein Prozess der positiven Wechselwirkungen.

Viel gelernt habe ich über diese Zusammenhänge von Johannes Rau, den ich schon in der Zeit vor dem Mauerfall für einen der größten Politiker der Bundesrepublik gehalten hatte. Persönlich traf ich den damaligen Ministerpräsidenten von Nordrhein-Westfalen dann erstmals im Februar 1990. Wohl während meiner Zeit als Minister in der zweiten Regierung Modrow hatte er von mir Notiz genommen, in mir einen Vertreter der neuen, sich öffnenden und verändernden DDR erkannt – und mich in Bonn zum Essen eingeladen. Wir führten ein sehr intensives Gespräch, dem über die Jahre viele weitere folgten. Als wir uns trafen, war noch überhaupt nicht klar, wie es mit dem deutsch-deutschen Verhältnis weitergehen würde. Auch die zukünftige innere Ordnung der DDR war weitgehend ungeklärt. Über vieles konnten wir also nur mutmaßen. Aber in einem Punkt war Johannes Raus Ratschlag absolut eindeutig. Wie auch immer es weitergehen würde in der DDR, eines sollten wir unbedingt beachten: »Gründet Länder«, sagte mir Rau. »Ihr müsst den Menschen eine Heimat geben. Die Leute müssen irgendwo zu Hause sein können.« Das war für Johannes Rau damals – und später – ein ganz entscheidender Punkt. Als Kind der DDR war mir diese Sichtweise zugegebenermaßen völlig neu. Den Föderalismus der Bundesrepublik hatte ich zuvor in erster Linie als technische, staatsrechtliche und organisatorische Angelegenheit begriffen. Dass es bei der Bundesstaatlichkeit auch um Fragen lebensweltlicher Orientierung geht, hatte ich mir noch nie überlegt – in der DDR waren die Länder nun einmal schon vor meiner Geburt abgeschafft worden.

In den folgenden Jahren hatte ich dann immer öfter mit Johannes Rau zu tun, nicht zuletzt dank der Partnerschaft zwischen Brandenburg und Nordrhein-Westfalen. Ich empfand ihn dabei immer als einen in vieler Hinsicht vorbildlichen Politiker, der vormachte, wie sich Politik organisieren und vermitteln ließ. Unverkennbar war bei Rau, dass es ihm nicht nur darum ging, sich Mehrheiten zu sichern und den eigenen Machterhalt zu organisieren. Was ihn eigentlich antrieb, waren vielmehr wirkliche Nähe und Hinwendung, ja sogar Liebe zu den Menschen. Das hat mich bei Johannes Rau immer fasziniert. Manche hielten seinen ganzen Gestus für zu pastoral, aber ich fand seinen Ton eigentlich gerade angemessen. Dass Rau dabei – wie alle Menschen – seine Schwächen und Macken hatte, versteht sich von selbst. Vermutlich hat er in seinen letzten Jahren als Ministerpräsident den Strukturwandel in Nordrhein-Westfalen nicht mehr so energisch und dynamisch vorangetrieben, wie es nötig gewesen wäre. Aber bewunderungswürdig war doch immer, wie sehr es Rau selbst in schwierigen Phasen gelang, Vertrauen zu schaffen, gleichsam Wärme zu erzeugen und Barrieren zwischen Bürgern und Staat abzubauen. In dieser Hinsicht war Johannes Rau wirklich einer der ganz außergewöhnlichen Politiker und Staatsmänner der Bundesrepublik.

Dieser Versuch, die Menschen gerade in Zeiten des Umbruchs immer wieder neu zu integrieren und die Gesellschaft unter schwierigsten Bedingungen zusammenzuhalten, wurde sehr schnell zu einem Markenzeichen der ersten Brandenburger Regierungskoalition. Mit Politikern wie Ministerpräsident Man-

60. Geburtstag von Regine Hildebrandt 2001, nur wenige Monate vor ihrem Tod, mit Manfred Stolpe und Gerhard Schröder.

fred Stolpe sowie besonders auch mit Sozialministerin Regine Hildebrandt besaß Brandenburg einige führende Politiker, die dieses Bestreben auch persönlich geradezu idealtypisch verkörperten. Dieser »Brandenburger Weg«, aber auch die große Ernsthaftigkeit und Ambition, mit der wir uns daran machten, unsere Landesverfassung auszuarbeiten, unterschieden Brandenburg schon in den ersten Jahren deutlich von den anderen ostdeutschen Bundesländern. Wir begannen, eine eigene politische Kultur zu entwickeln.

Krisenfrei verlief diese Entwicklung in den folgenden Jahren bekanntermaßen nicht – wie hätte es auch anders sein können? Die größte politische Krise Brandenburgs war natürlich die Auseinandersetzung um die Stasikontakte, die Ministerpräsident Manfred Stolpe als Jurist und Konsistorialpräsident der evangelischen Kirche in der DDR unterhalten hatte. Aber immerhin wurde dabei um Fragen gestritten, die in politischer und historischer Hinsicht wirkliche Bedeutung besaßen. Hier ging es nicht wie anderswo um Ladendiebstähle oder unterschlagene Spesen, um hinterzogene Steuern oder außereheliche Affären – also um die eher banalen Themen, von denen politische Skandale oft genug handeln. Vielmehr war die Auseinandersetzung um Manfred Stolpe ein wichtiger öffentlicher Grundsatzstreit. Soweit er ernsthaft und argumentativ geführt wurde, trug er in vieler Hinsicht zur Selbstverständigung der Brandenburgerinnen und Brandenburger über ihr Gemeinwesen bei. Während des Streits um Stolpe wurde sicherlich übers Ziel hinausgeschossen. Mich persönlich irritierte zugegebenermaßen auch die allzu große Rückwärtsgewandtheit mancher Diskutanten: Schließlich hatten wir jede Menge ganz aktueller Probleme zu bewältigen. Im Rückblick zeigt sich aber, wie wesentlich der Beitrag war, den diese Debatte zur kritischen Aneignung und Aufarbeitung der DDR-Geschichte leistete.

Regieren in Potsdam

Weitaus wichtiger als Vergangenheitsbewältigung war zunächst die ganz praktische Bewältigung der akuten Gegenwartsprobleme. Aufräumen, neu ordnen und aufbauen – so ungefähr lautete der Dreiklang der Erwartungen, die die Bürger an uns richteten. Aber die Voraussetzungen waren zunächst alles andere als günstig. Als wir im Brandenburger Umweltministerium Ende 1990 die Arbeit aufnahmen, hatten wir nicht mehr als ein Zimmer, ein Türschild, einen Staatssekretär und sechs Mitarbeiter, die sich ein einziges Telefon teilten. Umso größer waren die Aufgaben, die vor uns lagen. Wir mussten Landesplanungs-, Naturschutz- und Immissionsschutzgesetze ausarbeiten und aus dem Stand eine funktionierende Abfallwirtschaft aus dem Boden stampfen, denn so etwas hatte es in der DDR nicht gegeben. Heute besitzen wir auf diesem Gebiet einige der modernsten Systeme überhaupt. Wir mussten eine Vielzahl fast oder völlig umgekippte Bäche, Flüsse und Seen buchstäblich wiederbeleben – nicht nur, damit die Bürgerinnen und Bürger wieder in ihnen baden konnten, sondern um ganze Ökosysteme zu retten. Dass vielleicht einstmals in Brandenburger Gewässern wieder Fische wie Lachs oder Stör schwimmen könnten, erschien uns damals noch als reiner Traum. Aber genau diese Wende haben wir mittlerweile geschafft; heute beginnen diese Verhältnisse wieder zur Normalität zu werden.

Diese Aufgabe, Brandenburg zu einer lebenswerten Region zu machen, hat mich vom ersten Tag an ausgefüllt. Mein Grundprinzip war, möglichst alles, was mit meiner Arbeit zu tun hatte, aus eigener Anschauung zu kennen und nicht bloß aus den Akten oder vom Hörensagen. Dass man auf diese Weise am meisten dazulernt, begriff ich nicht erst während des Oderhochwassers im Sommer 1997. Also war ich immer drei bis vier Tage pro Woche im Land unterwegs. Vielleicht verklären sich im Rückblick die Dinge ein wenig. Doch ich glaube, dass sich die Idee, auf diese direkte Weise Politik zu machen, und meine Liebe zu Brandenburg hervorragend ergänzten. Fachlich war ich im Umweltministerium exakt auf dem Gebiet tätig, wo mir niemand so schnell ein X für ein U vormachen konnte. Zwischen 1982 und 1986 hatte ich an der Akademie für ärztliche Fortbildung ein Zusatzstudium der Umweltmedizin absolviert. In vielen Fällen musste ich mich daher nicht allein auf das Expertenwissen von Fachreferenten und Beratern verlassen. Insofern war ich als Umweltminister auf einen Posten geraten, den ich geradezu als ideal empfand. Sehr hilfreich war dabei, dass wir das Brandenburger Umweltministerium sehr schnell zu einem schlagkräftigen Betrieb entwickeln konnten. Unsere Mannschaft bestand vorwiegend aus jungen Leuten, und mit einer Ausnahme waren alle Abteilungsleiter Ostdeutsche – in fast allen anderen Ministerien war es genau umgekehrt.

Vermutlich ist es mit Landschaften genauso wie mit Menschen: Diejenigen, die man sowieso schon liebt, lernt man immer noch ein bisschen besser kennen – und kann dann erst recht nicht mehr von ihnen lassen. So jedenfalls entwickelte sich mein Verhältnis zu Brandenburg. Als gelernter Umwelttechniker und Umweltmediziner war ich zwar zunächst durchaus kein in der Wolle gefärbter Naturschützer; meine Fachkenntnisse betrafen eher Fragen wie die, welche Luftverunreinigung auf welchen Lungenflügel welche Wirkung ausübt. Was meinen Horizont aber zunehmend erweiterte, waren enge Partnerschaften mit hervorragenden Naturschützern wie Michael Succow, Matthias Freude und Eberhard Henne, meinem späteren Nachfolger im Umweltministerium.

Gemeinsam mit dem renommierten Biologen und Agrarwissenschaftler Succow, dem einige Jahre später der alternative Nobelpreis verliehen wurde, mit Lebrecht Jeschke, Hanns Knapp und Matthias Freude hatten wir noch in den allerletzten Monaten der DDR das Nationalpark-Programm vorangetrieben, mit dem wenige Tage vor der Vereinigung sieben Prozent der Fläche Ostdeutschlands als Nationalparks oder Biosphärenreservate unter strengen Naturschutz gestellt werden konnten. Nun setzten wir unsere Zusammenarbeit in Brandenburg fort. In der engen Kooperation mit Succow, Freude, Henne und anderen Naturschützern begann ich, Gesichtspunkte wie den Artenschutz mit ganz anderen Augen zu sehen. Dass Brandenburg eine der Regionen mit der höchsten Artenvielfalt in Deutschland ist, war mir zuvor gar nicht bewusst gewesen. Aber wenn man erst einmal weiß, wo die Kraniche und Adler horsten, welche Kriechtiere und Unken das Land bevölkern, dann wächst die Zuneigung für die eigene Heimat nochmals. Insofern war das Amt des Umweltministers für mich der ideale Beruf, um in jeder erdenklichen Dimension in dieses neue Bundesland einzutauchen.

So fügte sich eines zum anderen: Weil ich als Umweltminister gerade in dem Land unterwegs war, das mir ohnehin am Herzen lag, lernte ich Brandenburg und die Märker in den folgenden Jahren immer noch besser kennen. Um die Schätze unseres Landes zu bewahren, seine Artenvielfalt und seinen Reichtum an Landschaftsformen, legten wir ein umfangreiches Programm an Unterschutzstellungen auf. Naturparks und Biosphärenreservate wurden gegründet, Landschafts- und Naturschutzgebiete ausgewiesen, später sogar ein Nationalpark. Gerade die Unterschutzstellungen waren dann häufig Anlässe für heftige Streitigkeiten, denn Anfang der neunziger Jahre setzte sich in Ostdeutschland nur eine ganz kleine eingeschworene Gemeinde für das Thema Natur- und Umweltschutz ein. Umso besser organisiert waren die Agrar- und die Industrielobby. Mein Amt brachte es daher mit sich, dass ich ständig in der Kritik stand und heftige Auseinandersetzungen zu führen hatte.

In diesen ersten Jahren war es schwierig, Begeisterung oder auch nur Akzeptanz für den Umweltschutz herbeizuführen. Die meisten Menschen hatten andere Sorgen. Die Arbeitslosigkeit stieg von Jahr zu Jahr, die Industriebetriebe schlossen reihenweise ihre Tore, viele Menschen waren ungehalten und wütend, frustriert und verängstigt. Und ausgerechnet in dieser Großwetterlage gehörte es zu meinem Job, Umweltauflagen durchzusetzen. Einige Unternehmer und Betriebsleiter pflegten regelmäßig ihren Belegschaften weiszumachen, dass die Einhaltung dieser oder jener Umweltauflage für den Betrieb augenblicklich das Aus bedeuten würde. Auf diese Weise ließ sich natürlich wunderbar gegen das Umweltministerium Stimmung machen. Wenn ich dann in solch ein Unternehmen kam, um mit den Leuten zu reden, war die Stimmung entsprechend aufgeheizt.

Solche Situationen sind sehr lehrreich. Man lernt erstens, dass manche Auseinandersetzung unumgänglich ist und ausgefochten werden muss, ganz einfach weil sich zuweilen wirklich unvereinbare Interessenlagen gegenüberstehen; dann muss eine Entscheidung getroffen werden. Man lernt zweitens, Pfeifkonzerte und Beschimpfungen auszuhalten, was für Politiker nie schön ist, weil sie wie jeder andere Mensch am liebsten Zuspruch und Anerkennung erhalten würden. Man lernt drittens aber auch, im unübersichtlichen Gestrüpp aus Anfeindungen und Ängsten, EU-Normen und Gesetzen trotz allem immer wieder nach einem tauglichen Kompromiss zu suchen, mit dem alle Beteiligten am Ende einigermaßen leben können. In diesem Sinne haben wir während der frühen neunziger Jahre unzählige Übergangsregelungen geschaffen, bei denen beispielsweise die Frist gesetzt wurde, dass diese oder jene Auflage erst in drei oder fünf Jahren einzuhalten sei. Stets ging es bei diesen Kompromissen darum, dass einerseits die betroffenen Betriebe nicht untergehen sollten; andererseits aber musste der übergeordnete Anspruch der

Öffentlichkeit durchgesetzt werden – etwa das Anrecht der Bürger, irgendwann wieder saubere Flüsse zu haben. Und dies war *im Grunde* ja auch ein Anliegen der Betroffenen selbst, auch wenn sie das in bestimmten Situationen nicht erkannten.

Ständiger Gast war ich in diesen Jahren auf allen Arten von Bauernversammlungen, von der Dorf- über die Kreis- bis zur Landesebene. Ich erinnere mich an so gut wie keine Veranstaltung dieser Art, die in einigermaßen freundlicher Atmosphäre über die Bühne gegangen wäre. Überall galt Naturschutz als Teufelszeug, weshalb man mich als den Feind der Brandenburger Bauernschaft schlechthin ansah. Geradezu legendär waren meine Konflikte mit Agrarminister Edwin Zimmermann, der einmal sogar damit drohte, vom Umweltministerium aufgestellte Schranken vor einem Naturschutzgebiet eigenhändig mit dem Bulldozer umzuwalzen.

Angesichts solcher Verhältnisse ist es nicht einfach, immer wieder die Bereitschaft zum Kompromiss aufzubringen, aber ohne diese Bereitschaft gibt es keinen Fortschritt. Natürlich hätte ich in vielen Fällen sagen können: »*Wir* haben hier eine EU-Norm umzusetzen, und wie *Sie* damit klarkommen, ist Ihre Sache.« Aber wer ausschließlich auf diese Weise vorgeht, der schafft häufig mehr Probleme, als er löst. Weil das nicht mein politischer Stil war und ist, hat man mir gelegentlich »Harmoniesucht« vorgeworfen. Aus meiner Sicht geht das an der Sache vorbei, auf die es wirklich ankommt: Entscheidend ist für mich immer gewesen, Probleme zu lösen, statt sie sinn- und ergebnislos zuzuspitzen. Dafür sollte man zum einen emotional stark genug sein, die Dinge auch aus der Perspektive der anderen Seite zu betrachten; und man muss zum anderen fähig sein, neue Fakten und Sachverhalte aufzunehmen. »Ich habe von euch gelernt«, ist ein Satz, dessen sich kein Politiker schämen muss. Und schließlich: Man sollte als Politiker auch die Fähigkeit besitzen, Fehler einzuräumen und sich zu entschuldigen. Diese Prinzipien habe ich als Umweltminister immer einzuhalten versucht, und dasselbe versuche ich auch heute noch als Ministerpräsident.

Natürlich war mir auch schon in den frühen neunziger Jahren klar, dass Umwelt- und Naturschutz durchaus Anpassungsschwierigkeiten für die Landwirtschaft mit sich bringen. Also habe ich zu Minister Zimmermann gesagt, er solle seinen Bulldozer mal stehen lassen. Und dann haben wir uns in seinen Garten gesetzt, ein paar Bierchen getrunken, Skat gespielt und dabei die Dinge nach und nach geklärt. Man kann sich also auch mit gegenseitiger Achtung und gegenseitigem Respekt streiten. Auf dieser Grundlage habe ich damals zu vielen Menschen in Brandenburg Beziehungen aufgebaut, die bis heute belastbar geblieben sind. Dass ich heute einen sehr guten Draht zum Brandenburger Bauernverband habe, liegt auch daran, dass wir seinerzeit so heftig aneinandergeraten sind. Über die Jahre haben wir ganz einfach gelernt, uns gegenseitig als unbequeme, aber verlässliche Partner zu akzeptieren.

Der Lohn der schwierigen frühen Jahre war, dass die öffentliche Grundstimmung in Fragen des Natur- und Umweltschutzes etwa ab Mitte der neunziger Jahre deutlich positiver wurde. Vorher war es durchweg als Zumutung angesehen worden, wenn wir ein Biosphärenreservat, einen Naturpark oder ein Naturschutzgebiet eingerichtet hatten. Nun erhielten wir plötzlich sogar Anträge, Anfragen und Anregungen von Vereinen oder Privatpersonen, bestimmte Gebiete *zusätzlich* unter Schutz zu stellen. Auf solch einen atmosphärischen Wandel hatten wir im Brandenburger Umweltministerium jahrelang gehofft, allerdings ohne wirklich ernsthaft mit ihm zu rechnen. Die Zeit, in der ich als »Verhinderungsminister« galt, ging allmählich zu Ende.

In die Zeit nach den großen Konflikten der Anfangsjahre fiel das Oderhochwasser im Sommer 1997, das mich mit seiner existenziellen Naturgewalt zutiefst beeindruckt hat. Es macht nachdenklich und auch ein bisschen demütig, wenn man leibhaftig miterlebt, wie ganze Deichabschnitte mit jahrhundertealten Eichen binnen Sekunden weggespült werden – nicht anders als Streichhölzer im Strudel einer Badewanne. Wir in Brandenburg sind in

In der Not wuchs die Solidarität zwischen Ost und West: mit Bundespräsident Roman Herzog und Bundeswehrgeneral Thome während des Oder-Hochwassers im August 1997.

jenen Wochen (und erneut fünf Jahre später, bei dem Elbehochwasser im Sommer 2002) einigermaßen glimpflich davongekommen. Weiter flussaufwärts in Polen und Tschechien – vor allem in Breslau – konnte davon nicht die Rede sein. Hier waren insgesamt 114 Tote und weitaus größere Zerstörungen zu beklagen. An dieser Katastrophe östlich unserer Grenze nahm die Berichterstattung in den deutschen Medien nach meinem Gefühl viel zu wenig Anteil. In Wahrheit handelte es sich bei diesem Oderhochwasser eben nicht allein um ein deutsches Ereignis, sondern um die grenzüberschreitende Notlage einer gemeinsamen mitteleuropäischen Region. Aber so wurde die Situation damals zumeist nicht wahrgenommen.

In Brandenburg gelang uns nur deshalb das »Wunder«, das 60 Kilometer lange und bis zu 20 Kilometer breite Oderbruch vor dem Untergang zu retten, weil viele Tausend Menschen aus allen Teilen Brandenburgs und ganz Deutschlands im richtigen Moment entschlossen an einem Strang zogen. Die gesamtdeutsche Anteilnahme und Solidarität waren überwältigend. Manche haben das Oderhochwasser deshalb nachträglich als eine Art »eigentlichen Gründungsakt« der vereinigten Bundesrepublik begriffen und beschrieben. Ihre These lautete, im Kampf gegen das Hochwasser ganz im Osten des seit sieben Jahren vereinigten Deutschland sei erstmals ein praktisch gelebtes Gefühl wirklicher Zusammengehörigkeit spürbar geworden. Daran ist vermutlich einiges richtig. Immerhin waren an den Oderdeichen viele Tausend Soldaten, Feuerwehrleute und andere Nothelfer im Einsatz, die aus sämtlichen Bundesländern zusammengeströmt waren. Die meisten von ihnen – Bayern und Westfalen, Hamburger und Pfälzer – hätten wohl zuvor das Oderbruch nicht einmal auf einer Deutschlandkarte gefunden. In diesem Sinne hatte die große gemeinsame Anstrengung ohne Zweifel eine erfreuliche gemeinschaftsbildende Wirkung.

Für Brandenburg gilt diese Beobachtung auf jeden Fall. Die Menschen in unserem jungen Land begriffen die Notlage an der Oder als gemeinsame Herausforderung, die nur mit solidarischem Zusammenstehen bewältigt werden konnte. Also machten sie sich ohne große Worte an die Arbeit. Unzählige fuhren los und meldeten sich spontan an den Deichen, um dort mit unermüdlichem Einsatz Sandsäcke zu füllen. Niemand hatte sie gerufen. Sie kamen einfach aus allen Richtungen, und es war gut, dass sie da waren. Der »Geist von 1997« ist immer noch lebendig und hat zu dem wachsenden Grundgefühl im Land beigetragen, dass sich Brandenburg und die Brandenburger aus eigener Kraft behaupten können. Es stimmt ja: Gemeinsam durchgestandene Herausforderungen bringen Menschen auf Dauer zusammen, vor allem, wenn sich am Ende zeigt, dass sich die Mühe gelohnt hat. Auch deshalb werde ich noch heute auf den Festen der Freiwilligen Feuerwehren, die 1997 an der Oder und 2002 an der Elbe dabei waren, oft so empfangen, als ob ich ganz selbstverständlich dazugehörte und zwischendurch keine einzige Woche weg gewesen wäre. Beim Bier erzählen wir einander dann noch einmal die alten Geschichten von unserer gemeinsamen Zeit am Deich – ein schönes Gefühl zivilen Veteranentums.

Aber die Wochen des Oderhochwassers haben auch zu ein paar neuen politischen Einsichten geführt. Deutlich gewandelt hat sich damals mein Bild der Bundeswehr. Zwar war ich Jahrzehnte zuvor in der Nationalen Volksarmee der DDR selbst Soldat. Dennoch – oder gerade deshalb – hatte ich seither allem Militärischen mit großer Distanz gegenübergestanden. Diese Skepsis erstreckte sich auch auf die Bundeswehr, ganz einfach weil auch sie eine Armee unter Waffen war. Auch der latente, nicht reflektierte Abstand des ehemaligen NVA-Soldaten gegen die einstige »Feindarmee« hatte hier vermutlich eine Rolle gespielt. Am Oderdeich wurde mir im Sommer 1997 klar, dass diese Haltung zumindest einseitig und ein bisschen gedankenlos, auf jeden Fall aber nicht durch eigene Anschauung unterlegt gewesen war.

Nicht nur *dass* es die Bundeswehr überhaupt gab, erwies sich in diesen Wochen als wirklicher Segen für unser Land, denn ohne den wirklich aufopferungsvollen Einsatz von insgesamt 30 000 Soldaten hätten die Deiche in jenen Wochen niemals verteidigt werden können. Auch *wie* diese Männer unter ihrem legendären General Hans-Peter von Kirchbach als selbstständig denkende »Bürger in Uniform« ihre Aufgabe erfüllten, beeindruckte mich außerordentlich. Mir wurde deutlich, dass die Bundesrepublik mit ihrer demokratisch kontrollierten »Parlamentsarmee« eine Institution besitzt, die ihre Unerlässlichkeit für unser Gemeinwesen in den vergangenen Jahrzehnten und zuletzt besonders bei friedenserhaltenden Missionen immer wieder aufs Neue bewiesen hat und weiterhin beweist. Die Streitkräfte, die wir in der Bundesrepublik besitzen, entsprechen dem Selbstbild unseres Staates als europäischer Friedensmacht. Wir können auf sie nicht verzichten, und wir sollten das auch nicht wollen.

Beträchtliche positive Auswirkungen hatte das Oderhochwasser auf die ganz praktische Zusammenarbeit zwischen Deutschen und Polen. Aus heutiger Perspektive erscheint es fast bizarr, wie embryonal der Zustand dieser Kooperation 1997 noch war. Ein grenzüberschreitendes System des Katastrophenschutzes existierte nicht, und auch die telefonische Kommunikation gelang nur sporadisch. Erst recht gab es kein gemeinsames Lagezentrum, das tschechische, polnische und deutsche Katastrophenhelfer hätte koordinieren können. Vom unmittelbar bevorstehenden Hochwasser erfuhren wir überhaupt erst aus Fernsehberichten über die dramatische Lage in Ostrau, Oppeln und Breslau am Oberlauf der Oder, nicht aber über irgendwelche offiziellen Kanäle. Das alles hat sich seither vollständig zum Besseren gewandelt. Überall entlang der 250 Kilometer langen Grenze zwischen Brandenburg und Polen arbeiten die Feuerwehren und Behörden beider Länder heute eng zusammen. Gemeinsame Übungen gehören längst zur Normalität dieser mitteleuropäischen Region zwischen Berlin und Breslau, Potsdam und Posen. Überhaupt hat sich die Vernetzung von Polen und Deutschen auf der Ebene ganz praktischer grenzüberschreitender Fragen des alltäglichen Lebens in den vergangenen Jahren ständig verbessert und vertieft. Diese positive Entwicklung in den grenznahen Gebieten wurde auch durch die ausgesprochen holprige Phase unserer bilateralen Beziehungen in der Zeit der Regierung Kaczynski von 2005 bis 2007 kaum beeinträchtigt.

Das Hochwasser von 1997, das in Polen ganze Städte unter Wasser setzte und um ein Haar auch das Oderbruch zerstört hätte, hat mit aller Dringlichkeit auch eine weitere grundlegende Tatsache ins Gedächtnis gerufen: Sogenannte *Natur*katastrophen sind in vielen Fällen von Menschen gemachte *Zivilisations*katastrophen. So war die wesentliche Ursache des Oderhochwassers nicht etwa der heftige Regen, der in jenem Sommer in Tschechien und Polen niederging. Verantwortlich für die Zuspitzung waren vielmehr die Abholzung von Wäldern, die, wenn sie intakt sind, wie Schwämme wirken, sowie die Zerstörung von natürlichen Überflutungszonen am tschechischen und polnischen Oberlauf der

Oder und ihrer Nebenflüsse. Es handelt sich hier also um Entwicklungen, die von Menschen herbeigeführt wurden und von ihnen auch wieder korrigiert werden können. Solange Regenwasser über kahle Felswände ungebremst zu Tale stürzt und man Flüsse in viel zu enge künstliche Betten zwingt, werden Katastrophen und Beinahkatastrophen wie jene von 1997 immer wieder eintreten.

Das also war und bleibt die wohl wichtigste Lehre des Oderhochwassers: Wir müssen unseren Flüssen, wo immer dies nur möglich ist, den Raum zurückgeben, den sie brauchen. Andernfalls dürfen wir uns nicht wundern, wenn sie sich diesen Raum immer wieder mit Urgewalt zurückerobern. Im unmittelbaren Gefolge der Ereignisse von 1997 galt diese Einsicht nahezu als Binsenweisheit: Alle Verantwortlichen und Oderanrainer hatten sie begriffen und beteuerten, dass sie fortan nach dieser Erkenntnis handeln würden. Mehr als ein Jahrzehnt später können wir feststellen: Zwar sind wir auf diesem Gebiet inzwischen besser, als wir es vor 1997 jemals waren – aber noch lange nicht gut genug. In Brandenburg führte die gewonnene Einsicht, dass die Flüsse ihren Raum benötigen, in der Prignitz zum größten Rückverlegungsprojekt Deutschlands. Zur allzu menschlichen Wirklichkeit des Lebens gehört jedoch auch die Vergesslichkeit: Manche erinnern sich nicht gern an ihre heiligen Schwüre aus dem Katastrophenjahr. Denn natürlich können überall dort, wo Überschwemmungsgebiete ausgewiesen werden, keine Wohnhäuser oder Gewerbebetriebe mehr errichtet werden.

Ohne Zweifel war das Oderhochwasser ein dramatischer und zugleich emotionaler Höhepunkt meiner Jahre als Brandenburger Umweltminister. Mein Eindruck nach dieser Herausforderung war, dass wir nicht nur diese Krise recht ordentlich bewältigt, sondern seit 1990 auch die Umwelt- und Naturschutzpolitik in Brandenburg unter schwierigen Bedingungen auf einen guten, zukunftsweisenden Kurs gebracht hatten. Viele begannen zu begreifen, dass sich Investoren mit zukunftsträchtigen Projekten heute nicht mehr vor allem dort einstellen, wo man mit den niedrigsten Umweltauflagen winkt, sondern dass umgekehrt erst intakte Umweltbedingungen einer Region Attraktivität verleihen. Dieser Prozess des Umdenkens und Hinzulernens schritt in der zweiten Hälfte der neunziger Jahre deutlich voran. Für mich gelangte damit nach acht Jahren eine berufliche Etappe an ihr insgesamt erfolgreiches Ende. Mit Manfred Stolpe hatte ich deshalb bereits über mögliche andere Aufgaben gesprochen, die ich künftig in der Landesregierung wahrnehmen könnte. Aber es kam dann, wie so oft, ganz anders.

Potsdams Oberbürgermeister drohte die Abwahl per Bürgerentscheid, was kurz darauf auch geschah – ein bislang einmaliger Vorgang in einer deutschen Landeshauptstadt! Vor dem Hintergrund dieser Entwicklung saß nun mein Chef Stolpe eines Abends in meiner Küche, blickte mir tief in die Augen und sagte dann, ich sei ja sowieso auf der Suche nach einer neuen Aufgabe. Da komme Potsdam doch gerade recht. Meine Begeisterung hielt sich zunächst in Grenzen, aber was muss, das muss – also erklärte ich mich bereit. Rückblickend ist mir klar, dass mir kaum etwas Besseres passieren konnte, als die Entwicklung meiner eigenen Heimatstadt mitgestalten zu können. Denn aufs Gestalten kam es in Potsdam tatsächlich an. Waren die Jahre im Umweltministerium zunächst noch sehr stark vom Pflichtprogramm des notdürftigen Reparierens vorausgegangener Fehlentwicklungen geprägt gewesen, ließ sich in Potsdam zunehmend kreative Zukunftsgestaltung verwirklichen. Was mich zunächst zögern ließ, war allein die miserable Grundstimmung, die sich im Laufe der neunziger Jahre in der Potsdamer Stadtpolitik breitgemacht hatte. Niemand konnte am Ende des Jahrzehnts noch genau benennen, was eigentlich wann und auf welche Weise schief gelaufen war. Fest stand nur, dass die Stimmung in dieser wunderbaren Stadt auf einem Tiefpunkt gelandet war. Potsdam stand weit und breit in dem unerfreulichen Ruf, die »Meckerhauptstadt des Ostens« zu sein. Ohne greifbaren Grund drohte die Stadt in Pessimismus, Selbstzweifel und Hader zu versinken.

Gerade für Außenstehende war diese Entwicklung völlig unverständlich. Überall sonst war man sich einig, dass Potsdam nicht nur auf eine große Geschichte zurückblicken konnte, sondern auch Zukunfts- und Lebensqualitätpotenziale besaß wie sonst nur wenige andere Städte in Deutschland. Ganz in der Nähe von Berlin gelegen, reich gesegnet mit Seen und Parklandschaften, Schlössern und Gärten, ist Potsdam – jedenfalls aus meiner sicherlich nicht unparteiischen Perspektive – einer der lebenswertesten Orte in Deutschland überhaupt. Nur war der Aufbruch hier in den Jahren nach 1990 irgendwie verbummelt worden. Die Schöne war mürrisch geworden und eingeschlafen. Jetzt musste sie dringend wach geküsst und aufgemuntert werden. Die Zeit dafür war überreif.

Ich hatte seit Mitte der neunziger Jahre zunehmend an meiner Stadt gelitten, weil ich mir absolut sicher war, dass zwischen der verdrossenen Grundstimmung und den enormen Möglichkeiten Potsdams eine riesige Lücke klaffte. Diese Lücke zu schließen, das war die Aufgabe, vor der wir ab 1998 standen. Vor allem kam es jetzt darauf an, Potsdam einen neuen Geist des Aufbruchs einzuimpfen, Projekte voranzutreiben, die als Anknüpfungspunkte für die Identifikation der Bürgerinnen und Bürger mit ihrer Stadt dienen konnten. Bereits seit drei Jahrzehnten beispielsweise war in Potsdam darüber diskutiert worden, endlich ein neues Theater zu bauen – heute steht es feuerrot leuchtend direkt am Ufer des Tiefen Sees, und in seinem Umfeld haben sich moderne Unternehmen der Kreativwirtschaft angesiedelt. Zugleich brauchte Potsdam ein zentral gelegenes Kaufhaus in der Stadtmitte, um sein historisches Zentrum zu beleben – heute besitzt sie wieder eines, noch dazu mit liebevoll renoviertem Jugendstil-Lichthof im Innern. Die Innenstadt mit dem einzigartigen Holländischen Viertel hat neue Anziehungskraft gewonnen. Die ehemals von russischen Truppen als Übungsplätze benutzten Areale im Norden der Stadt mussten völlig neu gestaltet werden. Eine ambitionierte Bundesgartenschau war zu organisieren, und es galt, einen

Bürgerschaftliches Engagement für Potsdam: im Februar 2001 mit Günter Jauch beim Wiederaufbau des von ihm gespendeten Fortunaportals.

in den sechziger Jahren verfüllten und als Parkplatz genutzten historischen Stadtkanal wieder freizulegen. In dem Maße, wie diese und andere Projekte gelangen, wuchs in Potsdam und unter den Potsdamern das Zutrauen in die eigenen Möglichkeiten. Das bürgerschaftliche Engagement nahm überall in der Stadt wieder zu, das Gemeinwesen Potsdams kam voran.

Im Vergleich zur Umbruchzeit zuvor trugen meine vier Jahre an der Spitze der Potsdamer Stadtverwaltung neue Züge. Etwas salopp gesagt: Die Straßenbahn fuhr, und aus dem Hahn floss Trinkwasser. Die Fundamente waren also gesichert, der Aufbau der oberen Stockwerke konnte beginnen – und gelang Stück für Stück besser. Nun eröffneten sich politische Gestaltungsspielräume, wo vorher jahrelang zumeist nur Mangelverwaltung und Handlungszwänge gewesen waren. In gewisser Weise waren diese Jahre in der Potsdamer Kommunalpolitik für mich daher zugleich eine wichtige Zeit der Vergewisserung – der Vergewisserung darüber, dass konkreter Fortschritt und positive Gestaltung zugunsten der Menschen in der Politik möglich sind.

Ganz so klar ist das ja nicht. Von Zeit zu Zeit kann sich selbst für einen Politiker die Frage stellen, inwieweit der eigene Beruf eigentlich mehr ist als die Verwaltung des Bestehenden (in normalen Zeiten) und hektisches Krisenmanagement (in schwierigeren Situationen). Solche Selbstzweifel sind nicht nur legitim, sondern auch sehr angebracht: Nur in sehr seltenen Fällen kann Politik schließlich eingetretene Pfade verlassen, auf dem Reißbrett neue Verhältnisse entwerfen und organisieren. Das Gewebe der Sachzwänge ist dicht, alles scheint mit allem zusammenzuhängen, immer wollen viele mitreden, stets werden Bedenken gegen neue und unerprobte Vorhaben vorgebracht, überall müssen Kompromisse geschlossen, Kritiker »eingebunden« und »mitgenommen« werden.

Das alles ist das unspektakuläre, aber oft nicht sehr mitreißende und manchmal frustrierende Alltagsgeschäft der Demokratie, wie es etwa ein Jahrzehnt nach der friedlichen Revolution auch in Ostdeutschland einzukehren begann. Die neuen Politiker in der DDR, die wie ich seit 1989 ganz plötzlich in den Umbruch sämtlicher Verhältnisse hineingeraten waren und den Übergang in die neue Zeit zu organisieren versuchten, hatten im Grunde einen völlig untypischen Ausnahmezustand der Demokratie erlebt. Ähnliches galt für die westdeutschen Politiker und Politikerinnen, die völlig unvermittelt die Vereinigung von Ost und West bewältigen mussten. In dieser beispiellosen Situation gab es keine vorgefertigten Regeln, Erfahrungen oder Blaupausen, auf die man zurückgreifen konnte. Alles war neu, und Politik bedeutete vor allem improvisiertes Problemlösen und kreatives Ausprobieren. Jahrelang war das Tempo der Veränderungen enorm hoch gewesen. Doch nach und nach hatten sich die Wogen geglättet und neue Routinen etabliert. Eine neue Normalität kehrte ein.

Aber auch in »normalen« Zeiten besteht die Herausforderung der Politik immer wieder darin, Dinge voranzubringen und die Lebensverhältnisse der Menschen zu verbessern. Insofern waren die Jahre meiner Arbeit auf der kommunalpolitischen Ebene, noch dazu in meiner Heimatstadt, eine wirkliche Offenbarung für mich. Zupass kam mir dabei, dass ich Oberbürgermeister einer Stadt wurde, in der ich seit Jahrzehnten zu Hause bin, wo ich jede Ecke und unzählige Bürger kenne. Da passiert es nicht so leicht, dass einem jemand ein X für ein U vormacht. In solchen Fällen konnte ich immer sagen: »Hör mal, ich wohne hier schon seit 1953, und so wie du die Sache erzählst, war sie nicht.« Mancher Streit wiederum ließ sich schon im Keim ersticken, weil die Leute mir als Sohn der Stadt ein gewisses Grundvertrauen entgegenbrachten. Als Arzt war ja schon mein Vater in Potsdam eine bekannte Persönlichkeit gewesen. Auch das kam mir zugute, wenn es hieß: »Weißt du, Schwamm drüber, dein Vater hat mir die Mandeln rausgenommen …«

Genau das macht Kommunalpolitik aus. Hier hat man es, mehr noch als in der Landespolitik, immer mit ganz konkreten Menschen aus Fleisch und Blut zu tun. Gewöhnlich kennt man einander seit langem und ist miteinander verbunden – ob in Sympathie oder in Abneigung. Gerade eine Stadt ist deshalb nicht nur eine Verwaltungseinheit, sondern ein lebendiger Organismus. Schon deshalb ist Politik in den Städten, Kreisen und Gemeinden von viel größerer Direktheit geprägt. Es sind die Kommunen, in denen die Bürger letztlich zu Hause sind, deshalb liegt hier der Dreh- und Angelpunkt des gesamten Gemeinwesens. Hier schlägt das Herz der Demokratie, hier muss sie sich im Alltag der Menschen verwurzeln und ihren Nachwuchs rekrutieren.

Mich jedenfalls beflügelte in meiner Arbeit für Potsdam durchaus die Vorstellung, über diesen oder jenen von mir gemeinsam mit anderen aufgeschichteten Stein könnten noch in fernen Tagen meine Enkel sagen: »Das war Opa!« Der Reiz von Kommunalpolitik und demokratischer Politik überhaupt liegt für mich darin, die Dinge immer wieder gemeinsam mit möglichst vielen engagierten Bürgerinnen und Bürgern in die eigenen Hände zu nehmen. Von uns selbst, den Bürgerinnen und Bürgern hängt es ab, was aus unserem Land, unseren Dörfern, Städten und Landschaften wird. Als wir 1988 anfingen, in der DDR nach diesem Motto zu handeln und uns einzumischen, stießen wir auf den Widerstand der Staatsmacht. Heute rennt jeder, der sich für sein Gemeinwesen engagieren will, weit geöffnete Türen ein. Dass nicht immer genug Menschen diese Gelegenheit tatsächlich ergreifen, ist nicht der Beweis des Gegenteils.

Bedenklich ist allerdings, dass heute – keineswegs nur in Ostdeutschland – vielen Menschen die Überzeugung fehlt, durch eigenes gesellschaftliches und politisches Handeln wirklich etwas bewirken zu können. Meine eigene Erfahrung aus den vergangenen Jahrzehnten lautet, dass dies sehr wohl immer wieder machbar ist. »Es gibt nichts Gutes, außer man tut es«, schrieb einst Erich Kästner. Was auf den ersten Blick nach einer etwas naiven Lebensphilosophie aussieht, erweist sich bei genauerem Hinsehen als einzig realistische Chance, unbefriedigende Verhältnisse zu verbessern. Es reicht nicht aus, einfach nur darauf zu hoffen, das Gute werde irgendwann von oben oder außen über uns kommen. Manchmal stimmt das zwar, beispielsweise weil Parteien, Verbände oder Gewerkschaften bestimmte Interessen aufgreifen und politisch durchsetzen helfen. Aber gerade diese Organisationen können immer nur so stark und schlagkräftig sein, wie sie in der Gesellschaft verwurzelt sind und aktive öffentliche Unterstützung genießen. Dasselbe gilt für den Sozialstaat, den es auch nur deshalb und so lange gibt, wie genug Menschen da sind, die ihn wirklich wollen. Wo aber niemand mitmacht und sich keiner engagiert, da passiert auch nichts. Niemand sollte sich also darauf verlassen, dass im Ernstfall schon auf wundersame Weise ein Retter auftauchen wird. Für das, was uns wichtig ist, müssen wir uns schon selbst einsetzen. Was die Bürgerinnen und Bürger der DDR im Herbst 1989 auf den Straßen des Landes entdeckten und beherzigten, gilt immer noch: Auf uns selbst kommt es an. Ohne dieses gemeinsame Mitmachen und Zupacken trocknet ein Gemeinwesen aus. In der ganz alltäglichen Praxis der Kommunalpolitik ist der Geist der Demokratie zu Hause.

Als Oberbürgermeister wurde ich auch zum Generalisten. Zwar war auch schon meine Arbeit als Umweltminister stets von übergreifenden Fragen geprägt gewesen, etwa jenen der Landesplanung. Aber im Wesentlichen hatte ich mich in diesem Ressort doch zumeist mit meinem langjährigen Leib- und Magenthema beschäftigt, wie sich Wirtschaft und Arbeit mit dem Ziel der ökologischen Bewahrung in Einklang bringen lassen. Nun kamen alle nur denkbaren anderen Themen hinzu: Soziales und Kultur, Bildung und Verkehr, Straßenbau und Gewerbeansiedlung – das gesamte Spektrum des Lebens einer modernen Gesellschaft im Umbruch. »All politics is local«, heißt ein berühmt gewordener Satz des amerikanischen Politikers Tip O'Neill: Jegliche Politik beginnt und endet immer vor Ort. O'Neill hatte völlig recht: Es gibt so gut wie keine politische Frage, die nicht von der lokalen Ebene ausgeht beziehungsweise sich hier niederschlägt. Als Oberbürgermeister hat man es mit allem zu tun. Das war eine gute Basis, um nach vier Jahren wiederum etwas Neues anzufangen.

Sagt doch einfach »soziale Demokratie«

Joachim Gauck hatte es mir bereits 1990 auf den Kopf zugesagt: Ich sei doch eigentlich ein Sozialdemokrat. Er hatte recht, aber zu dieser Zeit war ihm das klarer als mir selbst. Es sollte noch fünf Jahre dauern, bis ich der SPD beitrat. Ich hatte meinen politischen Weg nun einmal in der Umweltbewegung der DDR begonnen. Daraus ergaben sich zunächst fast automatisch politische »Familienbande« zum Bündnis 90, das sich wiederum mit den westdeutschen Grünen verbunden fühlte. Dieses Grundgefühl der Gemeinsamkeit konnte ich so nicht teilen. Die politische Kultur und die Debatten von Teilen der westlichen Grünen empfand ich als unernst und abgehoben. Als Gast erlebte ich im April 1991 mit, wie der grüne Bundesparteitag von Neumünster in Krawall und Klamauk unterging. Spätestens damals wurde mir klar: Eine Partei, in der sich die Delegierten gegenseitig mit Wasserpistolen beschossen, würde nicht meine politische Heimat werden. Da fühlte ich mich der Sozialdemokratie schon sehr viel näher. Denn sie war für mich die einzige Partei, die sich in Deutschland bemühte, Wirtschaft, Gerechtigkeit und Ökologie auf praxisorientierte Weise zusammenzudenken.

»Junge, wenn du schon in eine Partei eintrittst, dann versuch wenigstens, ihr Vorsitzender zu werden!« Diese weise Botschaft gab

PLATZECK   MÜNTEFERING

Nach der Wahl zum SPD-Vorsitzenden, mit Peer Steinbrück, Franz
Müntefering und Gerhard Schröder in Karlsruhe, November 2005.

mir mein Vater auf den Weg, als ich 1995 den Schritt in die SPD
tat. Natürlich war dieser Ratschlag nicht ganz ernst gemeint.
Umso verblüffender erschien mir die Empfehlung meines Vaters
zehn Jahre später, als ich tatsächlich zum Bundesvorsitzenden
der Sozialdemokratischen Partei gewählt wurde. Denn dieses
Amt hatte ich nun wirklich nicht angestrebt. Aber als ich mich im
Oktober 2005 sehr kurzfristig zu entscheiden hatte, weil Franz
Müntefering das Amt unerwartet niedergelegt hatte und Kurt
Beck als Kandidat nicht zur Verfügung stand, nahm ich die Aufgabe an. Ich tat das aus Verantwortungsgefühl, aber auch weil ich
nach intensiver Selbstprüfung und Gesprächen mit engen Ver-
trauten meinte, die Sozialdemokratie mit Selbstbewusstsein und
neuen Ideen erfolgreich führen zu können. Ob dies gelungen
wäre oder nicht, kann niemand wissen. Denn wie sich schon
nach wenigen Monaten zeigte, hatte ich meine physischen Kräfte

überschätzt. Die Doppelbelastung, zugleich Bundesparteivorsitzender der SPD und Ministerpräsident von Brandenburg zu sein, machte mein Körper ganz einfach nicht mit. Ich erlitt einen Kreislaufkollaps und zwei Hörstürze. Möglicherweise hätten sich die beiden Aufgaben etwas besser und damit weniger strapaziös koordinieren lassen, aber es wäre müßig, sich nachträglich darüber den Kopf zu zerbrechen. Tatsache war jedenfalls: Nach nur 147 Tagen sah ich mich am 10. April 2006 auf dringendes Anraten meiner Ärzte gezwungen, den Vorsitz der Sozialdemokratischen Partei Deutschlands niederzulegen. Der Entschluss zum Rücktritt war die schwierigste Entscheidung meines Lebens – aber war auch eine der unausweichlichsten.

Im Rückblick bin ich erleichtert, dass ich gerade noch rechtzeitig die Reißleine gezogen habe. Als unbefriedigend empfinde ich es dagegen nach wie vor, dass mir nicht die Zeit blieb, das von meiner Partei in mich gesetzte Vertrauen zu rechtfertigen. Nach den schwierigen Reformjahren der Regierung Schröder und der – wenn auch knappen – Wahlniederlage von 2005 sowie dem innerparteilich nicht unumstrittenen Eintritt der SPD in die Große Koalition als Juniorpartner brauchte meine Partei im Grunde nichts so sehr wie ein gutes Gemisch aus personeller Kontinuität, inhaltlicher Neuorientierung und Selbstbewusstsein an der Parteispitze. Dazu kam es nicht. Stattdessen brach nach dem Ende der Ära Schröder in der Sozialdemokratie eine Periode ständiger Unruhe an: Der plötzliche Rücktritt von Franz Müntefering im Oktober 2005, meine Wahl zum Vorsitzenden auf dem Karlsruher Parteitag im November, mein Rücktritt fünf Monate darauf, die Wahl von Kurt Beck im Mai 2006, Becks von innerparteilichen Auseinandersetzungen geprägte Amtszeit, schließlich sein Rücktritt am Schwielowsee im September 2008 – das alles zusammen überforderte und verunsicherte die SPD und ihre Wähler gerade in einer Phase, in der sie eine solche Achterbahnfahrt so wenig gebrauchen konnte wie nie. Erst mit der Rückkehr von Franz Müntefering an die Parteispitze und der Kanzlerkandidatur

Eine der ersten Begegnungen mit Gerhard Schröder, Mai 1998 in Potsdam. Links der SPD-Landesvorsitzende Steffen Reiche, rechts Ministerpräsident Manfred Stolpe.

Frank Steinmeiers haben sich die sozialdemokratischen Verhältnisse wieder konsolidiert.

Nach ihren sieben Jahren in der rot-grünen Bundesregierung und der besonders turbulenten Periode seit Gerhard Schröders Ankündigung der Agenda 2010 am 14. März 2003 hätte die SPD vor allem eines gebraucht: die Versöhnung mit sich selbst. Nach dem Einstieg in die Große Koalition war die Partei noch längst nicht wieder mit sich im Reinen. Während viele in der SPD stolz waren auf die gemeinsam mit Gerhard Schröder eingeleitete Politik zur Erneuerung unseres Landes, begriffen andere in der Partei diesen Aufbruch als Verrat an den traditionellen Werten und Prinzipien der Sozialdemokratie. Der Riss war tief, er verlief mitten durch die Partei, und er drohte die SPD zu zerstören.

Genau hier lag die zentrale Aufgabe, wie ich sie bei meinem Amtsantritt als Parteivorsitzender im November 2005 für mich definierte. Es kam jetzt darauf an, die gesamte SPD wieder von sich selbst, von der Bedeutung ihrer Aufgabe – überhaupt: vom Sinn ihres Handelns gerade und erst recht unter den veränderten Bedingungen des 21. Jahrhunderts zu überzeugen. Dies hielt (und halte) ich für die entscheidende Voraussetzung einer nachhaltigen inneren Stabilisierung der Partei und für die Bedingung zukünftiger sozialdemokratischer Wahlerfolge. Darum kam es mir als Vorsitzender darauf an, den zwingend notwendigen Prozess der Neuorientierung und Selbstverständigung der SPD sehr ruhig, aber auch sehr entschlossen von der Parteispitze her anzustoßen, zu führen und zu moderieren.

Gerhard Schröders Reformpolitik war der notwendige Einstieg in die zuvor allzu lange aufgeschobene Erneuerung der Bundesrepublik gewesen. Die sogenannte Agenda 2010 markierte die späte Reaktion unseres Landes darauf, dass das »Modell Deutschland« in den Jahren zuvor erheblich unter Druck geraten war. Die Globalisierung und die europäische Integration, der demographische Umbruch und die ständig zunehmende Wissensintensität des Wirtschaftens – dies alles und mehr brach um die Jahrtausendwende über die Politik in Deutschland geradezu herein, nachdem in der langen Ära Kohl und zugegebenermaßen auch noch in den ersten Jahren der Regierung Schröder versäumt worden war, unsere Gesellschaft auf einen geordneten und kontinuierlichen Modernisierungspfad nach menschlichem Maß zu setzen.

Die aktuelle Krise der Weltwirtschaft überlagert bereits die Erinnerung an die Jahre des Stillstands vor dem Schröderschen Aufbruch. Das ist verständlich. Nur wenigen ist heute noch bewusst, wie deprimierend die Lage in Deutschland nach den sechzehn Jahren der Regierung Kohl und vor dem verspäteten Reformaufbruch der Regierung Schröder wahrgenommen wurde – und tatsächlich war. Nicht von ungefähr galt unser Land neben Italien als der »kranke Mann Europas«. Der Sockel der Langzeitarbeitslosigkeit stieg immer weiter an. Das Wirtschaftswachstum fiel Jahr für Jahr niedriger aus als bei unseren Nachbarn. Unsere Sozialsysteme waren unter- und fehlfinanziert. An den Einstieg in eine zukunftsträchtige Bildungs- und Familienpolitik nach dem Muster der erfolgreichen nordeuropäischen Staaten wurde noch nicht einmal gedacht. Angesichts der jetzigen weltweiten Wirtschaftskrise ist die Lage erneut schwierig, aber es gibt nicht den geringsten Zweifel: Erst die von der rot-grünen Regierung Schröder ab 2003 eingeleiteten Strukturreformen haben den jahrelangen Wirtschaftsaufschwung und Arbeitsplatzzuwachs ermöglicht, den wir vor dem Ausbruch der gegenwärtigen Weltwirtschaftskrise erlebt haben. Ohne diese Strukturreformen stünde Deutschland heute um Längen schlechter da.

Nach dem Ende der Ära Schröder 2005 bestand die Herausforderung für die Führung der SPD vor allem darin, dass sich viele Mitglieder und Wähler der Partei niemals mit der Erneuerungspolitik ihres sozialdemokratischen Kanzlers identifiziert hatten. Das war insofern gut begreiflich, als die Agenda 2010, so wie Gerhard Schröder sie im März 2003 im Bundestag präsentierte, in der Tat zunächst einmal nichts anderes als ein Bündel von sozial- und arbeitsmarktpolitischen Einzelmaßnahmen war. Ungewohntes aber muss im Lichte der angestrebten Ziele umso sorgfältiger erläutert, begründet und kommunikativ begleitet werden. Dieses Erfordernis unterschätzte Gerhard Schröder. Daher war es kein Wunder, dass viele Mitglieder und Wähler der SPD in ihrer Wirklichkeitsdeutung hinter den Einsichten der eigenen Spitzenleute in der Bundesregierung zurückblieben. Diese standen unter dem Dauerdruck aktueller Zwänge oder begriffen sich vor allem als politische »Macher«, nicht so sehr als Erklärer, Vermittler und »Mitnehmer« auf dem Weg zur Erneuerung des deutschen Sozialmodells. Deshalb versäumten sie es, eine verständliche, vertrauenerweckende Sprache und Symbolik zu entwickeln, um den Wählern und der eigenen Partei zu helfen, den Sinn der rot-grünen Erneuerungspolitik im Einklang mit ihren Grundüberzeugungen nachzuvollziehen. Umgekehrt eröffnete dieses Versäumnis den Gegnern der Erneuerung innerhalb der SPD die Chance, sich als die »eigentlichen« oder »echten« Sozialdemokraten im Land zu präsentieren – eine Argumentation, die später auch Oskar Lafontaines Linkspartei nach Kräften unter die Leute brachte. Gerade in der Endphase der Regierung Schröder hatten sich die innerparteilichen Fronten verfestigt. »Reformer« und »Traditionalisten« standen einander verständnislos und misstrauisch, zuweilen sogar feindselig gegenüber.

Die Gesamtlage war also verfahren. Mir jedenfalls war nach dem Ende der rot-grünen Jahre klar, dass die SPD langfristig nur dann wieder erfolgreich sein konnte, wenn sie *insgesamt* aufs Neue die Lust daran entwickeln würde, ihre Werte und Ziele unter den sich dynamisch verändernden Bedingungen des 21. Jahrhunderts zu verfolgen. Nur als *eine gemeinsame Partei* konnte und kann die SPD darauf hoffen, Positives für Menschen zu bewirken. Möglich war solch eine Rückkehr zu Gemeinsamkeit nur, wenn es gelang, die breite Lücke wieder zu schließen, die sich zwischen der begonnenen – und auch weiterhin notwendigen – Erneuerungspolitik einerseits und der Perspektive vieler Mitglieder und Wähler der SPD andererseits aufgetan hatte. Hierauf im Sinne eines nachholenden offenen Lern- und Gesprächsprozesses hinzuwirken, hielt ich für meine dringendste Aufgabe als neu gewählter Vorsitzender. Es ging um eine neue Kommunikationskultur und darum, die SPD mit sich selbst zu versöhnen.

Das wichtigste Mittel dieses sozialdemokratischen Lernprozesses schien mir eine ebenso offensiv wie offen geführte Debatte zur Vorbereitung eines neuen Grundsatzprogramms meiner Partei. Grundsatzprogramme sollen Orientierung stiftende Leitplanken für den Weg nach vorne setzen. Das während meiner Zeit als Bundesvorsitzender noch gültige »Berliner Programm« der SPD war im Dezember 1989 beschlossen worden, als sich die globale Ordnung, die Deutschland und Europa vier Jahrzehnte lang geprägt hatte, gerade in Luft auflöste. Weder das Ende des Kalten Krieges noch das vereinigte Deutschland oder das neue Europa kamen im Berliner Programm vor. Vieles in diesem Dokument blieb und bleibt dennoch richtig, aber über die veränderte Wirklichkeit unseres Landes nach der Vereinigung von Bundesrepublik und DDR war darin nur wenig Wegweisendes zu lesen. Ausgerechnet die »Programmpartei« SPD besaß seit anderthalb Jahrzehnten kein zeitgemäßes Programm. Während meiner Zeit als Vorsitzender wollte ich erreichen, dass die Sozialdemokraten auf zukunftsgerichtete und lebhafte Weise wieder diejenigen drängenden Fragen diskutierten, die unserer gesamten Gesellschaft *gegenwärtig* auf der Seele lagen. Nicht nach einer vermeintlich »guten alten Zeit« dürfen sich Parteien zurücksehnen, wenn sie relevant und erfolgreich sein wollen. Vielmehr müssen sie mitten im Leben stehen und zum Ausdruck bringen , dass es ihnen darum geht, die konkrete Wirklichkeit im Sinne ihrer bleibenden Grundwerte und Ziele zu verändern. Das im Kern sollte die Grundsatzprogrammdebatte leisten.

Die Schwierigkeiten innerparteilicher Programmdebatten sind allerdings beträchtlich. Der Binnendiskurs von Parteien hat stets die Tendenz zur Abschließung nach außen. Besonders schädlich ist dies in einer Zeit, in der Parteien in der Öffentlichkeit ohnehin vielfach als unmodern, ja sogar als verschlafen und vorgestrig gelten. Es besteht die Gefahr, dass sich Selbstabkapselung und öffentliches Desinteresse gegenseitig bedingen und hochschaukeln. Nicht nur die Arbeit an einem neuen sozialdemokratischen Wirklichkeitssinn schien mir deshalb nötig, sondern auch eine verstärkte »Gegenwärtigkeit« der Partei in ihrem äußeren Erscheinungsbild. Hochherzige Ziele und eine große Geschichte, alte Lieder und ehrenhafte historische Galionsfiguren von Ferdinand Lassalle über Willy Brandt bis Helmut Schmidt – dies alles besitzt die deutsche Sozialdemokratie in einem Maße wie keine einzige andere Partei in Deutschland. Doch dies alles nützt nicht viel, wenn nicht zugleich vermittelt werden kann, dass die SPD *hier und heute* das Lebensgefühl, die Lebenslagen, die Vorstellungen und Orientierungsmuster der Menschen kennt. Die Sozialdemokratie, so meinte ich 2005, muss mitten im Leben aller Bevölkerungs- und Altersgruppen stehen und sich ihnen gegenüber ganz neu öffnen.

Diese Diagnose gilt weiterhin – und keineswegs nur für die

SPD. Daher wünsche ich mir dringend, dass die Parteien in Deutschland wieder deutlich stärker als Vertreter *gesellschaftlicher* Interessen erkennbar werden, dass sie sich überall als Anlaufstellen und Sprachrohre der Bürgerinnen und Bürger im Land begreifen. Diese zentrale Funktion als direkt in der Gesellschaft verankerte »Selbsthilfeorganisationen« der Menschen erfüllen sie heute weder in Ost- noch in Westdeutschland hinreichend.

Viele neigen noch immer dazu, im mitgliederschwachen, in der Bevölkerung wenig verwurzelten ostdeutschen Parteiensystem eine exotische Sonderentwicklung zu sehen. Sie könnten sich vielleicht gründlich irren. Sicherlich sind in Ostdeutschland auch zwei Jahrzehnte nach dem Ende der DDR noch immer historisch erklärbare Sonderfaktoren am Werk. Dazu gehört besonders die große Distanz vieler Ostdeutscher zu allem, was mit dem Begriff »Partei« zu tun hat. Schließlich repräsentierte »die Partei« in der DDR als Kern der Staatsmacht gerade nicht die breite Masse der Bevölkerung, sondern stand ihr oftmals bedrohlich gegenüber. Dieses ganz andere Parteienverständnis wirkt bis heute nach, wird an Küchentischen und in Klassenzimmern noch immer von einer Generation zur nächsten weitergegeben. Aber in anderer Hinsicht befindet sich heute die Politik in den ostdeutschen Bundesländern vermutlich in einer Vorreiterrolle. Im Osten nämlich lässt sich schon jetzt im Vollbild besichtigen, was auch die Parteien in Westdeutschland zunehmend erleben: eine parteipolitische Szenerie, die gekennzeichnet ist durch sehr geringe Mitgliederzahlen, eine niedrige Wahlbeteiligung, bestenfalls punktuelles Politikinteresse und wenig ausgeprägte Wählerbindungen.

Da und dort ist im Westen noch immer die Erwartung verbreitet, in Ostdeutschland könnten sich die Parteien doch noch irgendwann zu breiten Mitgliederparteien entwickeln, wie sie für das westdeutsche Parteiensystem der siebziger und achtziger Jahre kennzeichnend waren. Aber diese Vorstellung ist wirklichkeitsfremd, ein Wunschbild, das auch mit der Realität in Westdeutschland nur noch wenig gemein hat. Einen wichtigen Unterschied zwischen beiden Landesteilen gibt es dennoch: Im Westen leiden die einstmals so viel größeren Parteien unter einem Verlust- und Phantomschmerz, der den Parteien im Osten fremd ist: Eine untergegangene »gute alte Zeit« der großen Volks- und Mitgliederparteien gab es hier sowieso nie. Infolgedessen gehen die Parteien in Ostdeutschland mit ihrer bescheidenen Situation nach meinem Eindruck deutlich unsentimentaler und pragmatischer um. Mitgliederarmut und geringe Wählerbindungen sind hier seit nunmehr zwei Jahrzehnten der Normalzustand – man kannte es schlicht nie anders. Deshalb erscheint es aus ostdeutscher Perspektive von vornherein sinnlos zu versuchen, Parteimodelle westdeutscher Herkunft zu verwirklichen, die auch dort kaum noch funktionieren. Es hilft alles nichts: Man muss einfach mit den wenigen vorhandenen Aktiven das Beste aus der Situation machen, wie sie ist. Diese Realität wird in Ostdeutschland weitgehend klaglos anerkannt.

Mancher innerhalb der früher sehr großen alten Parteien mag sich zu dieser Einsicht noch immer nicht durchringen. Das ist riskant. Es besteht damit nämlich die Gefahr, dass sich die Parteien umso mehr auf sich selbst beziehen und von ihrer gesellschaftlichen Umwelt abschotten, je kleiner und kulturell homogener sie werden. Immer öfter bleiben langjährige Genossen beziehungsweise Parteifreunde unter sich. In immer geringerem Maße bilden sie dann noch die Sozial- und Altersstruktur der Bevölkerung ab oder sprechen deren Alltagssprache. Aber statt nun alle Türen und Fenster weit aufzureißen und entschlossen den Kontakt zur gesamten Gesellschaft zu suchen, igelt man sich lieber ein. Diese Rückzugsmentalität ist der wichtigste Grund dafür, dass auf wirkliche Öffnung zielende Organisationsreformen in allen großen Parteien so schwer zu verwirklichen sind.

»Die Zukunft der Volkspartei ist die Netzwerkpartei«, hatte schon im Jahr 2000 Matthias Machnig erklärt, der damalige Bundesgeschäftsführer der SPD. Machnig stellte sich die Volksparteien nicht mehr als hierarchisch aufgebaute Großorganisation vor, sondern als vielfach in die Gesellschaft eingewobenen, beweglichen Partner und Dienstleister der Menschen, als Vermittler und ständige Anspielstation für die Anliegen engagierter Bürgerinnen und Bürger. Machnigs Grundgedanke war völlig richtig, hat aber, wenn ich es richtig sehe, in der Organisationswirklichkeit der Parteien bislang nur wenig Resonanz gefunden. Weiterhin vollziehen sich Kandidatenauswahl und politische Willensbildung der Parteien in hohem Maße im politischen Binnenraum geschlossener Gremien, die sich weitgehend selbst genügen. Noch immer sind Mitsprache und Einfluss an die dauerhafte Mitgliedschaft geknüpft. Anders gesagt: Nur wer bereit ist, sich als zahlendes und regelmäßig erscheinendes Mitglied verlässlich an eine Partei zu binden, darf hoffen, in vollem Umfang mitreden zu dürfen. Das ist demokratie*theoretisch* betrachtet ein gut gemeintes Prinzip. Es unterstellt, dass Bekenntnis und Loyalität zur Partei honoriert und privilegiert werden sollten. Doch passt diese Vorstellung schlicht nicht mehr in die Zeit, wenn in der ganz demokratie*praktischen* Wirklichkeit immer weniger Menschen bereit sind, sich auf Dauer an eine Partei zu binden.

Wie die Öffnung von Parteien zur Gesellschaft auch unter widrigen Bedingungen gelingen kann, wenn sie nur systematisch genug betrieben wird, das zeigen zumindest ansatzweise die Parteien in Ostdeutschland. Keine Frage, sie agieren dabei eher unter dem Zwang der Umstände als in vorausschauender Einsicht. Aber gemessen an ihren im Vergleich zu westdeutschen Verhältnissen geradezu winzigen Mitgliederzahlen funktionieren die Parteien in den neuen Bundesländern verblüffend gut. Voraussetzung dafür ist eine realistische Selbsteinschätzung: Die Parteien in Ostdeutschland sind keine »Mitgliederparteien« im hergebrachten Sinne. In ihrer gegenwärtigen Verfassung kann es ihnen deshalb nie und nimmer gelingen, die Vielfalt der Gesellschaft innerhalb ihrer eigenen Mitgliedschaft *abzubilden*. Aber sie können eben aus diesem Umstand die konstruktive Konsequenz ziehen, als wichtiger Knotenpunkt im gesellschaftlichen Netzwerk Verbindungen zu möglichst vielen Gruppen aufzubauen, um diesen einen Zugang zum politischen System zu eröffnen.

Die offensive, nachhaltige und ernst gemeinte Hinwendung zu Nichtparteimitgliedern aus allen Lebensbereichen ist hierbei von geradezu lebenswichtiger Bedeutung. Ebenso notwendig ist es, sogenannte Quereinsteiger ohne langjährige Parteierfahrung zu Kandidaturen zu ermuntern. Die Brandenburger Sozialdemokraten waren 2004 der erste Landesverband der SPD, der bei einer Landtagswahl einen parteilosen Listenkandidaten aufstellte. Damit wir unserem Landesbauernpräsidenten Udo Folgart diese Perspektive eröffnen konnten, musste auf unser Betreiben hin zunächst einmal per Bundesparteitagsbeschluss die Wahlordnung der SPD geändert werden. Seitdem können alle sozialdemokratischen Landesverbände angesehene Persönlichkeiten oder Repräsentanten wichtiger gesellschaftlicher Gruppen eine Kandidatur ermöglichen, ohne dass sich diese parteilosen Kandidaten deshalb mit Haut und Haar zur Sozialdemokratie bekennen müssen. Ein wichtiges Signal der Öffnung, wie ich meine. Bislang aber wurde nur in Brandenburg von dieser Möglichkeit Gebrauch gemacht.

Klar ist bei alledem: Für die im Westen geschrumpften und im Osten von Anfang an ziemlich unscheinbar gebliebenen Volksparteien wird es entscheidend sein, ob sie entgegen allen Abschottungstendenzen zu einer neuen Grundhaltung der Offenheit imstande sind. Die Bürgerinnen und Bürger in Deutschland wollen, brauchen und schätzen keine in Nabelschau verharrenden Parteien, die ihr eigenes Schicksal bedauern. Als ich im November 2005 den Vorsitz der SPD übernahm, hoffte ich, einen Beitrag zu mehr Selbstbewusstsein und Offensivgeist in meiner Partei leisten zu können. Allen, die mich auf dem Karlsruher SPD-Parteitag zum Vorsitzenden wählten, musste klar sein, dass ich als Ostdeutscher mit Wurzeln in der DDR-Umweltbewegung in meinem ganzen Leben kein typisch westdeutscher »Arbeiterführer« von altem Schrot und Korn mehr werden konnte. Darin lag gewiss eine Art Abschied – zugleich aber auch die Chance zur Veränderung und zum Aufbruch der Partei nach vorn, zur Hinwendung zu neuen Wählerschichten, zur kulturellen Öffnung und Erneuerung. Wie realistisch diese Vorstellungen waren, musste dann offenbleiben. Mein aus gesundheitlichen Gründen erforderlicher Rücktritt verhinderte den Praxistest.

Selbstbewusstsein braucht die Sozialdemokratie nicht zuletzt im Umgang mit der Linkspartei. Dabei ist nicht so sehr die Frage entscheidend, ob die SPD bereit ist, in einzelnen Bundesländern mit der inzwischen von Oskar Lafontaine geführten ehemaligen PDS zu koalieren. Darüber kann von Fall zu Fall unterschiedlich entschieden werden. Auf der Bundesebene dagegen sind solche Bündnisse auf absehbare Zeit ausgeschlossen – allein schon wegen unüberbrückbarer Differenzen in außen-, europa- und sicherheitspolitischen Fragen. Auf allen diesen Gebieten betreibt die Linkspartei eine engstirnige nationale Kirchturmpolitik, die den Interessen der Menschen in Deutschland direkt entgegensteht, in der gegenwärtigen schweren Wirtschaftskrise mehr denn je. Die SPD würde daher einen schweren Fehler begehen, wenn sie sich auf einen Wettkampf mit der Linkspartei in deren Lieblingsdisziplinen einließe. Wirklichkeitsverweigerung, Abschottung und nostalgische Sehnsucht nach »guten alten Zeiten« sollten unbedingt die Alleinstellungsmerkmale der Linkspartei bleiben. Für die Zukunft der Sozialdemokratie ist es entscheidend, dass sie intensiv an ihrem eigenen Profil als Partei des Fortschritts und der Lebenschancen für alle feilt. Die Linkspartei unter Oskar Lafontaine kann dabei für die SPD weder Vorbild noch Maßstab sein.

Doch das ist gar nicht der springende Punkt. Ganz gleich, wie man die Möglichkeit von Koalitionen der SPD mit der Linkspartei in inhaltlicher Hinsicht beurteilt, erscheinen mir vor allem einige andere Prüfkriterien wesentlich, wenn es um sozialdemokratische Zukunftsfähigkeit geht: Wissen wir Sozialdemokraten eigentlich selbst genau genug, wofür wir stehen? Wissen wir – umgekehrt – hinreichend präzise, wofür wir unter gar keinen Umständen zu haben sind? Treten wir auf dem Markt der partei-politischen Angebote mit Souveränität und Selbstbewusstsein auf? Sind wir durch und durch davon überzeugt, dass es auf uns und unsere Vision sozialer Demokratie ankommt, damit unser Land im 21. Jahrhundert eine gute Zukunft haben kann? Sind wir also in der Lage, griffig und grundsätzlich zu formulieren, wofür gerade wir politisch stehen und wie wir uns dabei von unseren Konkurrenten unterscheiden? Nur wenn wir diese Fragen ein-deutig bejahen können, wird sich die Sozialdemokratie im künf-tigen Vielparteiengefüge erfolgreich behaupten können.

Der Grund dafür liegt in der Struktur des Parteiensystems selbst. Die Ära, in der eine große und eine kleine Partei gemein-sam ohne Weiteres eine parlamentarische Mehrheit zusammen-bringen konnten – also auf der Bundesebene CDU/CSU und FDP beziehungsweise SPD und FDP, dann schließlich SPD und Grüne – scheint in Deutschland an ihr Ende gelangt zu sein. Es sieht nicht danach aus, dass diese langjährig gewohnten Verhält-nisse so bald wiederkehren werden. Die neue, noch nicht einge-übte deutsche Normalität besteht zunehmend darin, dass zur Mehrheitsbildung entweder eine (stark geschrumpfte) Große Koalition oder ein Bündnis aus einer der beiden größeren Par-teien mit *zwei* kleineren Partnern zur Regierungsbildung erfor-derlich ist. Unter den politisch beweglichen Bedingungen der ostdeutschen Bundesländer sind seit mittlerweile fast zwei Jahr-zehnten die unterschiedlichsten Koalitionsmuster gang und gäbe. Das Land Brandenburg etwa startete 1990 mit einer Koalition aus SPD, FDP und Bündnis 90, erlebte in der zweiten Wahlperiode eine absolute Mehrheit der SPD und wird seit 1999 von einer Gro-ßen Koalition aus SPD und CDU regiert. Auch andere Variatio-nen sind zumindest theoretisch vorstellbar.

Unter solchen Bedingungen kann realistischerweise keine Partei den Bürgerinnen und Bürgern im Voraus mit felsenfester Gewissheit ankündigen, sie werde nach der Wahl auf jeden Fall nur diese oder nur jene Koalition eingehen – es sind inzwischen einfach zu viele Akteure und Unwägbarkeiten im Spiel, und niemand kann wissen, welche Parteienkonstellation nach der Wahl numerisch zur Mehrheitsbildung imstande ist. Sicherlich sollten die einzelnen Parteien im Vorhinein deutlich machen, mit wem sie unter gar keinen Umständen zusammengehen werden, sofern solche grundsätzlichen Unverträglichkeiten bestehen. Aber allzu viele gegenseitige Ausschlussankündigungen sollten sie besser nicht aussprechen, da sonst eine Regierungsbildung geradezu unmöglich werden kann. In einem Parteiensystem, in dem fünf oder sechs Parteien in die Parlamente gelangen, sollten möglichst alle beteiligten Demokraten wenigstens prinzipiell bereit sein, miteinander zu koalieren. Demokratische Vielparteiensysteme setzen die weitgehende Bereitschaft zu Kompromiss und Miteinander voraus, um effektiv funktionieren zu können. Wo es den Beteiligten an dieser grundlegenden Bereitschaft fehlt und Regierungen nach Wahlen nur mühsam oder gar nicht gebildet werden können, da reagieren die Bürgerinnen und Bürger mit Unverständnis und Empörung – verständlicherweise, denn völlig zu Recht erwarten sie nicht endlosen Parteienstreit und altes Lagerdenken, sondern taugliche politische Lösungen ihrer Probleme. Und diese setzen die Fähigkeit der politischen Akteure zu konstruktiver Zusammenarbeit voraus.

Aber die Bürger erwarten nicht nur kompromissfähige, sondern zugleich auch profilierte Parteien – und dies ebenfalls zu Recht. Sie wollen wissen, zu welchen *inhaltlichen* Zwecken ihre Wählerstimme verwendet wird, wenn sie sie für diese oder jene Partei abgeben. Aber wenn – prinzipiell – in einem Vielparteiensystem jede demokratische Partei im Parlament bereit ist, mit jeder anderen zu koalieren, wie lässt sich dieser Anspruch dann überhaupt einlösen? Wie lässt sich erreichen, dass Bürger Parlamentswahlen nicht zunehmend als Lotterie empfinden, bei dem zwischen ihrem Einsatz (der Stimmabgabe) und dem Ergebnis (der späteren Koalitionsbildung und Regierungspolitik) scheinbar kein nachvollziehbarer Zusammenhang mehr besteht?

Die große Frage lautet also: Wie kann es Parteien gelingen, unverwechselbar und prinzipienfest zu sein, wenn sie gleichzeitig in verschiedene Richtungen kompromissfähig sein müssen? Nur wenn Parteien dieser Spagat zwischen Profil und Kompromissfähigkeit auf überzeugende Weise glückt, werden sie in Zukunft erfolgreich sein können. Aber kann solch ein Spagat überhaupt gelingen? Ich glaube ja – unter einer entscheidenden Bedingung: Parteien, die zu Kompromissen und Zugeständnissen gezwungen sind, müssen – und zwar gerade deshalb – umso besser wissen und nachvollziehbar kommunizieren, wofür sie ganz grundsätzlich stehen. Das gilt für alle demokratischen Parteien gleichermaßen. Für die SPD im Besonderen bedeutet es, dass sich meine Partei klarmachen muss, was eigentlich Ziel und Auftrag der Sozialdemokratie im 21. Jahrhundert ist. Worin eigentlich soll heute das *eigene* sozialdemokratische Projekt bestehen? Was ist die besondere *Idee* der SPD für das 21. Jahrhundert? Was unterscheidet diese Partei ganz prinzipiell von ihren Konkurrenten?

Ich bin der Überzeugung, dass sich die SPD wieder verstärkt als Partei des Fortschritts profilieren muss. Sie war dies in der Vergangenheit in Westdeutschland, sie ist es in den Augen der Bürgerinnen und Bürger heute aber nicht mehr unbedingt. »Die Sozialdemokratische Partei Deutschlands gilt nach Meinung eines großen Teils unseres Volkes als Partei des Fortschritts«, erklärte vor vier Jahrzehnten Willy Brandt. »Die Zeiten, da politische Tageserfolge mit der Parole ›Keine Experimente‹ erzielt werden konnten, sind ohnehin vorbei. Die Mehrheit der Deutschen spürt den Zusammenhang zwischen der Erhaltung des Friedens, wirtschaftlicher Stabilität, Reform des Bildungs- und Ausbildungswesens. Mehr Menschen erkennen, dass die führende Kraft der Sozialdemokratischen Partei Deutschlands verstärkt werden muss, um gerade diese Aufgaben in den kommenden Jahren erfolgreich durchführen zu können. Als Sozialdemokrat darf man stolz sein auf dieses Vertrauen.« Das war 1969. »Wir schaffen das moderne Deutschland«, plakatierte die SPD damals, gewann die Bundestagswahl und bildete zusammen mit der FDP die erste sozial-liberale Bundesregierung.

Auch im 21. Jahrhundert werden wir es in Deutschland mit dem Motto »Keine Experimente« nicht weit bringen. Darum sollte sich die SPD daran machen, die Hoheit über die Sache des Fortschritts für unsere Zeit zurückzuerobern. Es ist gut und richtig, aber nicht hinreichend, wenn sich die Sozialdemokratie als Partei des »sozialen Deutschland« stilisiert und in Zeiten der Krise mehr Verteilungsgerechtigkeit einklagt. Unter den Bedingungen eines Vielparteiensystems genügt dies allein nicht, um ein markantes *eigenes* Profil der Sozialdemokratie herauszubilden. Die SPD muss die Partei des Fortschritts in Deutschland sein, weil sie ohne Vorwärtsdrang und Experimentierfreude zu einer konservativen Partei würde. Als Partei, die nur das Erreichte verteidigt oder gar Vergangenes zurückverlangt, würde die SPD aber aus ihrer eigenen Tradition und Geschichte heraustreten. Will sich die Sozialdemokratie im 21. Jahrhundert treu bleiben, erfolgreich sein und innerhalb des neuen deutschen Vielparteiensystems einen unverwechselbaren eigenen Ort behaupten, dann muss sie unbedingt in ihrer ganzen Grundhaltung wieder als Partei des Fortschritts in Deutschland erkennbar werden.

Falsch wäre dabei sicherlich die Rückkehr zu einem unreflektierten Fortschrittsglauben, der alles Neue und Andere schon allein deshalb begrüßt, weil es neu und anders ist. Diese Art des Fortschrittsdenkens hat in der Vergangenheit großen Schaden angerichtet. Aber im Zweifel sollte für Sozialdemokraten heute die Annahme gelten, dass die Verbesserung oder auch nur die Bewahrung des Erreichten ohne fortschreitende Veränderung undenkbar ist. Fortschritt bedeutet also im 21. Jahrhundert mehr als die Verteidigung des bereits Erreichten, das früher einmal unter dem Banner des Fortschritts angestrebt wurde. Das erfordert eine gewisse Haltungsänderung und – gerade angesichts der gegenwärtigen Weltwirtschaftskrise – eine Neubesinnung auf eine umfassende offensive Politik der Humaninvestition: *für* Bildung für mehr Menschen, *für* Kinder und Familien, *für* bessere Integration, *für* mehr lebens- und berufsbegleitende Weiterbildung, *für* eine fortschrittliche Politik, die prinzipiell nicht abwartet, bis »das Kind in den Brunnen gefallen ist«, sondern die stets früh und vorbeugend Potenziale fördert, Menschen stärkt und neue Wege eröffnet.

Die alte Fortschrittsidee lautete, dass in der Menschheitsgeschichte ein vorgegebenes Muster des Wandels zu finden sei und alle Veränderungen prinzipiell in Richtung Verbesserung verliefen. Diese Zuversicht kommt uns heute zu Recht naiv, ja sogar gefährlich vor; dafür haben Weltkriege und Völkermorde, Umweltkatastrophen und der Klimawandel gesorgt. Dennoch meine ich, dass sich die SPD wieder eine grundlegend optimistische Weltsicht aneignen sollte. »Kultivierter, wacher Optimismus zahlt sich aus«, schreibt der Wirtschaftshistoriker David Landes. »Pessimismus bringt nur den leeren Trost, recht zu haben.« Gerade weil die Herausforderungen der kommenden Jahrzehnte so groß sind und überall dringend neue Lösungen für neue Probleme gebraucht werden, können wir ganz sicher nicht allein aus dem Fundus des Alten und Überkommenen schöpfen. Vielmehr müssen wir uns auf die »Notwendigkeit ständigen Erprobens« (Landes) besinnen.

Häufig – nicht immer – ist Fortschrittsdenken mit der Idee verbunden, dass sich die Dinge auf ein Endziel hin entwickeln. So war es beim Kommunismus. Ziel, Richtung und Endzustand der historischen Entwicklung standen gewissermaßen von vornherein fest. »Den Sozialismus in seinem Lauf hält weder Ochs noch Esel auf«, glaubte nicht nur Erich Honecker. Wenn vor 1989 eines gerade aus der Perspektive des ostdeutschen Zeitzeugen wirklich attraktiv war an der westdeutschen Sozialdemokratie in der zweiten Hälfte des 20. Jahrhunderts, dann war es ihr grundsätzlicher Optimismus bei gleichzeitigem Verzicht auf jeden Glauben an zwangsläufig positive Entwicklungen. Diese Kombination macht für mich den Kern der Sozialdemokratie aus: die

Idee, dass Fortschritt *erstens* möglich ist, dass es aber *zweitens* von den Handelnden selbst abhängt, ob dieser Fortschritt tatsächlich eintritt. Auf uns selbst kommt es also wieder einmal an, nicht auf angebliche historische Zwangsläufigkeiten – ein Gedanke übrigens, den Sozialdemokraten historisch gesehen mit Liberalen teilen und der sich auch im Ideenvorrat der Grünen wiederfindet.

Aus diesen Gründen muss es der SPD auch im 21. Jahrhundert um Fortschritt und Erneuerung gehen, um Emanzipation, um bessere Lebens- und Aufstiegschancen für möglichst jeden einzelnen Menschen. Und es muss Sozialdemokraten darum gehen, die Dinge energisch in die eigenen Hände zu nehmen. Sozialdemokratie, so wie ich sie verstehe, hat mit Dynamik zu tun, mit eigenem Zupacken, mit kreativer politischer Bewegung, damit unbefriedigende Verhältnisse verbessert werden können. Nötig dafür ist der Mut, eingefahrene Gleise zu verlassen. Nötig dafür ist die Vorstellungskraft, neue Spielregeln für veränderte gesellschaftliche und ökonomische Verhältnisse zu entwerfen. Nötig ist die Zuversicht, auch unter veränderten und schwierigen Bedingungen Menschen für die große Idee einer sozialen Demokratie gewinnen zu können. Nötig sind Neugier, Öffnung und Hinwendung zu den Menschen. Nötig ist also Fortschritt und nicht Beharrung – zum einen aus sehr grundsätzlichen Gründen, zum anderen aber auch deshalb, weil eine nicht dezidiert fortschrittliche SPD unter den Bedingungen des neuen deutschen Vielparteiensystems kein Alleinstellungsmerkmal besäße: Den Platz einer rückwärts gewandten »Linken« halten schließlich bereits Lafontaine & Co. besetzt.

Auf die SPD kommt es also an, wenn es um den zeitgemäßen Neuentwurf einer Gesellschaft geht, die wirtschaftliche Dynamik, Lebenschancen für alle, ökologische Verantwortung und sozialen Schutz miteinander verbindet. Diesem Anspruch muss die Sozialdemokratie gerecht werden, schon weil es in Deutschland weit und breit keine andere Partei gibt, die diese Aufgabe schultern könnte. Allein die SPD kann das tun – wenn sie sich bestän-

Mit meinen Töchtern Maria, Erika und Katharina nach der Wahl
zum Brandenburger Ministerpräsidenten im Juni 2002.

dig erneuert. Als dynamisch nach vorn weisendes Fortschrittspro-
jekt der SPD kann sich dabei der vorsorgende Sozialstaat erweisen,
der von Anfang an in *alle* Menschen und ihre Fähigkeiten investiert, damit sie ihr Leben selbstbestimmt und aus eigener Kraft
bestreiten können. Doch wie wir das Gesellschaftsmodell bezeichnen, das Sozialdemokraten heute voranbringen müssen, ist
am Ende weniger wichtig als die konkreten Ergebnisse, die wir
für die Menschen erzielen. »Sagt doch einfach ›soziale Demokratie‹«, empfahl einst Willy Brandt. Ich meine, das war ein wirklich
kluger Rat.

Wirtschaft und Sozialstaat
für den Menschen

Die Weltwirtschaft ist in ihre schwerste Krise seit achtzig Jahren geraten. Inzwischen hält sie auch Deutschland fest im Griff. Zwar trugen sich die heftigsten Bank-, Finanz- und Immobilienexzesse, die schließlich zum Ausbruch der globalen Rezession geführt haben, anderswo zu – vor allem in den Vereinigten Staaten und Großbritannien, aber auch in kleineren Staaten wie in Irland oder Island. Gemessen am finanzpolitischen Sündenregister dieser Länder und den Eskapaden ihrer Banken steht Deutschland vergleichsweise achtbar da. Von Frankfurt am Main, Hamburg oder Berlin ging der Orkan jedenfalls nicht aus, der jetzt die ganze Welt heimsucht. Vor einigen der heraufziehenden Gefahren hat der deutsche Finanzminister Peer Steinbrück sogar als einer der ersten auf internationaler Ebene nachdrücklich gewarnt. Aber das nützt uns jetzt nicht mehr viel: Als große Industrie- und Exportnation ist gerade Deutschland von der Weltwirtschaftskrise dennoch mit voller Wucht erfasst worden. Wie könnte es anders sein, wenn sich für unsere deutschen Autos oder Werkzeugmaschinen auf der Welt plötzlich keine Abnehmer mehr finden? »Was die Weltwirtschaft angeht, so ist sie verflochten«, wusste schon Kurt Tucholsky. So wie wir Deutschen in den vergangenen Jahren von der Hochkonjunktur des Welthandels profitiert haben, so leiden wir als »Exportweltmeister« jetzt an dessen globalem Niedergang.

Rezessionen treten niemals zu einem »passenden« Zeitpunkt ein, und dies gilt erst recht für schwere Weltwirtschaftskrisen. Aber die gegenwärtige Malaise ereilt vor allem Ostdeutschland in einem besonders ungünstigen Augenblick. Sie trifft nämlich viele Menschen in einer Situation, in der sie gerade begonnen hatten, Boden unter den Füßen zu gewinnen, und sehr vorsichtig Vertrauen in die Zukunft fassten. Millionen von Ostdeutschen haben sich in den konjunkturell günstig verlaufenen vergangenen Jahren aus den gröbsten Schwierigkeiten der Nachwendezeit herausgearbeitet. Eine neue Generation von »gesamtdeutschen Ostdeutschen« ist herangewachsen. Viele haben erst vor kurzem eine Ausbildung oder ein Studium abgeschlossen, einen neuen Arbeitsplatz gefunden und eine Familie gegründet, ein Eigenheim erworben und ein neues Auto gekauft. Das alles ist noch nicht gefestigt, große Reserven für schwierige Zeiten besitzen die meisten nicht, und anders als viele Westdeutsche können Ostdeutsche in der Regel auch kein nennenswertes Erbe erwarten. Darum ist die Sorge vieler Menschen in den neuen Ländern beträchtlich, das Erarbeitete der letzten Jahre könnte jetzt wieder bedroht sein. Umso größer sind ihre Befürchtungen, in der Krise erneut ins Hintertreffen zu geraten, umso größer sind ihre Erwartungen an den Staat und an die Politik. »Ein Land, zwei Gesellschaften« – die neueste Untersuchung des Sozialwissenschaftlers Wilhelm Heitmeyer erst hat kürzlich wieder gezeigt, wie unterschiedlich das Lebensgefühl in Ost und West fast zwei Jahrzehnte nach der deutschen Vereinigung noch immer ist. Die Stimmung im Osten bleibt labil und beunruhigt.

Aber Angst ist niemals ein guter Berater; was uns hingegen wirklich klüger macht, sind unsere Erfahrungen. Es ist wichtig, dass wir jetzt nach vorn blicken und uns darüber verständigen, was wir als Nächstes tun müssen, um die Krise so gut wie möglich zu bewältigen. Doch das allein genügt nicht. »Zukunft braucht Herkunft« lautet nicht von ungefähr der Titel dieses Buches. »Nur wer die Vergangenheit kennt, hat eine Zukunft«, schrieb einst Wilhelm von Humboldt. Und noch genauer brachte der amerikanische Philosoph George Santayana auf den Punkt, worum es heute zunächst einmal gehen muss: »Wer sich seiner Vergangenheit nicht erinnert, ist dazu verurteilt, sie zu wiederholen.« Wir tun also sehr gut daran, uns mit der Frage zu beschäftigen, wie wir in die gegenwärtige Krise hineingeraten sind. Erst dann lässt sich bestimmen, was wir zukünftig anders und besser machen müssen.

Völlig klar ist: Diese Weltwirtschaftskrise ist kein Naturereignis, sondern Menschen haben sie gemacht. Sie ist das Resultat der Ideologie eines regellosen Kapitalismus vollständig freier Märkte, die sich ein für alle Mal als untauglich und menschenwidrig erwiesen hat. Diese Ideologie hat der größten Immobilien- und Kreditblase der Geschichte den Weg bereitet – und ist mit dem Zerplatzen dieser spekulativen Blase in sich zusammengesackt. Sie führte dazu, dass nicht nur in Amerika bis vor Kurzem der vollständig kreditfinanzierte Hauskauf als besonders idiotensicherer Weg zu schnellem Reichtum galt – denn vermeintlich stiegen die Immobilienpreise ja immer weiter. Im Bankgeschäft wiederum wurden Eigenkapitalrenditen von bis zu 25 Prozent zur völlig normalen Messlatte des Geschäftserfolgs erklärt – auch wenn zugleich die Volkswirtschaften nur um ein, zwei oder drei Prozent wuchsen. Bankmanager erhielten erfolgsabhängige (und nicht selten auch erfolgsunabhängige) Bonuszahlungen vor allem dann, wenn sie besonders waghalsige, besonders kurzfristige und besonders kurzsichtige Geschäfte abschlossen – oftmals gegen die Interessen der Arbeitnehmerinnen und Arbeitnehmer. Diese Ideologie führte dazu, dass sich – auch in Deutschland – Kleinanleger auf extrem komplizierte Finanzprodukte wie Zertifikate stürzten, deren Funktionsweise selbst ihre Bankberater nicht einmal ansatzweise verstanden. Wie schon zu Zeiten der New Economy machte sich die Vorstellung breit, die klassischen Marktgesetze könnten sich durch ein angebliches »Neues Paradigma« der Ökonomie außer Kraft setzen lassen – ganz so, als wäre auch die Schwerkraft aufhebbar, sofern man nur fest genug daran glaubt. Dies eben ist das markanteste Kennzeichen ideologischen Denkens: Es lässt sich von der Wirklichkeit kaum noch beeindrucken.

Inzwischen befinden wir uns mitten in einem epochalen Umbruch. Im Frühjahr 2009 pfeifen die Vögel von den Dächern, was noch vor einem guten halben Jahr als schräge Minderheitenmeinung abgetan worden wäre: Ein Zurück zur alten Tagesordnung des zügellosen Kapitalismus wird es nicht mehr geben. Aus dem Kollaps eines Finanzsystems, das Altbundeskanzler Helmut Schmidt zutreffend als »Raubtierkapitalismus« bezeichnet, müssen wir deshalb dringend die richtigen Schlüsse ziehen. »Keine Marktwirtschaft und kein Markt schafft automatisch Marktordnung, Wettbewerbsordnung und soziale Gerechtigkeit für die ökonomisch Schwächeren und Abhängigen«, schreibt Schmidt in seinem jüngsten Buch. »Überall muss die Regierung für Ordnung sorgen, nirgendwo kommt Ordnung von selbst.« Diese grundlegende Einsicht haben die übereifrigen Anhänger der Deregulierung in den vergangenen Jahren systematisch verdrängt und vergessen. Sie sollten sich die Erfahrungen der vergangenen Monate sehr nüchtern vor Augen halten, statt weiterhin widerlegten Glaubenssätzen anzuhängen.

Dringend aber muss zugleich vor der Versuchung gewarnt werden, das Kind mit dem Bade auszuschütten. Da und dort herrscht dieser Tage klammheimliche oder sogar offen ausgelebte Freude über den Ausbruch der gegenwärtigen Krise. Manche erwarten mit kindlicher Häme bereits wieder wie einst August Bebel den »großen Kladderadatsch« des kapitalistischen Systems. Einige hoffen, an die Stelle der marktwirtschaftlichen Ordnung werde erneut irgendeine Form von staatssozialistischem System treten. Ich bin mir sicher: Auch diese Sicht von ganz links hilft uns auf der Welt nicht wirklich weiter. Ob Marktideologen oder Verstaatlichungsideologen – beide nehmen im Namen abstrakter Gedankenkonstrukte Zerstörungen und menschliches Leid in Kauf. Beiden geht es mehr ums Rechtbehalten als um das Wohlergehen wirklicher Menschen aus Fleisch und Blut. Beide Seiten verkünden ewige Gewissheiten – und erklären sich dann unzuständig für die verheerenden Folgen ihrer dogmatischen Lehren. Verantwortungsvolle Politik und Wirtschaft sehen anders aus. Beide orientieren sich an der Wirklichkeit und bedenken die Konsequenzen ihres Handelns für die Menschen.

Achten sollten wir darauf, dass wir gerade in komplizierten Zeiten nicht die Fähigkeit zur Unterscheidung einbüßen. Irreparabel in die Krise geraten ist eine bestimmte angelsächsisch geprägte Form von ungeregeltem Kapitalismus. Mit dem Rüstzeug dieser Ideologie ist es nicht gelungen, die wirtschaftlichen Folgen der Globalisierung zu beherrschen. In der Krise steckt aber ausdrücklich *nicht* das Prinzip der sozialen Marktwirtschaft. Und in die Krise geraten ist auch *nicht* das Prinzip eines sozial verantwortlichen Unternehmertums, wie es gerade (aber nicht nur) in sehr vielen mittelständischen Betrieben gepflegt wird. Diese Prinzipien sind hochaktuell. Wir werden sie in den kommenden Jahren unbedingt benötigen, um die Fehlentwicklungen der Vergangenheit zu korrigieren. Wir brauchen klug regulierte Finanzmärkte, und wir brauchen eine dynamische soziale Marktwirtschaft. Vor allem aber brauchen wir mehr denn je einen zeitgemäßen Sozialstaat, der systematisch und von Anfang an in die Fähigkeiten aller Menschen investiert und ihnen zugleich verlässlichen Schutz bietet.

Deshalb muss aus meiner Sicht das große Umbauprojekt gerade der Sozialdemokratie im frühen 21. Jahrhundert der vorsorgende Sozialstaat sein. Renommierte Wissenschaftler wie der Däne Gøsta Esping-Andersen verwenden für denselben Grundgedanken die Bezeichnung »Sozialinvestitionsstaat«. Vorsorge und Investition – beide Begriffe zusammen bringen auf den Punkt, was zukünftig im Zentrum sozialstaatlichen Handelns stehen muss. Anders als bei manchen anderen, oft nur kurzfristig aufregenden Debatten um Personen, Taktik oder Koalitionsoptionen eröffnet sich für Sozialdemokraten hier ein Thema, das zu diskutieren sich wirklich lohnt. Denn natürlich muss die soziale Frage auch im 21. Jahrhundert die sozialdemokratische Kernkompetenz bleiben. Auf diesem Gebiet erwarten die Bürger gute Antworten eher von uns als von anderen Parteien. Daraus erwächst der SPD die Verantwortung, in ihrem sozialstaatlichen Denken auf der Höhe der Zeit zu sein.

Moderne Sozialdemokraten wissen, dass soziale und wirtschaftliche Anliegen nicht als gegensätzlich, sondern als komplementär begriffen werden sollten. Wir wissen, dass wirtschaftlicher Erfolg, wenn er nachhaltig sein soll, soziale Voraussetzungen hat – so wie umgekehrt der funktionierende Sozialstaat zwingend auf wirtschaftlichen Erfolg angewiesen ist. Ohne diesen Erfolg wäre er von vornherein nicht finanzierbar. Deshalb ist es gerade auch aus sozialstaatlicher Perspektive überaus schmerzhaft zu erleben, wenn verantwortungslose Manager die Grundlagen ihrer eigenen Unternehmen zerstören. Deutschland jedenfalls war im Laufe des 20. Jahrhundert immer dann besonders erfolgreich, wenn Wirtschaft und Soziales nicht gegeneinander ausgespielt, sondern als zwei Seiten eines produktiven Wechselverhältnisses begriffen wurden.

Die Feststellung, dass Wirtschaft und Soziales komplementär und zwei Seiten einer Medaille sind – oder doch zumindest sein *sollten* –, ist das eine. Weitaus weniger klar ist, wie wir das Verhältnis von Ökonomie und Sozialstaat im Umgang mit der gegenwärtigen Krise auf zukunftstaugliche Weise neu organisieren können. Mein Plädoyer lautet, dass wir dafür heute mehr denn je einen im besten Sinne vorsorgenden Sozialstaat brauchen, der in die Menschen und ihre Fähigkeiten investiert. Ich bin davon überzeugt, dass Sozialdemokraten heute klar und deutlich über die Chancen und die Perspektiven dieser zeitgemäßen Akzentsetzung sozialstaatlicher Politik sprechen sollten. Die Aussichten, mit diesem Ansatz Gehör zu finden, haben sich angesichts des Zusammenbruchs der marktradikalen Ideologie nochmals beträchtlich verbessert.

Der vorsorgende Sozialstaat ist ein *positives* Zukunftsprojekt der Sozialdemokratie, er steht nicht für Beharrung, sondern für Aufbruch. Und genau so sollte diese Diskussion angesichts eines sich ausbreitenden Pessimismus geführt werden: zuversichtlich und nach vorn gerichtet. Wir brauchen dieses Zukunftsprojekt in Deutschland erst recht deshalb, weil der Horizont, vor dem wir die Debatte führen, derzeit keineswegs hell und hoffnungsvoll aussieht. Das 21. Jahrhundert ist noch nicht alt, aber eines wissen wir heute schon genau: Einfach werden die vor uns liegenden Jahrzehnte nicht. Wer sich darüber in den vergangenen Jahren noch irgendwelche Illusionen machte, den dürften spätestens die Entwicklungen der letzten Monate heftig aufgeschreckt und zum Nachdenken veranlasst haben.

Gerade wenn wir das ganze Ausmaß der vor uns liegenden Herausforderungen betrachten, liegt für mich zweierlei klar auf der Hand. Zum einen stehen die Werte, die für eine soziale Demokratie besonders wichtig sind, verstärkt unter dem Druck der Verhältnisse. Freiheit, Gerechtigkeit und Solidarität, Emanzipation und Fortschritt – diese Leitideen und Prinzipien geraten immer dann massiv in Bedrängnis, wenn Menschen das Gefühl haben, dass ihnen die Probleme über den Kopf wachsen. Zum anderen aber gilt nach meiner Überzeugung umgekehrt, dass unsere Gesellschaft genau diese Werte und Prinzipien als »Leitplanken« umso dringender braucht, je größer die Schwierigkeiten sind, vor denen wir stehen. Denn klar ist doch: *Ohne* Emanzipation, *ohne* Gerechtigkeit und *ohne* gleiche Lebenschancen für alle würden wir auf jeden Fall an den Herausforderungen der kommenden Jahrzehnte scheitern. Ohne die Fähigkeit zum Fortschritt und den Mut zu neuen Lösungen werden wir angesichts der angedeuteten Herausforderungen nicht weit kommen. Die Werte und die Prinzipien, denen sich Sozialdemokraten seit nunmehr anderthalb Jahrhunderten verpflichtet sehen, sind heute vielleicht gefährdet und bedroht. Zugleich aber werden sie heute so dringend benötigt wie eh und je.

Ihren Ausdruck gefunden haben die Werte und Prinzipien der sozialen Demokratie in der Vergangenheit vor allem im historischen Projekt des Sozialstaats. Aus meiner Sicht völlig zutreffend beschreibt Helmut Schmidt den Sozialstaat als »die größte kulturelle Leistung, welche die Europäer während des ansonsten schrecklichen 20. Jahrhunderts zustande gebracht haben«. Man sollte vielleicht hinzufügen: Nicht zuletzt der Sozialstaat war es, der in der zweiten Hälfte des 20. Jahrhunderts dort, wo er durchgesetzt wurde, dazu beitrug, die Schrecken der ersten Jahrhunderthälfte zu beenden, die Gesellschaften zu befrieden und wohlhabender zu machen. Das betraf zur Zeit des Kalten Krieges vor allem Westeuropa einschließlich der Bundesrepublik. Für die Gesellschaften östlich des Eisernen Vorhangs gingen alle sozialen Errungenschaften bis 1989 stets Hand in Hand mit Unrecht und Obrigkeitsstaatlichkeit. Heute gilt für den Sozialstaat genau dasselbe wie für die Werte und Prinzipien der sozialen Demokratie: Er ist heute einer Vielzahl von neuen Herausforderungen ausgesetzt. Er steht unter großem Druck. Aber verzichten können wir auf den Sozialstaat heute weniger denn je. Ließen wir zu, dass der Sozialstaat erlahmt, würden wir eine der wichtigsten Säulen verlieren, die Wirtschaft und Gesellschaft in ihrem Umbruch stützen und zusammenhalten kann.

Aber der Sozialstaat ist heute nur so tauglich und nur so brauchbar, wie er dazu beiträgt, die Ziele, die Werte und die Prinzipien der sozialen Demokratie auch noch unter den Bedingungen des 21. Jahrhunderts durchzusetzen. Unser Sozialstaat wird auf die Dauer nur dann Bestand und gesellschaftliche Legitimation besitzen, wenn er keine Belastung, sondern nachweislich eine Produktivkraft bei der Erneuerung unserer Wirtschaft ist. Um genau diese Ziele geht es heute beim Konzept des vorsorgenden Sozialstaats. Und es geht ganz praktisch um die Instrumente, mit denen wir diese Ziele heute verwirklichen können.

Im 2007 beschlossenen neuen Grundsatzprogramm der SPD spielt der vorsorgende Sozialstaat eine entscheidende Rolle. Darüber bin ich sehr froh. Die SPD hat an diesem Punkt eine Neuausrichtung vorgenommen, die wirklich in die Zukunft weist. Zugleich ist die deutsche Sozialdemokratie mit dieser Neujustierung, für die auch ich mich im Prozess der Programmdebatte meiner Partei intensiv eingesetzt habe, wieder auf die Höhe der modernen europäischen Debatte über das geeignete Wirtschafts- und Sozialmodell gelangt. Es ist schließlich kein Zufall, dass heute überall in Europa der »vorsorgende«, der »aktive« und »aktivierende«, der »in die Menschen investierende« und »Lebenschancen ermöglichende« Sozialstaat als Zielperspektive moderner Sozialpolitik beschrieben wird. In diesem Zeichen stand die Erneuerung der europäischen Sozialstaaten schon vor dem Ausbruch der gegenwärtigen Weltwirtschaftskrise. Es ist jetzt noch wichtiger geworden, diesen Kurs konsequent zu verfolgen.

Sowohl unter dem Blickwinkel der Gerechtigkeit als auch aus der Perspektive der ökonomischen Machbarkeit gelten dabei einige Leitprinzipien:

1. Der Sozialstaat gründet weiterhin auf Erwerbsarbeit; er bleibt erwerbsbasiert und erwerbsorientiert. Und es ist letztlich immer Arbeit, die den Sozialstaat finanziert. Deshalb hat Erwerbsarbeit Vorrang vor dem Bezug von Sozialleistungen. Wo immer möglich, sollen Menschen ihr eigenes Leben aus eigener Kraft leben können. Das ist ein Gebot der Emanzipation und der ökonomischen Vernunft zugleich.

2. Investitionen in Bildung und in die pädagogisch hochwertige Betreuung von Kleinkindern sind die wichtigsten Voraussetzungen überhaupt für erfolgreiche Berufsausübung, für wirtschaftlichen Erfolg, für selbst verantwortetes Leben sowie für die – dringend notwendige – erfolgreiche Integration der Einwanderer.

3. Die Vereinbarkeit von Familie und Beruf ist eine entscheidende Bedingung für die Gleichberechtigung von Mann und Frau. Zugleich ist sie die Voraussetzung dafür, dass endlich auch in Deutschland die weiblichen Erwerbspotenziale stärker genutzt werden können. Im Übrigen wird so dem Geburtenrückgang

entgegengewirkt und damit der fortschreitenden Alterung der Gesellschaft begegnet. Laut vergleichenden Untersuchungen liegen nämlich die Geburtenraten in den Staaten am höchsten, in denen die meisten Frauen berufstätig sind und zugleich vorbildliche Kinderbildungs- und -betreuungseinrichtungen existieren.

4. Rechtzeitige Gesundheitsprävention, Rehabilitation und die Chance zum altersgemäßen Arbeiten sind, wo immer es geht, dem vorzeitigen Ausschluss aus dem Erwerbsleben vorzuziehen.

5. Die effiziente Vermittlung und systematische Qualifizierung von Arbeitsuchenden ist besser als das dauerhafte Alimentieren von Erwerbslosen durch Sozialleistungen: Lebens- und berufsbegleitendes Lernen hilft mit, Brüche im Erwerbsleben vorsorglich zu vermeiden.

In diesem Sinne heißt es im Hamburger Programm der SPD klipp und klar: »Die Qualität des Sozialstaates bemisst sich nicht allein an der Höhe von Transferleistungen, sondern an der Gewährleistung tatsächlicher Lebenschancen, die allen von Anfang an und immer aufs Neue offenstehen müssen.« Für diese neue Akzentsetzung habe ich mich während meiner Zeit als SPD-Vorsitzender und auch danach intensiv eingesetzt. Denn ich bin überzeugt, dass wir den Sozialstaat unter den Bedingungen des 21. Jahrhunderts nur dann bewahren können, wenn sein praktischer Nutzen für große Mehrheiten der Menschen jederzeit deutlich erkennbar bleibt. *Dass* der Sozialstaat nützlich ist und *warum* er nützlich ist, das muss sich selbst – und gerade – denjenigen erschließen, die selbst gar keine Transferzahlungen oder sonstigen Leistungen beziehen. Der Sozialstaat muss also immer für die *gesamte* Gesellschaft als wirksam und wichtig erfahrbar sein. Ist dies nicht der Fall, büßt er früher oder später seine Akzeptanz und Legitimation ein. Dann bekommen diejenigen Oberwasser, die dem Sozialstaat insgesamt und in jeder denkbaren Variante an den Kragen wollen.

Es versteht sich von selbst, dass der Sozialstaat den Menschen auch weiterhin überall dort »nachsorgend« Sicherheit bieten muss, wo Bedürftigkeit oder existenzielle Not eintritt – im Alter etwa, bei Krankheit oder bei Arbeitslosigkeit. Das Prinzip der Vorsorge steht zur Nachsorge überhaupt nicht im Widerspruch. Das Prinzip Vorsorge trägt aber der Einsicht Rechnung, dass es bei vielen gar nicht zu sozialen Problemen und biographischen Sackgassen kommen würde, wenn vorsorgende, aktivierende Politik ihnen von vornherein geholfen hätte. So haben beispielsweise Arbeitslose mit geringer Qualifikation selbstverständlich Anspruch auf sozialstaatliche Leistungen. Für die Betroffenen selbst sowie für die Gesellschaft insgesamt wäre es jedoch sehr viel besser, wenn deutlich weniger Menschen mit zu geringer Qualifikation ins Arbeitsleben eintreten würden, als dies heute in Deutschland noch immer der Fall ist.

Deshalb müssen wir dafür sorgen, dass niemand ohne zeitgemäße Bildung zurückbleibt. Der Schlüssel hierfür liegt am Anfang, in der frühen Kindheit, wenn die Lebenswege der Menschen nach vorne offen sind und soziale Nachteile noch durch gute Bildungsangebote kompensiert werden können. Wie notwendig hier ein Umdenken ist, verdeutlichen beispielsweise die Bildungsberichte der Organisation für wirtschaftliche Zusammenarbeit und Entwicklung. In einem ihrer jüngsten Bildungsberichte stellt die OECD Erfreuliches fest: »In vielen Staaten kann man von einem Paradigmenwechsel sprechen: von der traditionellen Ausbildung, die darauf abzielt, den gegenwärtigen Qualifikationsbedarf des Arbeitsmarkts abzudecken, hin zur Investition in die weiterführende Bildung junger Menschen, um diese zu befähigen, den wirtschaftlichen und sozialen Wandel der Gesellschaft aktiv zu gestalten.« Genau darum geht es. Ausgerechnet in Deutschland aber ist dieser positive Paradigmenwechsel noch nicht hinreichend vollzogen. Die meisten OECD-Staaten wenden immer mehr Mittel für Bildung auf. In Deutschland dagegen sind die Bildungsinvestitionen relativ zum Inlandsprodukt bis in die jüngste Vergangenheit gesunken. Weltweit wächst die Zahl der Studenten, in Deutschland jedoch ist sie zurückgegangen – nur in Belgien, in Mexiko und in der Türkei liegen die Quoten noch niedriger.

Die Konsequenzen sind ernst: Schon heute droht in Deutschland ein struktureller Mangel an Fachkräften – übrigens gerade auch in Ostdeutschland. Vor allem Ingenieure fehlen bereits an allen Ecken und Enden. In absehbarer Zukunft werden nicht einmal mehr diejenigen Ingenieure ersetzt werden können, die in Rente gehen. Der mögliche Einwand, in einer großen Wirtschaftskrise seien alle Gruppen, ob mit oder ohne Qualifikation, gleichermaßen von Erwerbslosigkeit bedroht, lässt sich leicht widerlegen. Zum einen ist unter den Bedingungen einer wissensintensiven modernen Wirtschaft die Aussicht auf Arbeit und Auskommen immer für diejenigen am besten, die über zeitgemäße Kenntnisse und Fertigkeiten verfügen: Auch in der Krise wird die Arbeitslosenquote unter den Ingenieuren stets niedriger liegen als unter den Ungelernten. Zum anderen kann die wirtschaftliche Erholung Deutschlands ohnehin nur dann gelingen, wenn wir mit aller Kraft auf Qualität, Qualifikation und Innovationsfähigkeit setzen. Die zuweilen immer noch vertretene Behauptung, in einer Volkswirtschaft wie der deutschen könne es zu einer »Inflation« von gut Qualifizierten kommen, die dann geringer Qualifizierte vom Arbeitsmarkt verdrängen, ist geradezu abenteuerlicher Unfug. Das genaue Gegenteil ist richtig: Wenn eine Volkswirtschaft auf eine hohe Zahl von hoch Qualifizierten zurückgreifen kann, dann wächst sie schneller und nachhaltiger – und auch gering Qualifizierte finden dann leichter einen Job.

International vergleichende Studien zeigen, dass sich in allen Ländern das Risiko späterer Arbeitslosigkeit bei denjenigen verdoppelt, die nicht über eine abgeschlossene Sekundarschulbildung verfügen. Sie belegen auch: Wenn ein Land bei der Lesekompetenz seiner Kinder nur *einen* Prozentpunkt über dem internationalen Durchschnitt liegt, so steigt dort die Arbeitsproduktivität um 2,5 Prozent – und Arbeitsproduktivität ist die Basis für wachsenden Wohlstand. Eine Studie aus der Schweiz hat sogar festgestellt, dass die Gesellschaft jeden Euro auf Dauer drei-

bis vierfach zurückbekommt, den sie in pädagogisch gute Früh-
förderung und qualifizierte Einrichtungen der Kinderbildung
und -betreuung investiert.

Wie alle hoch entwickelten Gesellschaften braucht Deutschland also mehr Menschen mit guter Qualifikation und deshalb
auch mehr Studierende. Die Situation in Deutschland ist in dieser Hinsicht längst noch nicht so, wie sie sein sollte. Völlig zu
Recht hat der Generalsekretär der OECD, Angel Gurría, die
deutschen Verhältnisse folgendermaßen beschrieben: »Kinder
werden hierzulande bereits mit zehn Jahren auf unterschiedliche
Bildungswege verteilt. Wer aus einer benachteiligten Familie
kommt, wird dabei eher auf einen Bildungsweg geleitet, der eine
geringere Leistung erwarten lässt.« Die Folgen sind noch immer
frühzeitig und unnötig verbaute Lebenswege, fehlende Aufstiegschancen und soziale Benachteiligungen, die von einer Generation zur nächsten vererbt werden.

Unser gesamtes Bildungssystem ist weiterhin deutlich verbesse-
rungsbedürftig. Weder moralisch noch ökonomisch können es
sich moderne europäische Gesellschaften leisten, mit den Talenten
und Lebensschicksalen ihrer Menschen so achtlos und fahrlässig
umzugehen, wie wir es in Deutschland viel zu lange getan haben.
Dies gilt ganz besonders für die heutigen und künftigen Genera-
tionen von Einwanderern. Nicht nur in den westdeutschen Groß-
städten stammen immer höhere Anteile der Kinder und Jugendlichen aus Einwandererfamilien. Sie sind die Zukunft unserer
Gesellschaft und Ökonomie. Ob der heute sechsjährige Mehmet
in fünfzehn Jahren gut ausgebildet in einem Labor steht und die
dreizehnjährige Ludmilla dann als Ärztin arbeitet – oder ob Menschen wie sie später auf der Straße stehen: Auch an dieser Frage
entscheidet sich die Zukunft unseres Landes.

Ohne Bildung und Qualifikation zu einem auskömmlichen Arbeitsplatz zu gelangen, ist unter den Bedingungen des 21. Jahrhunderts nahezu unmöglich geworden. Das war nicht immer so. Es
ist ja noch keineswegs lange her – ein paar Jahrzehnte erst –, dass

oft die Muskelkraft eines einzelnen erwachsenen Mannes ausreichte, um eine ganze Familie zu ernähren. Aber die sogenannten einfachen Tätigkeiten sterben aus – oder sie sind in Wirklichkeit längst nicht mehr »einfach«. Denn selbst das, was heute »einfache Tätigkeit« genannt wird, ist mittlerweile weit anspruchsvoller als in der Vergangenheit. Es ist eben nicht »einfach«, einen Mähdrescher zu bedienen, wenn das Cockpit dieses Mähdreschers mit allerlei Computern ausgestattet ist und nicht mehr viel anders aussieht als das Cockpit in einem Airbus. Und es ist auch nicht mehr »einfach«, als Lagerist zu arbeiten, wenn dafür, wie heute üblich, umfangreiche EDV-Kenntnisse notwendig sind.

Wer zu wenig kann und, wichtiger noch, das Lernen nicht lernt, der hat schon heute große Schwierigkeiten, in vollem Umfang am Leben der Gesellschaft teilzuhaben. »Der vorsorgende Sozialstaat begreift Bildung als zentrales Element der Sozialpolitik«, heißt es daher im Hamburger Programm der Sozialdemokratischen Partei. Es geht dabei um individuelle Lebenschancen, es geht um Gerechtigkeit, echte Chancengleichheit und die Chance zum sozialen Aufstieg. Aber es geht auch darum, dass unserer Gesellschaft und Ökonomie keine Potenziale verloren gehen dürfen. Eben deshalb müssen mehr Jugendliche aus sozial schwachen Haushalten die Chance erhalten, das Abitur zu machen und zu studieren. An diesem Punkt war die (west-)deutsche Sozialdemokratie in den sechziger und siebziger Jahren des vergangenen Jahrhunderts schon einmal weiter: beispielsweise mit dem Instrument eines Schüler-BAföG, mit dem Jugendlichen aus Arbeiterhaushalten der Besuch einer weiterführenden Schule ermöglicht wurde. Doch in der Leiter, die damals für den sozialen Aufstieg aufgestellt wurde, fehlen inzwischen etliche Sprossen. Wir müssen sie dringend ersetzen.

Die Grundsätze des vorsorgenden und in Menschen investierenden Sozialstaates sind natürlich gar nicht so neu. Vor allem die skandinavischen Länder führen uns seit langem eindrucksvoll vor, wie das Prinzip der Vorsorge zugleich sozialen Zusammen-

Mit Frank-Walter Steinmeier auf einer ehemaligen Braunkohleförderbrücke in der Lausitz, Sommer 2008.

halt und wirtschaftliche Dynamik schafft. Gemeinsam mit Frank-Walter Steinmeier und Peer Steinbrück habe ich vor einer Weile ein Buch mit dem Titel »Auf der Höhe der Zeit« herausgegeben. Es enthält einen kurzen, aber sehr lesenswerten Aufsatz von Helle Thorning-Schmidt, der Vorsitzenden der dänischen Sozialdemokraten. Sie schreibt: »Das Ergebnis unseres Willens zu beständigen Reformen in Dänemark ist, dass wir heute die Zeit haben, gründlich über die Frage zu diskutieren, wie wir den Wohlfahrtsstaat für die Zukunft sichern wollen.« Die Folge: »Wir müssen den Sozialstaat nicht mit fieberhaften Notmaßnahmen hier und heute retten, so wie es andere europäische Gesellschaften erleben.«

Man ahnt, welche »andere« Gesellschaft Helle Thorning-Schmidt meint. Es geht um Dänemarks südliches Nachbarland, es geht um Deutschland. Erinnern wir uns kurz: In Deutschland stiegen bis Anfang dieses Jahrzehnts die Arbeitslosenzahlen unaufhörlich an, die Rentenkassen waren leer, und die Krankenkassen häuften Jahr für Jahr höhere Defizite an. Vor diesem Hintergrund stimmt es: Die energischen Reformen der Regierung Schröder vor allem seit 2003 dienten in der Tat erst einmal dazu, unseren Sozialstaat in allerhöchster Not zu retten und zu sichern. Von dieser Anstrengung und von dem damit verbundenen Streit hat sich die deutsche Sozialdemokratie bekanntermaßen bis heute nicht völlig erholt. Solch eine Zerreißprobe möchte ich nur höchst ungern noch einmal erleben. Gerade deshalb, um also nicht noch einmal in solche Ausnahmesituationen zu geraten, haben wir Sozialdemokraten unsere programmatischen Grundlagen auf die Höhe der Zeit gebracht. Klar und deutlich heißt es im Hamburger Programm: »Je früher, individueller und wirksamer das Prinzip der Vorsorge praktiziert wird, desto besser ist der Sozialstaat in der Lage, die großen Lebensrisiken solidarisch abzusichern.«

Dieser entscheidenden Einsicht muss der Sozialstaat im 21. Jahrhundert gerecht werden. *Früher – individueller – wirksamer*: Das sind in der Tat drei entscheidende Prüfkriterien für einen vorsorgenden Sozialstaat, der nicht nur aktiv mithilft, die großen Ziele und Ideen der sozialen Demokratie – Freiheit, Gerechtigkeit und Solidarität, Fortschritt und Emanzipation – zu verwirklichen, sondern auch unbezweifelbar als wirtschaftliche Produktivkraft wirkt und deshalb umfassende gesellschaftliche Legitimität besitzt. Nur die intelligente Kombination von einer leistungsfähigen Wirtschaft und einem aktiven Sozialstaat, der in die Menschen investiert, kann im 21. Jahrhundert ein erfolgreiches europäisches Wirtschafts- und Sozialmodell gewährleisten.

In diesem Sinne ist das moderne sozialdemokratische Modell des vorsorgenden Sozialstaats ein integriertes Wirtschafts- *und* Sozialmodell. Beides gehört zusammen und bedingt sich gegenseitig. Dass die deutsche Sozialdemokratie diese Einsicht nach intensiven Diskussionen in ihrem neuen Grundsatzprogramm klar und deutlich verankert hat, bedeutet bereits für sich genommen ein Beispiel erfolgreicher Transformation. Politische Programme, allzu oft unterschätzt, sind in Wahrheit Landkarten, die Orientierung spenden und die Richtung weisen. Nun allerdings kommt es darauf an, das zeitgemäße Leitbild des vorsorgenden Sozialstaates weiter systematisch in die Praxis umzusetzen. Darin erst wird die eigentliche Transformation liegen, an der Sozialdemokraten konsequent arbeiten müssen, für die sie aber auch sehr selbstbewusst werben können. *Auch* wenn die Zeiten schwieriger werden. *Gerade* wenn die Zeiten schwieriger werden.

Solidarität – in der Krise erst recht

Wie steht es heute um die Solidarität? Wie verändert sich das, was wir unter Solidarität verstehen? Weshalb brauchen wir sie auch weiterhin – und vielleicht mehr denn je? Wie hängen Solidarität und das sozialdemokratische Konzept des vorsorgenden Sozialstaates zusammen? Und warum ist es manchmal richtig, den Begriff der Solidarität vor einigen seiner lautesten Befürworter in Schutz zu nehmen, um ihn lebendig und vital zu erhalten? Das sind Fragen, über die gerade angesichts der weltweiten Wirtschaftskrise, in die auch Deutschland hineingeraten ist, neu nachgedacht werden muss.

In dem 1989 untergegangenen Staat, in dem ich aufgewachsen bin, wurde Solidarität staatsoffiziell als ein zentrales Verhaltensprinzip verstanden, nämlich als »Zusammengehörigkeitsgefühl, Übereinstimmung, gegenseitige Unterstützung und Verpflichtung, Hilfs- und Opferbereitschaft«. So steht es – für sich genommen erst einmal völlig zutreffend – in der Neuauflage des legendären *Kleinen politischen Wörterbuchs* der DDR aus dem Jahr 1988, in demjenigen amtlichen Werk also, das die gültige marxistisch-leninistische Lehrmeinung der herrschenden Partei des Landes von »AAPSO (Organisation für Solidarität der Völker Asiens und Afrikas)« bis »zyklische Krise« durchbuchstabierte.

Auch im offiziellen Leben der DDR war der Begriff der Solidarität fast allgegenwärtig. Man klebte »Solimarken«. Zu öffentlichen Veranstaltungen gehörten unweigerlich »Solibasare«. Im Rundfunk wurden öffentliche »Solidaritätskonzerte« übertragen, deren Erlöse man dann wiederum dem »Solidaritätskomitee der DDR« überwies. Internationale Solidarität galt den von Apartheid und Militärdiktatur unterdrückten Völkern in Südafrika und Chile. Und bereits zum Schulstoff der DDR für die 7. und 8. Klasse gehörte das »Solidaritätslied« von Bertolt Brecht und Hanns Eisler: »Vorwärts und nicht vergessen / Worin unsere Stärke besteht! / Beim Hungern und beim Essen / Vorwärts, nie vergessen / Die Solidarität! ... Schwarzer, Weißer, Brauner, Gelber! / Endet ihre Schlächterein! / Reden erst die Völker selber / Werden sie schnell einig sein ... Proletarier aller Länder / Einigt euch und ihr seid frei. / Eure großen Regimenter / Brechen jede Tyrannei!«

Aber nicht nur im offiziellen Sprachgebrauch der DDR hatte das Wort Solidarität einen guten Klang. Auch in der Bundesrepublik und bis in die Gegenwart hinein gilt »die aus der gemeinsamen Verbundenheit folgende gegenseitige Verpflichtung« – so beispielsweise die Definition im Godesberger Programm der SPD aus dem Jahr 1959 – als hoher Wert. Wurden in der DDR »Solimarken« geklebt, so erhob das vereinigte Deutschland nach 1990 einen »Solidaritätszuschlag« zur Finanzierung der inneren Einheit, und die ostdeutschen Bundesländer erhielten Aufbaumittel aus dem »Solidarpakt«. Im aktuellen Grundsatzprogramm der SPD, beschlossen im Jahr 2007 in Hamburg, heißt es: »Solidarität bedeutet wechselseitige Verbundenheit, Zusammengehörigkeit und Hilfe. Sie ist die Bereitschaft der Menschen, füreinander einzustehen und sich gegenseitig zu helfen.« Für die CDU wiederum ist Solidarität ein so hoher Wert, dass sie ihn gleich fünfundzwanzigmal in ihr ebenfalls im Jahr 2007 entstandenes neues Grundsatzprogramm aufgenommen hat – wenn auch mit etwas anderem, auf christliche Traditionen zurückgehenden Zungenschlag als die SPD. »Solidarität ist ein Gebot der Nächstenliebe und entspricht der sozialen Natur des Menschen«, heißt es bei den Christdemokraten. Das klingt ein bisschen nach Mildtätigkeit und Barmherzigkeit, was begrifflich nicht dasselbe ist wie Solidarität.

Blickt man über Deutschland hinaus, so hat wohl keine politische und soziale Bewegung der vergangenen Jahrzehnte eine welthistorisch derartig durchschlagende Wirkung entfaltet wie die polnische Gewerkschaft mit dem Namen »Solidarność«. Im Streiksommer 1980 auf der Danziger Leninwerft gegründet, entwickelte sich die Organisation unter der Führung des siebenunddreißigjährigen arbeitslosen Elektrikers Lech Wałęsa mit ungeheurer Dynamik zu der bei weitem mächtigsten Oppositionsbewegung im gesamten sowjetischen Machtbereich. Weder die freiheitlichen Revolutionen des Jahres 1989 in Europa und das Ende des Kalten Krieges, weder der Mauerfall noch die deutsche Vereinigung wären möglich gewesen, hätten nicht die polnischen Arbeiter von Danzig aus den Aufbruch gewagt. Das Banner, das ihnen Mut gab und unter dem sie sich organisierten, war das Banner der Solidarität.

Was für ein Begriff ist das also, auf den sich in den vergangenen Jahrzehnten so völlig unterschiedliche, sogar gegnerische politische Kräfte wie Sozialdemokraten und Christdemokraten, Kommunisten und Antikommunisten positiv bezogen haben? Ist Solidarität etwa nur eines dieser ungenauen, schwer zu fassenden »Wieselwörter«, die jeder nach Belieben im Sinne der eigenen Zwecke dehnen, uminterpretieren und missbrauchen kann? Und wird der Begriff nicht ohnehin so inflationär gebraucht, dass er am Ende alle spezifischen Konturen verliert?

Manche sehen das so. In einer bewusst furiosen Polemik unter dem Titel »Solidarier aller Parteien – verschont uns!« warnte der Politikwissenschaftler Ulrich von Alemann schon vor Jahren: »Auf den Begriff Solidarität, so inhaltsleer, wie er derzeit ist, gehört der grüne Punkt. Er kennzeichnet bekanntlich Verpackungsmüll – weg damit in die gelbe Tonne. Vielleicht kann man ihn ja recyceln – ich war eine Blechdose der alten Arbeiterbewegung –, oder auch verschiffen in die Dritte Welt. Aber auch die braucht keine entleerten Begriffe, sondern konkrete Sachen mit Inhalt.«

Kein Zweifel, für die Arbeiter der Danziger Leninwerft im Sommer 1980 war Solidarität genau dies: »eine konkrete Sache mit Inhalt«. Aber hier und heute? Und gerade jetzt in der Krise? Beschreibt die Kategorie Solidarität womöglich ganz einfach ein – irgendwie – grundlegendes menschliches Bedürfnis nach sozialem Zusammenhalt und Gemeinschaftlichkeit, sodass letztlich keine politische Bewegung darauf verzichten kann, dem Begriff ihre Referenz zu erweisen, ob pro forma oder ernst gemeint? Ich glaube in der Tat, dass es dieses grundlegende Bedürfnis nach Zusammenhalt gibt – ebenso wie die Bereitschaft einer großen Mehrheit der Menschen, einer Politik der Solidarität ihre Zustimmung zu geben. Wer an die Bereitschaft zu solidarischem Denken und Handeln appelliert, der darf sich überall und regelmäßig einer hohen Zustimmung sicher sein. Zugleich aber, da hat Ulrich von Alemann wohl ganz recht, läuft er Gefahr, den Begriff der Solidarität bei allzu beliebigem Gebrauch zu Tode zu reiten.

Wichtig scheint mir deshalb, dass mit dem Gebrauch des Wortes immer zugleich eine erkennbare innere *Haltung* einhergehen muss. »Kinder, vergesst nicht: Der eigentliche Sinn des Lebens liegt im Miteinander« – so lautete das Lebensmotto der 2001 verstorbenen Brandenburger Sozialdemokratin Regine Hildebrandt. Was sie meinte, war nichts anderes als Zusammenhalten und Einstehen füreinander – also Solidarität. Dieser Frau nahm man das ohne Wenn und Aber ab. Niemals ist sie in der Öffentlichkeit mit ihrem stets offensiv vorgetragenen Credo auf Ablehnung gestoßen. In der Sache widersprochen haben ihr wahrlich nicht wenige, aber niemand hat dabei jemals Regine Hildebrandts solidarische Absichten in Frage gestellt. Ich glaube, der Grund dafür lag schlicht darin, dass sie mit jeder Faser ihres Daseins verkörperte und vorlebte, was sie verkündete. Wer von Solidarität spricht, der muss auch Solidarität ausstrahlen.

Die entscheidende Frage ist aber, warum die allgemein so

Mit Regine Hildebrandt während des Oderhochwassers im Sommer 1997.

hoch geschätzte Solidarität – ob nun verstanden als Regine Hildebrandts »Miteinander« oder im Sinne des SPD-Grundsatzprogramms als »wechselseitige Verbundenheit, Zusammengehörigkeit und Hilfe« – in der rauen Wirklichkeit des Alltags immer wieder so unendlich schwer zu verwirklichen scheint. Welche Bedingungen müssen herrschen, damit aus der latenten Bereitschaft der allermeisten Menschen zur Solidarität tatsächlich *gelebte* Solidarität werden kann?

Die marxistisch-leninistischen Ideologen der DDR waren hinsichtlich dieses zentralen Problems von keinem Zweifel angekränkelt. Ich zitiere noch einmal das *Kleine politische Wörterbuch* aus dem Jahr 1988: »Dieses Gemeinschaftsbewusstsein [der Solidarität] entsteht auf der Grundlage der materiellen Lebensbedingungen, der objektiven Bedürfnisse und Interessen einer sozialen Gruppe, einer Klasse, einer Gemeinschaft. ... Die Arbeiterklasse ist die einzige Klasse, die auf Grund ihrer gesellschaftlichen Lage, historischen Aufgabenstellung, Denkweise, Organisiertheit, Konsequenz und in sich solidarisch ist. Nur in fester Solidarität – unter Führung einer marxistisch-leninistischen Partei – ist es der Arbeiterklasse möglich, ihre historische Mission zu erfüllen.«

So einfach war das also. So einfach schien es jedenfalls den Gralshütern des Marxismus-Leninismus in der DDR. Man reibt sich noch immer ungläubig die Augen, wenn man diese Sätze liest. Schon acht Jahre bevor sie geschrieben wurden, hatten die polnischen Arbeiter gleich nebenan in Danzig, in Stettin und in Posen den Regierenden der DDR demonstriert, wie wenig an diesen Aussagen richtig war – und zwanzig Jahre danach wissen wir es umso besser. Zutreffend ist aber zweifellos eines: Eine der entscheidenden Quellen von Solidarität ist, historisch gesehen, die gemeinsame Erfahrung von Lohnarbeit und abhängiger Beschäftigung gewesen. Besonders die gemeinsame Erfahrung der massenhaften industriellen Fabrikarbeit in der entstehenden Industriegesellschaft schuf im 19. Jahrhundert für viele Millionen Menschen gemeinsame Interessen. Diese Interessen konnten, wie die Erfahrung schnell lehrte, am besten gemeinsam vertreten und durchgesetzt werden: »Alle Räder stehen still, wenn dein starker Arm es will.« Im Zeitalter der klassischen Industriegesellschaft war tatsächlich keine andere soziale Gruppe von derartig einheitlichen Interessen und Lebenslagen gekennzeichnet wie die industrielle Arbeiterschaft. Man saß im selben Boot, buchstäblich als Schicksalsgemeinschaft. Das ermöglichte Solidarität und erleichterte sie auch.

Exakt das traf aber genauso auch auf die Massen zu, die im Sommer 1980 in Polen die »Solidarność« gründeten oder im Herbst 1989 in der DDR friedlich die Straßen und Plätze eroberten. Völlig verkehrt war deshalb die fixe Idee (oder Hoffnung) der SED-Ideologen, dass »Organisiertheit« und »Konsequenz« der industriellen Arbeiterschaft nur unter der Führung einer marxistisch-leninistischen Partei möglich seien. Die antikommunistische Gewerkschaft in Polen mit ihren Millionen von proletarischen Mitgliedern bewies uns in den achtziger Jahren das glatte Gegenteil. Die klassische Arbeitersolidarität gegen »die da oben« konnte sich sowohl in staatssozialistischen wie auch in kapitalistischen Ordnungen als mächtige Waffe erweisen.

Aber die Zeiten, in denen große, vergleichsweise homogene Massen von Menschen dieselben oder ähnliche Tätigkeiten ausüben, gehen zu Ende. Die klassische Ära der industriellen Massenproduktion ist Geschichte, jedenfalls in Europa. Kaum irgendwo hat sich der Umbruch von der »arbeiterlichen Gesellschaft« (Wolfgang Engler) zur viel stärker auf Dienstleistungen, Lernen und Wissen basierenden Gesellschaft so rasend schnell vollzogen wie in Ostdeutschland. Aber auch im Westen der Bundesrepublik verzeichnen die Gewerkschaften bekanntlich nun schon seit vielen Jahren Mitgliederrückgänge – vor allem, weil sie sich schwer damit tun, in den neuen Dienstleistungsbranchen, unter Frauen, Angestellten, hoch qualifizierten Arbeitnehmern oder jungen Leuten neue Mitglieder zu rekrutieren und sich auf neuartige Beschäftigungsverhältnisse einzustellen.

Das alles trifft allerdings nicht nur in Deutschland zu. Überall basierte die alte Arbeitersolidarität auf gleichartigen Verhältnissen, homogenen Interessen, Lebenslagen. Die neuen Verhältnisse aber sind unübersichtlich, differenziert, wechselhaft. Natürlich hat das Auswirkungen auf die Solidarität. Den tiefen Wunsch nach dem von Regine Hildebrandt zu Recht auf Schritt und Tritt verteidigten »Miteinander« in der Gesellschaft teilen die Menschen auch heute noch, nur haben sich ihre Lebenslagen in rasendem Tempo ausdifferenziert. Solidarität wird erhofft, ja vielfach geradezu herbeigesehnt, aber die alten Instrumente, sie zu erlangen, sind oft stumpf geworden. Und wiederum: Wohl nirgends haben sich diese Prozesse der Auflösung einheitlicher Lebenslagen so überstürzt und gewissermaßen nachholend vollzogen wie in Ostdeutschland.

Auch für Solidarität gilt Willy Brandts klassischer Satz: »Nichts kommt von selbst; und nur wenig ist von Dauer.« Das klingt ein bisschen banal, ist aber wichtig. Solidarität angesichts von Vielfalt und Individualisierung ist schwieriger zu verwirklichen als Solidarität unter Bedingungen der Gleichartigkeit (und auch die war ja niemals eine einfache Sache). Die alte Solidarität war überwiegend eine Solidarität unter Gleichartigen, manche haben sie deshalb auch als »mechanische« Solidarität bezeichnet. Und die alte Solidarität war zudem historisch in hohem Maße »männlich« geprägt und ethnisch weitgehend homogen – auch das hat sie erleichtert. Wir hingegen leben heute unter Bedingungen vielfach gesteigerter Unterschiedlichkeit der Lebens- und Arbeitsweisen, der Einstellungen und Vorlieben, der Geschlechterverhältnisse, Kulturen und Hautfarben.

Wenn wir wollen, dass Solidarität angesichts solcher Verhältnisse auch im 21. Jahrhundert als ein Prinzip erhalten bleibt, das nicht bloß Sonntagsreden schmückt, sondern unsere Gesellschaft wirklich prägt, dann müssen wir uns etwas einfallen lassen. Wo die herkömmliche »Solidarität unter Gleichen« nicht mehr genügt, müssen wir die Fähigkeit zur »Solidarität unter Fremden« entwickeln, unter Menschen also, die sich in vieler Hinsicht unterscheiden. Das ist historisch neu. Nur wenn wir Solidarität nicht als eine statische Größe verstehen, als einen vorn vornherein vorgegebenen »Zustand« also, der sich von selbst einstellt, werden wir sie in einer umfassend veränderten Welt erhalten können.

Dieses dynamische Verständnis von Solidarität als wichtiger Ressource unserer (und jeder anderen) Gesellschaft, die immer wieder – und gerade angesichts der Umbrüche und Krisen unserer Zeit – erneuert werden muss, kommt im aktuellen Hamburger

Programm der SPD zum Ausdruck. Dort heißt es: »Solidarität ist eine starke Kraft, die unsere Gesellschaft zusammenhält – in spontaner und individueller Hilfsbereitschaft, mit gemeinsamen Regeln und Organisationen, im Sozialstaat als politisch verbürgter und organisierter Solidarität.«

Daher verdient alles – wirklich alles! – Zustimmung, Förderung und Unterstützung, was dazu beiträgt, die solidarische Haltung »spontaner und individueller Hilfsbereitschaft« hervorzubringen und zu stärken. Nochmals: Die klassische »Solidarität unter Gleichen«, wie wir sie aus der Geschichte der Arbeiterbewegung kennen, ist keineswegs überflüssig geworden, aber ihre Voraussetzungen schwinden zunehmend. Sie bedarf darum zunehmend der Ergänzung durch neue Formen gelebter Solidarität – von Solidarität, die alte und neue Grenzen überschreitet: soziale, kulturelle, religiöse, ethnische und nationale Grenzen und auch die Grenzen zwischen den Geschlechtern.

Was die Zukunft solcher neuer Formen gelebter Solidarität angeht, besteht kein Grund zum Pessimismus, sofern wir vorhandene Potenziale stärken, wo immer wir sie vorfinden. Überall an den »Graswurzeln« unserer Gesellschaft erleben wir, wie Menschen das alte Prinzip des Einstehens füreinander in unzähligen Vereinen, Initiativen, Selbsthilfeorganisationen oder Nachbarschaftsgruppen mit neuem Leben erfüllen. Hier ist ein unübersehbarer Kosmos unorthodoxer Solidaritätsformen entstanden, teilweise mit Hilfe der Möglichkeiten moderner Kommunikationstechnologie. Jeder private Tauschring, jede Initiative zur Hausaufgabenhilfe, jede Aidsberatung oder Dritte-Welt-Gruppe ist Bestandteil der schier unüberschaubaren Vielfalt von ehrenamtlichem und zivilem Engagement, die sich netzwerkartig in unserer Gesellschaft und über ihre Grenzen hinaus entwickelt hat.

Meine eigene Erfahrung in Brandenburg ist, dass alle diese Formen »organisch« von unten wachsender Solidarität ständig weiter um sich greifen. Dabei stehen sie keineswegs in Konkurrenz zu älteren Formen solidarischer Aktivität – von gewerkschaftlicher Arbeit über das Engagement in der Freiwilligen Feuerwehr, in Heimat-, Gesangs- oder Schützenvereinen oder Unser-Dorf-soll-schöner-werden-Initiativen. Nichts von alledem ist unwichtig, nichts davon darf gegen etwas anderes ausgespielt werden. Und heute erleben wir, wie ältere und neuere Formen gesellschaftlicher Solidarität in oftmals unübersichtlichen Mischungsverhältnissen neu zusammenkommen.

Gewachsene Unübersichtlichkeit sollte nicht als Anzeichen für einen Niedergang der Fähigkeit unserer Gesellschaft zur Solidarität gedeutet werden. Sehr viel spricht im Gegenteil dafür, dass die Fähigkeit unserer Gesellschaft zu solidarischer Aktivität – spontan, selbstorganisiert und basisverwurzelt – eher zunimmt. Politik und Verwaltung tun gut daran, diese Entwicklung mit aller Kraft zu fördern, wo immer es möglich ist – und zwar auch dann, wenn gesellschaftliche Solidaritätspotenziale ihnen manchmal das Leben schwer machen. Die lebendige Eigenwilligkeit der Gesellschaft gegenüber der Politik macht den Kern und die Stärke der freiheitlichen Ordnung aus, wie sie von den Bürgern der DDR im Herbst 1989 erstritten wurde. Das haben Regierende, die dieses gesellschaftliche Eigenleben am liebsten regulieren würden, nicht verstanden.

Zur Förderung der gesellschaftlichen Solidaritätspotenziale gehört es unbedingt, das sozialdemokratische Kernversprechen »Bildung für alle!« massiv zu erneuern und auf die Höhe unserer Zeit zu bringen. Bildung entscheidet nicht nur über individuelle Lebenschancen und Wohlstand, sondern in hohem Maße auch über die Fähigkeit von Menschen zum solidarischen Miteinander. Und erst recht entscheidet Bildung über die Fähigkeit zur Solidarität mit Menschen, die aufgrund ihrer sozialen oder ethnischen Herkunft oder ihres religiösen Glaubens tatsächlich »anders« oder gar Fremde sind. Nur wenn diese Fähigkeit zur Solidarität auch mit dem vermeintlich völlig »anderen« gesellschaftliches Allgemeingut wird, kann das Zusammenleben in unserer Gesellschaft im 21. Jahrhundert gelingen. Zwanzig Jahre nach der demokratischen Revolution in der DDR sind wir in Ostdeutschland auf diesem Weg ein gutes Stück vorangekommen – allerdings noch lange nicht weit genug.

Schließlich muss die Frage nach dem Verhältnis von Solidarität und Sozialstaat beantwortet werden. Das Hamburger Grundsatzprogramm der SPD beschreibt, wie bereits zitiert, den Sozialstaat als »organisierte Solidarität«. Das verweist auf eine zentrale Aufgabe, die der Sozialstaat unbedingt erfüllen muss. Einige Anmerkungen scheinen dennoch angebracht – sozusagen aus der Perspektive eines Menschen, der sich in der DDR mit einigen Gleichgesinnten zusammentat, um selbstorganisiert tätig zu werden. Zu warnen ist nämlich vor dem möglichen Missverständnis, die Durchsetzung von Solidarität lasse sich gewissermaßen an die Institutionen, Verwaltungsverfahren und Kassen des Sozialstaates delegieren. Die Existenz des Sozialstaates als Institution bietet keine hinreichende Garantie dafür, dass Solidarität als *lebendige Haltung* und Bereitschaft zum Einstehen füreinander gefördert wird. Ein nur unbefriedigend funktionierender oder von Menschen bloß als kalter, bürokratischer Apparat erfahrener Sozialstaat kann sogar eine ganze Menge dazu beitragen, diese gesellschaftliche Bereitschaft zur Solidarität zu untergraben. Dabei ist sie doch gerade die Voraussetzung dafür, dass der Sozialstaat überhaupt existieren kann und gesellschaftliche Zustimmung genießt.

In Deutschland sind es vor allem die Angehörigen der breiten erwerbstätigen Mittelschichten, die den Sozialstaat tragen. Diese vielen unspektakulären, aber unverzichtbaren Leistungsträger des Alltags finanzieren den Sozialstaat mit ihren Beiträgen und Steuerleistungen: Facharbeiter und Angestellte, Techniker und Ingenieure, Handwerker, Krankenschwestern, Lehrer und viele, viele andere. Auf *ihre* fortgesetzte Bereitschaft zur gesellschaftlichen Solidarität wird es auch weiterhin ankommen. Ohne die Zustimmung der gesellschaftlichen Mitte – auch an der Wahlurne – verliert der Sozialstaat auf die Dauer seine Legitimation.

Deshalb muss diese Zustimmung immer wieder neu gesichert werden.

Heute aber erlebt die Mitte unserer Gesellschaft den bestehenden Sozialstaat zunehmend nicht mehr als Erfolgsmodell – und zwar gleich in zweifacher Weise nicht. Zum einen hat sich in der erwerbstätigen Mitte – und hier gerade unter Arbeitnehmern – der Eindruck verbreitet, sie sei so etwas wie der überladene Lastesel der Nation. Wir wissen das aus vielen Alltagsgesprächen, wir wissen es auch aus wissenschaftlichen Untersuchungen. Die Mitte der Gesellschaft finanziert den Sozialstaat zu guten Teilen, aber sie erlebt ihn nicht mehr in ausreichendem Maße als Erfolgsmodell, von dessen Funktionieren auch sie selbst profitieren würde – etwa aufgrund eines vorbildlichen Bildungssystems von der hochwertigen Kindertagesstätte bis zur hervorragenden Universität, aufgrund effizienter Arbeitsvermittlung, aufgrund moderner sozialer Infrastruktur oder einer Familienpolitik, die Familie und Beruf gut miteinander vereinbar macht.

Zum anderen erlebt die gesellschaftliche Mitte, dass die hohen und von ihr wesentlich finanzierten sozialpolitischen Aufwendungen für das untere Drittel der Gesellschaft bei weitem nicht so nachhaltig und ergiebig wirken, wie es zu erwarten wäre. Tatsächlich ist der deutsche Sozialstaat keineswegs ein billiger Sozialstaat. Die sozialen Transferleistungen für Erwerbslose sind hierzulande im internationalen Vergleich hoch. Dasselbe gilt für die Aufwendungen für die Familien oder für die Gesundheitskosten. Und auch das deutsche Bildungswesen funktioniert nicht – jedenfalls nicht in erster Linie – deshalb so unbefriedigend, weil wir es uns zu wenig kosten ließen.

Tatsächlich wenden wir für das Soziale und für Bildung in Deutschland viel Geld auf – in bester Absicht, aber leider nicht mit den besten Ergebnissen. Was im Verhältnis zum betriebenen sozialstaatlichen Aufwand deutlich zurückbleibt, sind positive Resultate; was auf der Strecke bleibt, sind die Lebens-, Aufstiegs- und Integrationschancen viel zu vieler Menschen. Darunter leidet das Grundgefühl der Bürger, in einem solidarischen Gemeinwesen zu leben. Dass sich mit vergleichbarem finanziellem Aufwand weitaus bessere sozialstaatliche Resultate erzielen lassen, zeigt der internationale Vergleich, vor allem mit wirtschaftlich *und* sozial erfolgreichen Staaten Skandinaviens. Die Qualität eines Sozialstaates, unter den Kriterien der Effizienz wie der Solidarität, lässt sich eben nicht in erster Linie an der Höhe der sozialen Transferzahlungen ablesen.

Es kann überhaupt nicht eindringlich genug betont werden, dass von einer erfolgreichen – und das heißt: aktivierenden und befähigenden – Sozialpolitik für das untere Drittel unserer Gesellschaft auch das mittlere und das obere Drittel ganz praktisch profitieren würden. Weniger Dauerarbeitslosigkeit, gelingende Integration von Einwanderern, abnehmende Kriminalitätsraten, bessere Bildungs- und Aufstiegsmöglichkeiten für benachteiligte Gruppen, gut ausgebildete Schüler und Arbeitskräfte, bessere Startchancen für junge Leute – das alles wären überzeugende Vorzüge eines funktionierenden, aktivierenden und in die Menschen investierenden vorsorgenden Sozialstaates. Diese Vorzüge würden ganz direkt der *gesamten* Gesellschaft zugutekommen und wären zugleich die grundlegende Bedingung dafür, die Bereitschaft der erwerbstätigen Mitte zur Solidarität zu erhalten und zu erneuern.

Oft wird gesagt, nur Reiche könnten sich einen abgemagerten Sozialstaat leisten, nur Reiche seien auf Solidarität nicht angewiesen. Aber auch das stimmt eigentlich so nicht: Noch der reichste Unternehmer braucht exzellente Fachkräfte, gesunde Mitarbeiter, ein intaktes gesellschaftliches Klima, eine ausgebaute soziale Infrastruktur – und manchmal auch freundliche Mitbürger, die ihm helfen, wenn er nachts fern von zu Hause mit einer Reifenpanne liegen bleibt. Das alles sind Dinge, die kein Unternehmer selbst, sondern nur intakte gesellschaftliche Solidarität gewährleisten kann. Der funktionierende vorsorgende Sozialstaat ist deshalb keine wirtschaftliche Belastung, kein Wachstumshindernis, sondern eine wirtschaftliche und gesellschaftliche Produktivkraft.

Der vorsorgende Sozialstaat, der in die Fähigkeiten der Menschen investiert, bedeutet einen dringend notwendigen Paradigmenwechsel und eine handfeste sozialdemokratische Vision für das 21. Jahrhundert. Dieser Sozialstaat soll die Menschen aktivieren, ihr Leben in eigener Verantwortung zu gestalten – und er schafft die Voraussetzungen dafür, dass sie dies auch wirklich können. Deshalb setzt der vorsorgende Sozialstaat intensiv auf hochwertige Bildung und Gesundheitsprävention – und zwar von Anfang an. Er fördert Beschäftigungsfähigkeit und Beschäftigung, und er verhindert Armut. Wer immer in den kommenden Jahrzehnten in Deutschland eine Rente beziehen will, muss ein dringendes Interesse daran haben, dass wir das Leitbild des vorsorgenden Sozialstaates Schritt für Schritt, aber sehr energisch und systematisch verwirklichen. Der vorsorgende Sozialstaat, eine funktionierende Ökonomie und die fortgesetzte Bereitschaft gesellschaftlicher Mehrheiten zur Solidarität sind Erfolgsfaktoren, die sich gegenseitig bedingen.

Genau hier schließt sich der Kreis meiner Argumentation. Der nachweislich leistungsfähige vorsorgende Sozialstaat müsste nicht mehr mit Zähnen und Klauen gegen ständige Angriffe verteidigt werden. *Dieser* Sozialstaat hätte keine Akzeptanz- und Legitimitätsprobleme, weil er mehr Lebenschancen für mehr Menschen eröffnen und sich aufgrund seiner Leistungsfähigkeit Tag für Tag selbst legitimieren würde. Die soziale Demokratie ist existenziell darauf angewiesen, die Voraussetzungen gesellschaftlicher Solidarität unter sich verändernden Bedingungen zu erhalten und zu erneuern. Der vorsorgende und in die Fähigkeiten der Menschen investierende Sozialstaat wird auch deshalb gebraucht, weil er dazu beitragen wird, dass Solidarität vor allem eines bleibt: eine aktive und lebendige *Haltung,* die aktive und tätige Bereitschaft von Menschen, füreinander einzustehen. Nur wo diese Bedingung erfüllt ist, nur wo Solidarität durch geeignete institutionelle Rahmenbedingungen und ganz praktisches Handeln immer wieder erfahrbar gemacht und erneuert wird, kann sie eine vitale Kraft bleiben, die unsere Gesellschaft zum Besseren verändert. Eine konkrete Sache mit Inhalt.

Glücklich schrumpfen?

»Geld allein macht nicht glücklich« – was der Volksmund seit Jahrhunderten weiß, hat jetzt auch die wissenschaftliche »Glücksforschung« entdeckt und überzeugend nachgewiesen. Vergleichende Untersuchungen belegen, dass die Menschen in den westlichen Gesellschaften heute tatsächlich nicht glücklicher oder zufriedener sind als vor fünfzig Jahren, obwohl sich das Realeinkommen und der Lebensstandard der Menschen im selben Zeitraum verdoppelt haben. »Wir haben heute mehr zu essen, mehr Kleider im Schrank, fahren mehr Autos, leben in komfortableren Wohnungen, unternehmen häufiger und längere Urlaubsreisen ins Ausland, arbeiten weniger und unter weitaus besseren Bedingungen. Vor allem genießen wir eine bessere Gesundheit und haben eine höhere Lebenserwartung. Dennoch sind wir nicht glücklicher! Trotz aller Fortschritte und trotz aller Anstrengungen von Regierungen, Lehrern, Ärzten und Unternehmern: Das Glück hat sich nicht vermehrt.« Das schreibt der britische Wirtschaftswissenschaftler Richard Layard in seinem Buch *Die glückliche Gesellschaft*. Jetzt, in der Krise, die uns um Wachstum und Wohlstandsgewinne bringt, erlangen solche Einsichten besondere Bedeutung.

Die Erkenntnis des Volksmundes lässt sich heute mit harten Daten belegen, denn Glück ist tatsächlich messbar geworden.

Layard erklärt es so: »Glück ist, wenn wir uns gut fühlen, und Elend bedeutet, dass wir uns schlecht fühlen. In jedem Moment unseres Lebens fühlen wir uns himmlisch, halbtot oder irgendwo dazwischen. Diese Zustände kann man heute definieren, sei es durch Befragungen oder durch die Messung von Hirnströmungen.« Mit Hilfe dieser Ergebnisse kann die Glücksforschung feststellen, welche Menschen glücklich sind und welche nicht. Sie kann auch feststellen, wie sich einzelne Länder im Hinblick auf die Zufriedenheit ihrer Bewohner unterscheiden: Es gibt Gesellschaften, in denen die Menschen deutlich glücklicher sind als in anderen. Und die Glücksforschung kann sogar erklären, warum sich Menschen glücklich oder unglücklich fühlen, warum sie ihr Leben so und nicht anders empfinden. Auf der Grundlage dieser Ergebnisse formuliert Layard seine entscheidende These: »Der Individualismus hat den Menschen bestenfalls das Ideal der Selbstverwirklichung zu bieten. Doch diese neue Religion hat versagt. Sie hat die Menschen nicht glücklicher gemacht, im Gegenteil, sie setzt jeden unter Druck, möglichst viel und möglichst nur das Beste für sich selbst zu ergattern. Wenn wir aber wirklich glücklich leben wollen, dann brauchen wir ein gemeinsames Ziel, ein gemeinsames Gut oder Gemeinwohl, zu dem wir alle unseren Beitrag leisten können.«

Hat Layard nicht völlig recht? Und wenn er recht hat, was würde dann aus seinen Überlegungen folgen? Was würde aus ihnen folgen zum einen für unsere Vorstellungen von sozialer Gerechtigkeit und die Frage, wie wir diesem Leitbild politisch näherkommen? Und zum anderen: Welche Konsequenzen hätte Layards These im Hinblick auf die Art und Weise, wie wir in Deutschland das Ziel der inneren Einheit doch noch verwirklichen können? Schließlich ist Deutschland nun seit fast zwei Jahrzehnten wieder *vereinigt*, aber dass es ökonomisch, sozial und emotional wirklich *vereint* sei, lässt sich bis heute nicht feststellen. Wir wissen längst, dass die wirtschaftlichen und politischen Herausforderungen, die der Osten *und* der Westen unseres Landes in den kommenden Jahrzehnten gemeinsam bewältigen müssen, in ihren Dimensionen noch bei weitem über das hinausgehen werden, was wir in den vergangenen zwei Jahrzehnten erlebt haben.

Es ist vor allem das besonders komplizierte Mischungsverhältnis von weltweiter Wirtschaftskrise, demographischer Krise und zunehmend wissensintensiver Wirtschaft, aus dem sich die schwierige Grundkonstellation der Zukunft ergibt. Bereits in den vergangenen Jahren gab es gravierende Probleme bei der Finanzierung unserer sozialen Sicherungssysteme, die bislang jedoch nur begrenzt demographische Ursachen hatten. Sie werden in dem Maße immer schwerer in den Griff zu bekommen sein, wie sich in den kommenden Jahren das Zahlenverhältnis von erwerbstätiger und nichterwerbstätiger Bevölkerung zugunsten der Nichterwerbstätigen verschiebt. Hinzu kommt, dass die unweigerlich bevorstehende demographische Herausforderung die deutsche Gesellschaft ausgerechnet in einer Situation trifft, in der sie sich ohnehin bereits schwertut, mit den sich schnell verändernden Bedingungen von Globalisierung und Wissensgesellschaft zurechtzukommen.

Grundsätzlich ist unsere Gesellschaft zu hohen Erneuerungsleistungen imstande. Das haben die Menschen vor allem (aber durchaus nicht nur) in den neuen Bundesländern während der vergangenen zwei Jahrzehnte im Prozess der Vereinigung von Ost und West eindrucksvoll bewiesen. Unser Land ist buchstäblich das einzige auf der Welt, das in der jüngeren Vergangenheit das Zusammenwachsen zweier so völlig unterschiedlicher Wirtschafts- und Gesellschaftsordnungen zu bewältigen hatte. Auf den Erfahrungen dieser Zeit im Umgang mit Umbruch, Wandel und Erneuerung können wir selbstbewusst aufbauen. Zugleich aber wissen wir, dass in Zukunft weitere umfangreiche Veränderungen auf uns zukommen: Der Anpassungsdruck durch Globalisierung, Demographie und wissensintensives Wirtschaften wird sich weiter erhöhen. Nur als erneuerungsfreudige Gesellschaft wird Deutschland daher im internationalen Wettbewerb mithalten können. Zugleich aber verringern sich – und zwar gerade auch *aufgrund* des demographischen Wandels – die Anpassungspotenziale unserer Gesellschaft, sofern wir nicht energisch gegensteuern. Unser Land muss Schrumpfungsprozesse im Inneren und zugleich die ständige Anpassung an rasche Veränderungen bei den äußeren Rahmenbedingungen bewältigen. Das hat es in dieser Kombination während der vergangenen, durch die Prozesse des Wachstums von Bevölkerung und Wirtschaft geprägten Jahrzehnte noch niemals gegeben.

Unter den Gesichtspunkten der Gerechtigkeit, der Solidarität und der sozialen Einheit Deutschlands liegt genau hier die zentrale Schwierigkeit – vielleicht ist sie aus ostdeutscher Perspektive nur besonders deutlich wahrnehmbar. In den vergangenen Jahrzehnten sind Sozialstaat und soziale Gerechtigkeit in Deutschland üblicherweise vor allem materiell begründet und gewährleistet worden. Ohne finanzielle Absicherung gegen die Wechselfälle des Lebens sind individuelle Freiheit, staatsbürgerliche Gleichheit und soziale Gerechtigkeit tatsächlich nicht vorstellbar. Die Ideen des Sozialstaates und der sozialen Marktwirtschaft haben in genau diesen Prinzipien ihre Wurzeln. Denn das Leitbild des Sozialstaates beschreibt ein Gemeinwesen, das auf Freiheit, auf rechtlicher Gleichheit, auf Marktwirtschaft sowie auf der demokratischen und sozialstaatlichen Solidarität seiner Bürger beruht. Politisch verwirklicht wird dieses Leitbild in dem Maße, wie es einem Staat gelingt, Freiheit, Mitbestimmung und die Beteiligung aller an den gemeinsamen Angelegenheiten des Gemeinwesens zu ermöglichen.

Wir haben aber in den vergangenen Jahren erlebt, dass dieses Modell mit beträchtlichen neuen Herausforderungen konfrontiert wurde. Eine dieser Herausforderungen stellten (und stellen) zweifellos die harten ideologischen Gegner des Sozialstaates dar, die dessen Grundideen des Ausgleichs und der Chancengleichheit aus prinzipiellen Gründen ablehnen. Aber das ist nicht das Hauptproblem, denn von einem »neoliberalen Mainstream«

kann in Deutschland – anders als oftmals unterstellt – überhaupt nicht die Rede sein. Grundsätzliche Sozialstaatsfeindschaft war auch in den vergangenen Jahren eine Vorliebe bestimmter Minderheiten, die allerdings in den Fernsehtalkshows überproportional vertreten waren. Gesellschaftlich mehrheitsfähig waren und sind marktradikale Positionen weder im Osten noch im Westen unserer Republik. Im Gegenteil: Wie Untersuchungen, Umfragen und Alltagserfahrung immer wieder zeigen, erfreuen sich die Grundidee und die Prinzipien des Sozialstaates ungebrochener Beliebtheit und Zustimmung. Erst recht in der gegenwärtigen Krise erweist sich die Bedeutung vorsorgender und schützender Sozialstaatlichkeit erneut in aller Deutlichkeit.

Was den Sozialstaat heutzutage in Schwierigkeiten bringt, sind daher in Wirklichkeit weniger seine erklärten ideologischen Feinde als die zunehmende Erosion seiner Voraussetzungen. Jedenfalls in seiner hergebrachten Form stößt er zunehmend an objektive finanzielle und demographische Grenzen. »Die zentrale Herausforderung moderner Gesellschaften durch die Bevölkerungsschrumpfung besteht darin, dass Schrumpfungsprozesse in ihnen sozusagen strukturell nicht vorgesehen sind, sondern dass bisher alle Probleme durch Wachstum gelöst wurden«, schreibt der renommierte Bielefelder Sozialstaatsexperte Franz-Xaver Kaufmann. Dieser Weg der Problemlösung durch dauerhaftes Wachstum der Wirtschaft, der Bevölkerung, der staatlichen Haushalte und der Sozialbudgets ist uns nun offenbar auf Dauer verbaut. Angesichts der außerordentlichen Wirtschaftskrise, die wir derzeit erleben, setzt der Staat noch einmal auf antizyklische Expansion, um die Nachfrage zu stimulieren. Dafür werden hohe neue Schulden in Kauf genommen. Aber jeder weiß, dass dies kein Rezept ist, das sich beliebig wiederholen lässt. Wir müssen tatsächlich auf vielen Gebieten lernen, aus weniger mehr zu machen.

Um die Dimension dieser Herausforderung einmal am Beispiel des Landeshaushalts von Brandenburg zu veranschaulichen: In meinem Bundesland werden das kontinuierliche Abschmelzen des Solidarpakts II zur Förderung des Aufbaus Ost sowie weitere (auch demographische) Faktoren dazu führen, dass sich das Haushaltsvolumen des Landes innerhalb von zehn Jahren um etwa ein Viertel verringert. Ähnlich sieht es in den anderen ostdeutschen Bundesländern aus. Längst ist klar, dass es einen Solidarpakt III für Ostdeutschland nicht geben wird. Deshalb müssen wir dieses drastische Schrumpfen unserer Landeshaushalte politisch organisieren und aktiv gestalten. Gelänge uns dies nicht, würde in Brandenburg schon in naher Zukunft buchstäblich keine Politik mehr stattfinden. Dies umreißt, knapp skizziert, die haushaltspolitische Aufgabe, vor der Brandenburg und die anderen ostdeutschen Bundesländer stehen.

Zugleich werden sich in den kommenden Jahren und Jahrzehnten gerade in Ostdeutschland – aber keineswegs nur in Ostdeutschland – demographische Herausforderungen auftürmen, die in der jüngeren Vergangenheit beispiellos sind. Schon seit mittlerweile zwei Jahrzehnten leben die Ostdeutschen inmitten dieses dramatischen Wandels. Abwanderung und zunehmender Wohnungsleerstand, die Schließung von Schulen, Bibliotheken und Schwimmbädern, ländliche Regionen mit immer weniger jungen Menschen und Dörfer ohne Kinder – das alles ist in vielen Regionen Ostdeutschlands bereits seit vielen Jahren Wirklichkeit. Inzwischen ist längst klar, dass solche Entwicklungen auch Länder wie Nordrhein-Westfalen, Hessen oder Niedersachsen einholen, wo man derartige Phänomene lange für reine »Ostprobleme« gehalten hat. Aber um bloß ostdeutsche Probleme handelt es sich eben nicht. Schon seit einer ganzen Weile weisen demographische Studien darauf hin, dass sich die Mitte Deutschlands regelrecht »entleert«. »Von Sachsen über Thüringen bis ins Ruhrgebiet zieht sich eine regelrechte Schneise der Entvölkerung quer durch die Republik«, heißt es alarmistisch, aber nicht falsch in einer Studie des Berlin-Instituts für Bevölkerung und Entwicklung. Mit anderen Worten: Was im Osten seit zwanzig Jahren geschieht, hat nun auch den Westen erreicht.

Allerdings verläuft demographische Entwicklung nie linear

und ausschließlich abschüssig, sondern differenziert und widersprüchlich. Auch das lässt sich am Beispiel des Landes Brandenburg zeigen. Während sich ländliche Räume entleeren, entstehen in Deutschland und Europa zugleich moderne neue Ballungsräume: verdichtete Boomregionen mit hoher internationaler Vernetzung. Sie werden in den kommenden Jahren immer heftiger um die rapide zurückgehende Zahl qualifizierter inländischer Arbeitskräfte konkurrieren. Vor allem Baden-Württemberg und Bayern sind in Deutschland heute die Gewinner der enormen innerdeutschen Wanderung. Aber auch das brandenburgische Umland von Berlin gilt laut einschlägigen Untersuchungen als eine der zukunftsträchtigsten Regionen Deutschlands. Für die kommenden Jahrzehnte werden dieser Metropolregion beträchtliche weitere Bevölkerungszuwächse vorausgesagt. So intensiv wie kein zweites Bundesland erlebt Brandenburg daher gleichzeitig die gegenläufigen Prozesse von Bevölkerungsschrumpfung und Bevölkerungswachstum. Dass diese Entwicklungen in den einzelnen Regionen des Landes Hoffnungen und Ängste in höchst unterschiedlichen Mischungsverhältnissen auslösen, ist nur zu begreiflich. Während die einen zu Recht neue Chancen erkennen und ergreifen, fürchten sich andere in den ländlichen Gegenden nicht ohne Grund davor, dauerhaft »abgehängt« zu werden.

Gerade langfristige demographische Prozesse lassen sich per Definition nicht kurzerhand »umdrehen«. Aber muss das Schrumpfen immer im Scheitern münden? Meine Antwort lautet: Nicht unbedingt! Auf uns selbst kommt es an. Sehr viel, womöglich alles wird davon abhängen, welche Schlüsse wir aus den beschriebenen Entwicklungen ziehen, für welche Haltung und für welches Handeln wir uns angesichts der neuartigen Herausforderungen entscheiden. Welche Ziele wollen wir eigentlich verfolgen? Und wie?

Unschwer voraussagen lässt sich zunächst, dass es uns ganz sicher nicht leicht fallen wird, die Schrumpfungsprozesse der kommenden Jahrzehnte zu organisieren und menschengerecht zu gestalten: Die Bevölkerungsentwicklung der Vergangenheit verlief nun einmal anders, und so fehlt es uns ganz einfach an Erfahrungen. Franz-Xaver Kaufmann entwirft vor diesem Hintergrund ein düsteres Szenario – besonders auch im Hinblick auf das Ost-West-Verhältnis innerhalb der deutschen Gesellschaft: »Während das Bevölkerungswachstum zu stimulierenden Ungleichheiten führt, scheint ein Bevölkerungsrückgang in Verbindung mit der Verschärfung sozialstaatlicher Verteilungskonflikte der Verschärfung sozialer Ungleichheit und der Verfestigung sozialer Gegensätze Vorschub zu leisten. Dabei ist weniger an unmittelbare Generationenkonflikte denn an regionale und soziale Ungleichheiten und Konflikte zu denken. Was sich heute erst ansatzweise im Verhältnis von Ost- und Westdeutschland zeigt, kann im Fortgang der demographischen Ausdünnung des Ostens dramatische Formen annehmen.«

Niemand kann heute mit Sicherheit ausschließen, dass es zu solch einer Entwicklung in Deutschland kommen *kann*. Was wir wissen, ist dagegen, dass solch eine Entwicklung auf keinen Fall eintreten *darf*. Dafür mit Erfolg alles zu tun – das wäre eine zeitgemäße neue Gerechtigkeitspolitik unter den Bedingungen von Globalisierung und demographischer Schrumpfung unserer Gesellschaft. Und angesichts der erwähnten Ergebnisse der neueren Glücksforschung scheint solch eine Politik noch dringender geboten. Diese Ergebnisse sind einerseits ernüchternd, weil sie darauf hindeuten, dass überwiegend auf materiellem Zuwachs basierende und auf weiteren Zuwachs abzielende wirtschafts- und sozialpolitische Strategien gravierende Defizite aufweisen: Alle diese Zuwächse haben die Menschen in der Vergangenheit eben nicht zufriedener gemacht. Andererseits aber geben diese Ergebnisse der Glücksforschung im Umkehrschluss Anlass zur Hoffnung: Wenn es stimmt, dass Glück und Zufriedenheit der Menschen ohnehin nicht unbedingt von erreichten Besitzständen und materiellen Zuwächsen abhängen, warum sollten sich dann nicht neue Wege beschreiten lassen, um selbst unter Bedingungen des Schrumpfens eine lebenswerte, Zufriedenheit und

Zusammenhalt ermöglichende Gesellschaft politisch zu organisieren?

Anschauungsmaterial dafür bietet nicht zuletzt die bisherige Funktionsweise des Sozialstaats. Zwar ist der traditionelle, überwiegend beitragsfinanzierte deutsche Sozialstaat heute im internationalen Vergleich in finanzieller Hinsicht noch immer großzügig – keiner, der sich in Europa und der Welt auskennt, kann das bestreiten. Dennoch ist festzustellen, dass unser Sozialstaat in seiner bisherigen Form zur Annäherung an das, was Richard Layard »glückliche Gesellschaft« nennt, offenbar nur noch wenig beitragen kann. Materielle Absicherung ist wichtig, aber sie ist eben niemals genug. Wer – beispielsweise – langfristig keine Arbeit findet, dem wäre selbst mit einem unbefristeten Arbeitslosengeld in der vollen Höhe seines bisherigen Gehalts auf die Dauer nicht gedient. Denn Arbeitslosigkeit macht nicht nur dadurch unglücklich, dass sie die betroffenen Menschen um ihr früheres Einkommen bringt – das ganz sicher *auch*. Noch größeren Schaden richtet langfristige Arbeitslosigkeit aber dadurch an, dass sie Menschen um ihren Platz in der Gesellschaft bringt; dass sie Freundschaften, Bekanntschaften und das Familienleben der Betroffenen in Mitleidenschaft zieht; dass sie schleichend Qualifikationen der Menschen entwertet und irgendwann auch ihre Initiative erlahmen lässt; dass sie Selbstbewusstsein, Lebenssinn und Zukunftsoptimismus zersetzt. Geld allein macht nicht glücklich – diese Einsicht bleibt richtig. Aber wenn das so ist, dann gilt der Satz erst recht für das Arbeitslosengeld oder für andere finanzielle Lohnersatzleistungen des Sozialstaates. Alle diese Mittel sind sinnvoll und notwendig, sie helfen den betroffenen Menschen, finanziell recht und schlecht über die Runden zu kommen. Doch neue Perspektiven, neue Hoffnung, neuen Lebenssinn und den Weg zurück zu aktiver Beteiligung am Leben der sozialen Gemeinschaft eröffnen sie viel zu wenig.

»Die Politik eines Staates sollte danach beurteilt werden, inwieweit sie Glück mehrt und Leid mindert«, schreibt Richard Layard.

»Auch unser persönliches Verhalten sollte das größtmögliche Glück aller zum Ziel haben.« Schon deshalb tun wir gut daran, uns über die Frage der Gerechtigkeit und ihre Bedingungen neue Gedanken zu machen. Meine nicht zuletzt aus den ostdeutschen Erfahrungen der vergangenen zwei Jahrzehnte gewonnene These lautet: Soziale Gerechtigkeit unter den Bedingungen des 21. Jahrhunderts ist vor allem eine Frage der Zugehörigkeit, des Mitmachens, der aktiven Beteiligung der Menschen an den Angelegenheiten ihres Gemeinwesens. Der 1928 geborene Klaus von Dohnanyi hat vor einiger Zeit aus der Perspektive des Westdeutschen noch einmal auf genau dieses Problem hingewiesen: »Man muss sich die Lage in Ostdeutschland vor Augen führen. Für uns konnte es damals in der Nachkriegszeit nur besser werden. Für viele in der ehemaligen DDR ist es schwieriger geworden. Nicht schlechter, denn die Freiheit ist gewonnen, und auch der Lebensstandard ist eigentlich besser. Aber das Gefühl, gebraucht zu werden und ein Teil des Ganzen zu sein, haben wir den Menschen in Ostdeutschland nicht geben können.«

Gebraucht zu werden – genau das ist das Entscheidende. Denn gebraucht zu werden schafft Lebenssinn, Zufriedenheit, sozialen Zusammenhang und durchaus auch das Empfinden von Glück. Jeder kennt das aus der eigenen Erfahrung: Man packt gerne mit an, man hilft sich gegenseitig, man nimmt sich Zeit füreinander, man tut sich mit anderen für gemeinsame Zwecke zusammen. Und man empfindet Freude dabei, selbst wenn die zu bewältigenden Aufgaben für sich genommen weder angenehm noch gar einträglich sind – ganz einfach weil es schön ist, gebraucht zu werden. Es ist das gemeinschaftliche Zupacken selbst, das uns Befriedigung verschafft. Überhaupt nur in dem Maße, wie sich Menschen als gemeinschaftlich handelnde Akteure wahrnehmen, wird unsere Gesellschaft daher auch die unweigerlich noch bevorstehenden schwierigen Prozesse der Anpassung, des Umbaus und auch des Schrumpfens bewältigen können. Wo Bürgerinnen und Bürger konkret erleben, dass sie selbst es sind, die ihr eigenes Gemeinwesen gestalten, da wenden sie sich auch dann nicht verbittert ab, wenn es schwierig wird. Und schwierig wird es mit Sicherheit. Nur müssen schwierige Zeiten so gesehen eben keineswegs automatisch trostlose, deprimierende und unglückliche Zeiten sein. Jedenfalls nicht für diejenigen, die sich entschlossen daran machen, die erkannten Probleme in den Griff zu bekommen. Schon deshalb werden wir daran arbeiten müssen, in Deutschland eine neue Grundhaltung des Zupackens zu entwickeln. Zupackende Menschen sind die zufriedeneren, glücklicheren Menschen.

Sozial gerecht ist so gesehen alles, was den Menschen hilft und es ihnen ermöglicht, in allen denkbaren Dimensionen als vollwertige Bürgerinnen und Bürger aktiv am Leben ihrer Gesellschaft mitzuwirken. Nichts ist dagegen so schädlich und zermürbend für den einzelnen Menschen wie der Ausschluss von den vielfältigen Beziehungen und Aktivitäten, die das gesellschaftliche Leben ausmachen. Und nichts zehrt auf Dauer so sehr am inneren Zusammenhalt und zugleich an der Leistungsfähigkeit einer Gesellschaft, wie wenn ganze Gruppen aus ihren Bezügen herausfallen. Physisch dabei zu sein und doch nicht so richtig dazuzugehören – das ist die größte soziale Ungerechtigkeit unserer Zeit.

Bei dem Exklusion genannten Phänomen des Ausschlusses aus den Zusammenhängen der Gesellschaft geht es immer *auch* um Geld – genauer: um fehlendes Geld. Wem es an materiellen Ressourcen mangelt, der kann sich Zugehörigkeit umso weniger kaufen. Aber Geld ist nicht alles, und auch mit noch so viel Geld würden sich entscheidende Voraussetzungen einer vollwertigen Integration in der Gesellschaft heute weniger denn je erwerben lassen. Nicht so sehr der Versuch, Nachteile durch höhere finanzielle Zuweisungen auszugleichen, erscheint als Lösung für das Problem der Exklusion von Menschen aus der Gesellschaft. Erforderlich ist vielmehr die harte und geduldige Arbeit daran, dass möglichst alle in einem ganz umfassenden Sinne dazugehören können. Das gilt für jeden Menschen individuell, es gilt für Gruppen von Menschen, es gilt für Regionen, und es gilt für ganze Nationen.

Zeitgemäße Sozialpolitik muss, wie Franz-Xaver Kaufmann zu Recht fordert, vor allem eine Politik der systematischen »Nachwuchssicherung« sein. Neben einer Familienpolitik, die gezielt dazu beiträgt, dass in Deutschland wieder deutlich mehr Kinder geboren werden und die vorhandenen Kinderwünsche der Menschen in Erfüllung gehen, ist die nachhaltigste Sozialpolitik heute eine erfolgreiche Bildungspolitik. Ihr Ziel muss es sein, eine Perspektive sozialen Aufstiegs und gesellschaftlichen Zusammenhalts zugleich zu ermöglichen. Es muss uns in Deutschland unbedingt von Jahr zu Jahr besser gelingen, alle Kinder und Jugendlichen mit konkreten Lebenschancen auszustatten – Lebenschancen in Form von hervorragender Bildung und Ausbildung. Wir müssen deshalb alles in Bewegung setzen, um gute und zeitgemäße Bildung *für alle* zu garantieren – gerade in den zunehmend peripheren Regionen unseres Landes. Kein einziges Kind, kein einziger Jugendlicher darf mehr zurückgelassen werden. Das wird sicherlich nicht heute oder morgen zu erreichen sein. Als Orientierungsmarke zeitgemäßer Gerechtigkeitspolitik ist es aber völlig unabdingbar. Die wirkliche Zukunft unseres Landes liegt weitaus mehr in den Köpfen unserer Kinder und Enkel als in Beton und Umgehungsstraßen. Und nur so schaffen wir die Voraussetzungen dafür, dass Deutschland in Zukunft im internationalen Wettbewerb bestehen kann und wir in unserem Land wettbewerbsfähige, zukunftssichere und gut bezahlte Arbeitsplätze haben werden. Denn so viel ist klar: Wir brauchen eine immer modernere Wirtschaft, um den Wohlstand in Deutschland und damit auch die finanzielle Grundlage für unseren Sozialstaat zu sichern.

Kann die schrumpfende Gesellschaft eine glückliche Gesellschaft sein? Wie sich Zusammenhalt und gesellschaftliche Integration, Bildung und Lebenschancen für alle unter den radikal veränderten Bedingungen demographischer Schrumpfung und wirtschaftlicher Globalisierung nach menschlichem Maß organisieren lassen – das ist in der Tat die zentrale Frage demokratischer Politik. Völlig neue Verhältnisse erfordern völlig neue Ideen. Mein persönliches Ziel für die kommenden Jahre ist, dass das Land Brandenburg auf dem Weg in die demographische Zukunftsfähigkeit zum Vorbild und Vorreiter in Deutschland wird. Das Ziel ist ehrgeizig, und der Weg dorthin wird beschwerlich. Doch häufig liegt das größte Glück darin, schwierige Aufgaben beherzt anzupacken. Und genau das sollten wir tun.

Mein neues Europa

Der große europäische Umbruch von 1989 beendete den Kalten Krieg. Die Europäer selbst waren es, die den Eisernen Vorhang niederrissen und die friedliche Wiedervereinigung unseres Kontinents einleiteten. »Ein Jahrhundert wird abgewählt«, nannte der britische Historiker Timothy Garton Ash sein Buch über die Ereignisse jener Zeit. Genau so war es. Seit 1989/90 leben wir Europäer tatsächlich in einem neuen Zeitalter. Aber ein auch in der Wahrnehmung aller Bürgerinnen und Bürger unseres Kontinents geeintes und ungeteiltes Europa existiert auch zwei Jahrzehnte später noch nicht. Man kann das an kleinen, aber aufschlussreichen Begebenheiten ablesen. Wenn in gesamtdeutschen Gremien, übrigens auch in denen der SPD, jemand gesucht wird, der bei einer internationalen Konferenz in Florenz, bei einer Feierstunde in Bordeaux oder bei einem Symposium in Sevilla auftreten könnte, dann sind Reisewillige üblicherweise schnell gefunden. Geht es dagegen um einen ostmitteleuropäischen Workshop in Warschau, eine Podiumsdiskussion in Bratislava oder gar um einen Termin in Minsk, dann ist die Reiselust meist wesentlich verhaltener. Genau diese Region ist es aber, in der ich mich als Europäer zu Hause fühle. Das neue, das 1989 entstandene Europa ist *mein* Europa.

Viele Westdeutsche haben bis heute kein wirkliches Verhältnis zum östlichen Europa und wissen nur wenig über diese Region. Diese Feststellung soll kein Vorwurf sein. Das beschriebene Muster deutet allerdings an, wie hartnäckig langjährig eingeübte Vorlieben und Neigungen, aber auch Vorurteile und Ressentiments dem Wandel der Verhältnisse widerstehen. Dass nach dem Zweiten Weltkrieg innerhalb weniger Jahrzehnte die Integration der Bundesrepublik in den Westen gelang, gehört zweifellos zu den großen europäischen Erfolgsgeschichten des vergangenen Jahrhunderts. Umgekehrt wurde »der Osten« während des Kalten Krieges immer mit »Bedrohung« assoziiert. Darum verwundert es keineswegs, dass sich die Bürger der alten Bundesrepublik von Generation zu Generation stärker daran gewöhnten, den Blick vor allem nach Westen zu richten. Frankreich und Italien, die Niederlande und Großbritannien – das waren nun die engsten Partner der Westdeutschen in Europa, die skandinavischen Gesellschaften im Norden galten als interessant und modern. Auch was Kultur und Tourismus betraf, öffnete sich die bundesrepublikanische Gesellschaft deshalb in diese Richtungen. Paris und Rom, London und Amsterdam, Kopenhagen und Stockholm: Das waren europäische Metropolen, die eine jüngere Generation von Westdeutschen spätestens seit den sechziger Jahren magisch anzogen.

Keine Frage, wir Ostdeutschen wären ebenfalls gern in diese Städte gereist. Auch die Bürgerinnen und Bürger der DDR hätten in den Jahrzehnten vor 1989 Lust darauf gehabt, Apulien, Andalusien oder die Auvergne kennenzulernen. Die Möglichkeit dazu bestand aber nicht. So schauten wir uns in den Regionen um, die uns zugänglich waren. Die europäischen Hauptstädte, die wir für uns entdeckten, hießen Prag oder Budapest. DDR-Bürger bestiegen die Karpaten, das Riesengebirge und die Hohe Tatra. Wir zelteten am Balaton, wir badeten in der Ostsee und – mit etwas Glück – im Schwarzen Meer. Statt nach Galicien durften wir allenfalls nach Galizien reisen, und das lag nicht im Nordwesten von Spanien, sondern im Südosten von Polen.

Natürlich haben die Ostdeutschen in den vergangenen zwei Jahrzehnten vieles nachgeholt. Mit Neugier und Entdeckungslust haben viele von uns nicht nur den Westen Europas, sondern auch andere Erdteile bereist. Erst recht die jüngeren Ostdeutschen sind längst genauso selbstverständlich in Europa und der ganzen Welt zu Hause wie ihre gleichaltrigen Landsleute aus den alten Bundesländern. Dennoch glaube ich, dass sich die Landkarten von Europa, die wir Ostdeutsche in unseren Köpfen mit uns herumtragen, häufig noch immer von den Europavorstellungen vieler Westdeutscher unterscheiden. Um es zuzuspitzen: Das Europa der Ostdeutschen ist östlicher. Direkte mitteleuropäische Nachbarn der Bundesrepublik wie Polen und Tschechien kommen den allermeisten Westdeutschen noch immer ein bisschen fremder vor. Mehr noch gilt das für Ungarn, für Rumänien oder Bulgarien, erst recht für Russland und die Ukraine, von Weißrussland gar nicht erst zu reden.

»Östlich der Elbe beginnt die asiatische Steppe«, erklärte bekanntlich schon der katholische Rheinländer Konrad Adenauer. Dass Bukarest, Kiew oder Minsk ebenso europäisch sind wie Brüssel, Köln oder Mailand, weiß man zwar irgendwie, aber bis heute ist diese Tatsache nur selten Bestandteil des westdeutschen »Europaempfindens«. Viele Ostdeutsche dagegen kennen die Region der früheren Mitgliedsstaaten des Warschauer Vertrags aus eigener Anschauung. Jedes dieser zutiefst europäischen Länder hat seine ganz eigene Geschichte und Kultur, und dennoch teilen die Menschen dieser historischen Region gemeinsame Erinnerungen an die Jahrzehnte vor 1989. Sie alle miteinander fanden sich in der zweiten Hälfte des 20. Jahrhunderts als unfreiwillige Schicksalsgemeinschaft auf der nicht begünstigten Seite des Eisernen Vorhangs wieder.

Die Erfahrungen der kommunistischen Diktatur verbinden die ehemaligen Satellitenstaaten der Sowjetunion mit Ostdeutschland. Deshalb nimmt das Gebiet der früheren DDR in der Mitte unseres Kontinents eine einzigartige Scharnierstellung zwischen den einst durch den Eisernen Vorhang getrennten Teilen Europas ein. Ostdeutschland ist die einzige europäische Region, die bis 1989 zum »Osten« gehörte, dann aber bereits 1990 aufgrund des Beitritts der DDR zur Bundesrepublik mit einem Schlag ganz ins westliche Europa der Europäischen Union integriert wurde – wenigstens in staatsrechtlicher Hinsicht. Die dramatischen wirtschaftlichen und gesellschaftlichen Veränderungsprozesse, die sich in den vergangenen Jahren in den übrigen Ländern des ehemaligen Ostblocks ereignet haben, sind den Menschen in Ostdeutschland nicht fremd: Auch wir haben diese Umbrüche erlebt. Die ehemalige Zwangsgemeinschaft der Menschen aus den Staaten des sowjetischen Machtbereichs ist heute eine Gemeinschaft von Europäern mit gemeinsamer Erinnerung und geteilten Erfahrungen. Es sind also nicht zuletzt diese gemeinsamen Erfahrungen an die Zeit vor 1989 und danach, die Ostdeutschland auch weiterhin mit Polen, Tschechien, Ungarn und den übrigen Staaten des östlichen Europas verbinden. Diese informelle Gemeinschaft sollte allerdings mehr sein als ein bloßer Nostalgieverein, in dem man sich ab und zu melancholisch an alte Zeiten erinnert. Vielmehr eröffnet die geschichtliche, geographische und kulturelle Nähe Ostdeutschlands zu unseren mitteleuropäischen Nachbarn der Bundesrepublik zugleich die Chance zu einer besonders engen Partnerschaft auch in den kommenden Jahrzehnten.

Das ist besonders wichtig in einer Zeit, in der Europa zuweilen den Glauben an eine gemeinsame Zukunft zu verlieren scheint. Angesichts der weltweiten Finanz-, Banken- und Wirtschaftskrise hat sich in den vergangenen Monaten sehr deutlich gezeigt, wie groß die Gefahr ist, dass die Staaten der Europäischen Union in Phasen der Not eben nicht solidarisch zusammenstehen, sondern ihr Heil in nationalstaatlichen Alleingängen suchen. Gerade zwischen den noch wenig gefestigten neuen Mitgliedern der Europäischen Union im Osten und den alten westeuropäischen Mitgliedsstaaten sind verdeckte und offene Spannungen ausgebrochen, die die politische Handlungsfähigkeit und den Zusammenhalt der Union insgesamt bedrohen können. Schon werden auch bei uns in Deutschland sowohl am ganz linken als auch am ganz rechten Rand des politischen Spektrums europafeindliche Parolen vernehmbarer.

Wir wären buchstäblich verrückt, würden wir den Predigern der Abschottung auf den Leim gehen. Besonders für uns in Deutschland wäre die Abwendung von der europäischen Integration die schädlichste und dümmste aller Optionen. Kein anderes Land in Europa hat in sämtlichen Himmelsrichtungen so viele direkte Nachbarn (nämlich insgesamt neun); kein anderes Land hat während der vergangenen Jahrzehnte so sehr von der politischen und wirtschaftlichen Einigung unseres Kontinents profitiert wie Deutschland; keinem Land würden nationale Alleingänge, innereuropäische Konflikte oder sogar ein Zerfall der EU so sehr schaden wie uns. Darum sollten gerade wir jetzt sehr genau darauf achten, dass das in besseren Zeiten gewachsene europäische Miteinander im Orkan der Weltwirtschaftskrise nicht wieder verloren geht. Auf Deutschland kommt die besondere Verantwortung zu, die Mitte Europas zusammenzuhalten und zu stabilisieren. Geographisch und kulturell eingebettet zwischen Ost und West können Ostdeutschland und die Ostdeutschen dabei in besonderem Maße vertrauensbildende Aktivposten sein.

Sicherlich kann Deutschland in den kommenden Jahren auch über Europa hinaus wichtige Beiträge leisten – etwa im Nahen Osten, um in dieser Region womöglich doch noch irgendwann eine tragfähige und dauerhafte Friedenslösung durchsetzen zu helfen. Auch die Zukunft der transatlantischen Beziehungen hängt maßgeblich von deutschem Engagement ab. Im Kampf gegen den internationalen Terrorismus ist deutscher Einsatz gefragt und notwendig. Ebenfalls in unserem dringenden Interesse liegen weltpolitische Fragen wie die Nichtverbreitung von Atomwaffen, die Stabilisierung der staatlichen Ordnung in Afghanistan und Pakistan sowie ganz besonders der Klimaschutz. Auf allen diesen Feldern kann und muss Deutschland hellwache

Präsenz zeigen. Aber dies alles wird umso besser gelingen, je mehr wir dabei im engen Schulterschluss mit unseren europäischen Partnern vorgehen. Deshalb besteht für Deutschland in den internationalen Beziehungen die erste und wichtigste Voraussetzung für alles Weitere darin, die enge Kooperation in Europa selbst zu bewahren, zu pflegen und auszubauen. Hier liegt unsere Kernaufgabe, der wir vor allen anderen Angelegenheiten gerecht werden müssen. »Wir wollen ein Volk der guten Nachbarn sein«, erklärte Willy Brandt 1969. Diesem Vorsatz müssen wir im 21. Jahrhundert unter umfassend veränderten Bedingungen aufs Neue gerecht werden. Heute heißt das für mich vor allem, die Beziehungen zu unseren östlichen Nachbarn aktiv weiter zu vertiefen.

Unser wichtigster Nachbar in Europa wird auch in Zukunft Frankreich bleiben. Zu allen anderen unserer westeuropäischen Partner werden wir in aufgeklärtem Eigeninteresse so enge und freundschaftliche Beziehungen pflegen wie nur irgend möglich. Dasselbe gilt für unser Verhältnis zu den Vereinigten Staaten. Diese bereits die Außenpolitik der Bonner Republik prägenden Konstanten haben das Ende der DDR und die Vereinigung Deutschlands überdauert. Dementsprechend gering sind die originären Impulse, die auf diesen Feldern von Ostdeutschland ausgehen können. Für die Stabilität und den Frieden im neuen Europa des 21. Jahrhunderts nicht weniger bedeutend als die traditionelle Westbindung der Bundesrepublik sind allerdings unsere Beziehungen in östlicher Himmelsrichtung. In Europa ist es mit großer Wahrscheinlichkeit der Raum zwischen Oder und Ural, in dem sich in den kommenden Jahrzehnten die größten wirtschaftlichen und gesellschaftlichen Umwälzungen ereignen werden. Angesichts der Krise, die etlichen Staaten Osteuropas derzeit schwer zu schaffen macht, mag diese Prognose übertrieben erscheinen, doch die langfristigen Entwicklungs- und Wachstumspotenziale dieser Großregion sind offensichtlich. Deutschland hat allen Grund, die Chancen nicht verstreichen zu lassen, die mit der Entfaltung dieser Potenziale verbunden sind. Und Ostdeutschland ist dank seiner Geschichte, Erfahrung und

Mentalität dazu prädestiniert, in diesem Prozess eine besondere Rolle zu spielen.

Mich selbst verbinden enge persönliche und politische Kontakte mit Ungarn, Tschechien, der Slowakei, Rumänien und Bulgarien. Die Entwicklungen in den baltischen Staaten, in der hinsichtlich ihrer Bedeutung für Europa oft unterschätzten Ukraine und auch auf dem westlichen Balkan verfolge ich intensiv. Nicht zuletzt beschäftigt mich die Frage, ob das von Präsident Alexander Lukaschenko autokratisch regierte Weißrussland in absehbarer Zeit eine demokratische Wende erleben wird. Jedes einzelne der Länder zwischen Oder und Ural, zwischen Ostsee und Schwarzem Meer ist für Deutschland von Bedeutung. Zugleich sind wir in Deutschland gut beraten, das östliche Europa *insgesamt* als einen Raum zu begreifen, der für unsere Zukunft von enormer strategischer Bedeutung ist, weil uns seine Stabilität (oder Instabilität) immer unmittelbar betreffen wird. Der *ganzen* Region müssen wir uns daher noch viel stärker zuwenden als bisher. Allerdings müssen dabei zwei Länder besonders herausgehoben werden, weil unsere Beziehungen zu ihnen sowie ihre Beziehungen untereinander für die Zukunft unseres Kontinents in den kommenden Jahrzehnten mitentscheidend sein werden: Polen und Russland.

Wir Deutschen haben aus historischen und moralischen, strategischen und ökonomischen Gründen jeden Anlass, uns diesen beiden Nationen mit besonderer Aufmerksamkeit zuzuwenden. Große Sorgfalt erfordert dies schon deshalb, weil sich Deutsche im vergangenen Jahrhundert sowohl an Polen als auch an Russen entsetzlicher Verbrechen schuldig gemacht haben. Zugleich aber ist auch das Verhältnis zwischen Polen und Russland aus vielerlei Gründen historisch vorbelastet und daher noch immer anfällig für Störungen. Auch dies macht es erforderlich, dass wir Deutsche unsere Politik gegenüber Warschau und Moskau mit Problembewusstsein und Fingerspitzengefühl zugleich betreiben. Zum einen tragen wir eine große Verantwortung dafür, unseren polnischen Nachbarn die Gewissheit zu geben, dass sie innerhalb von EU und NATO sicher eingebettet sind. Zum anderen liegt es in unserem wohlverstandenen Interesse, auch zu Russland ein auf Vertrauen basierendes, zukunftsgerichtetes Verhältnis aufzubauen.

An engen und freundschaftlichen Beziehungen zu Polen ist mir als Bürger Brandenburgs bereits deshalb gelegen, weil mein Bundesland auf einer Länge von mehr als 250 Kilometern direkt an Polen grenzt. Das Streben nach guter Nachbarschaft zu Polen besitzt in Brandenburg aus guten Gründen Verfassungsrang und ist gewissermaßen Bestandteil der Staatsräson dieses Bundeslandes. Immer wieder scheinen sich jedoch die Schatten der überaus schwierigen deutsch-polnischen Vergangenheit auf Gegenwart und Zukunft zu legen. Oft genug ist es dabei, wie etwa in der langjährigen Debatte um die Errichtung eines »Zentrums gegen Vertreibungen«, die Frage nach der geeigneten Bewältigung der Verbrechen des 20. Jahrhunderts, die Kontroversen zwischen Deutschen und Polen auslöst oder am Laufen hält.

Diese Debatten müssen wir weiterhin offen und selbstkritisch miteinander führen. Zukunft braucht Herkunft, dieser Satz bleibt gerade im Verhältnis zwischen Deutschland und Polen richtig. Rückblick und ehrliche Bestandsaufnahme werden auch künftig Voraussetzungen dafür bleiben, dass sich die Beziehungen zwischen Deutschen und Polen in Zukunft weiter vertiefen und verbessern. Zugleich aber müssen und können wir zuversichtlich nach vorne schauen. Zwanzig Jahre nach dem europäischen Aufbruch von 1989 beherrschen nämlich nicht mehr überkommene Ressentiments oder Streitigkeiten das deutsch-polnische Verhältnis. Als brandenburgischer Politiker begleite ich nunmehr seit zwei Jahrzehnten die positive Entwicklung der Beziehungen zwischen den beiden Völkern. Führt man sich vor Augen, wie mühsam es anfangs um dieses Verhältnis bestellt war, dann lässt sich die entspannte »neue Normalität« zwischen den beiden Ländern tatsächlich nur als ein Wunder begreifen.

Vor 1989 war die »Oder-Neiße-Grenze« jahrzehntelang eine der schwierigsten Grenzen des 20. Jahrhunderts. Zwar trug sie in der DDR seit 1950 offiziell den schönen Namen »Friedensgrenze«, und die Stadtbrücke über die Oder zwischen Frankfurt und Słubice hieß »Brücke der Freundschaft«. Aber das war vor allem die Propaganda zweier Regierungen, die einander nicht über den Weg trauten und auch nicht das Vertrauen ihrer eigenen Völker besaßen. In Wirklichkeit war diese sogenannte Friedensgrenze eine der am besten bewachten und zeitweise auch unüberwindlichsten Grenzen der Welt. Die »Brücke der Freundschaft« war bis 1972 mit Stacheldraht gesichert, und sie wurde nach 1980 schon wieder geschlossen, weil das SED-Regime fürchtete, der polnische Freiheitsvirus könne auch die DDR infizieren. Die Grenze an Oder und Neiße war deshalb so schwierig, weil sie für jeden etwas anderes bedeutete, schreibt der an der Frankfurter Europa-Universität Viadrina lehrende Historiker Karl Schlögel: »Für die Deutschen, die ihre Heimat an der Oder verloren hatten, war sie der Name für gewaltsamen Abschied und Verlust von Unersetzlichem, für die Polen, die ihre Heimat jenseits des Bugs verloren hatten und in den Westen verpflanzt worden waren, war es der Name einer neuen Heimat im fremden Land.« Der Name »Oder« stehe »für eine Doppelgeschichte, die noch lange nicht erzählt ist«.

Schlögel hat recht. Die »Doppelgeschichte« ist die Geschichte einer gemeinsamen Region auf beiden Seiten von Oder und Neiße, die Polen und Deutsche in den vergangenen Jahrzehnten völlig unterschiedlich erlebt haben. Die historische Feindschaft zweier Nationen, die Verbrechen, die Deutsche Polen angetan haben, die tiefe Verbitterung, mit der viele Polen ihren Nachbarn deshalb noch lange Jahre begegneten, die Sprachlosigkeit und das tief sitzende Misstrauen zwischen zwei sozialistischen Nomenklaturen – das alles hat das Verhältnis zwischen beiden Völkern schwer belastet, und es wirkt noch immer nach.

Und dennoch: Die ganz alltägliche Wirklichkeit, die unspektakuläre Normalität des deutsch-polnischen Zusammenlebens über Oder und Neiße hinweg sieht heute völlig anders aus. Bekanntlich waren die Jahre 2005 bis 2007, in denen die national-konservative PiS-Partei der Gebrüder Kaczynski die Regierung in Warschau führte, von erheblichen Störungen der bilateralen Beziehung unserer beider Staaten gekennzeichnet. Ganz offensichtlich meinte die PiS-Partei, in der Gegnerschaft zu Deutschland ein einigendes und die Wähler mobilisierendes Thema gefunden zu haben. Aber sie irrte sich. Im September 2007 erklärten volle 63 Prozent der Polen in einer Umfrage, sie fühlten sich durch Deutschland in keiner Weise bedroht – weder im Allgemeinen noch durch die Politik der deutschen Bundesregierung im Besonderen. Einen Monat später wählten die Polen die PiS-Partei mit großer Mehrheit wieder ab.

Die alten Stereotype stimmen also schon längst nicht mehr. Sie werden nur noch von einigen Politikern, Verbandsfunktionären und Journalisten gepflegt, die ohne Feindbilder nicht auszukommen glauben. Die deutsch-polnischen Beziehungen unserer Zeit sind weder schwarz-weiß noch langweilig, sondern bunt und vielfältig – und gerade das kennzeichnet ihre »neue Normalität«. Beispielhaft hierfür ist nicht zuletzt die deutsche Fußballnational-mannschaft. Kommt sie zu Länderspielen zusammen, stehen im Aufgebot regelmäßig Miroslav Klose, geboren in Opole (Oppeln); Piotr Trochowski, geboren in Tczew (Dirschau); und natürlich Lukas Podolski, geboren in Gliwice (Gleiwitz). »Ich habe ein polnisches Herz«, sagt Podolski, aber seine Tore schießt er für Deutschland. Miroslav Klose wiederum berichtet: »Mit Lukas Podolski spreche ich meistens auf Polnisch.« Schon dies macht klar, wie wenig sich die Vielfalt der deutsch-polnischen Verhältnisse in die ausgeleierten alten Schablonen pressen lässt.

Umgekehrt gibt es beispielsweise den jungen Deutschen Steffen Möller aus Wuppertal, den es nach seinem Studium mehr aus Zufall nach Warschau verschlug. Dort ist er als Kabarettist und Fernsehschauspieler inzwischen zum beliebten Star aufgestiegen. Im vergangenen Jahr erschien Steffen Möllers Buch *Viva Polonia*, in dem er sein »Leben als deutscher Gastarbeiter in Polen« beschreibt. Mit diesem Band gelangte Möller auf den Bestseller-listen ganz weit nach oben. In Deutschland! Mit einem Buch ausgerechnet über Polen! Wer hätte das gedacht?

Und wer hätte noch vor einigen Jahren gedacht, dass einmal deutsche Arbeitskräfte auf Baustellen in Polen arbeiten würden? Dass Brandenburger Handwerker sich erfolgreich um Aufträge in Posen, Breslau oder in Pommern bewerben würden? Oder dass sich immer mehr junge polnische Familien in der brandenburgischen Uckermark und in Vorpommern ansiedeln würden, weil sie dort günstiger und besser leben können als gleich hinter der Grenze in der regionalen Metropole Stettin? Wer hätte noch vor einigen Jahren gedacht, dass in diesen dünn besiedelten Regionen Ostdeutschlands Schulen und Kindergärten womöglich nur deshalb erhalten bleiben können, weil es diesen polnischen Zuzug über die Grenze hinweg gibt? Wer hätte noch vor einigen Jahren die Selbstverständlichkeit für möglich gehalten, mit der die Zwillingsstädte Frankfurt an der Oder und Słubice, Guben und Gubin mehr und mehr zu grenzüberschreitenden europäischen Gemeinwesen zusammenwachsen? Oder dass sich ein polnischer und ein deutscher Außenminister – bei allen sachlichen Interessenunterschieden – menschlich so hervorragend verstehen würden wie heute Radosław Sikorski und Frank-Walter Steinmeier? Wer hätte noch vor einigen Jahren gedacht, dass in der deutsch-polnischen Grenzregion Brand- und Katastrophenschutz, Straßen- und Radwegebau, Kulturförderung, Kindergarten- und Schulprojekte gemeinsam vorangetrieben werden könnten – gemeinsam und finanziert mit Mitteln der Europäischen Union?

Das alles beschreibt die neue Normalität des deutsch-polnischen Miteinanders. Und wer sich auch nur ansatzweise auskennt in der Geschichte der Beziehungen beider Länder zueinander, wird es nicht für übertrieben halten, dies als »Wunder der neuen Normalität« zu bezeichnen. Dieses Wunder ist ganz unspektakulär, gerade das macht es ja aus: zwei deutsche Nationalspieler, die sich miteinander auf Polnisch unterhalten; ein paar Studenten, die abends über eine Brücke schlendern, um ihr Feierabendbier

in der Kneipe auf der anderen Seite des Flusses zu trinken; polnische Eltern, die ihre Kinder morgens in ihrem Brandenburger
Wohnort in die Kindertagesstätte bringen und dann nach Stettin
zur Arbeit aufbrechen.

Allen Deutschen sollte daran gelegen sein, diese neue deutsch-
polnische Normalität zu stärken – so lange, bis sie niemandem
mehr überhaupt noch als »Wunder« vorkommt. Natürlich brauchen wir dafür möglichst viel Wissen über die gemeinsame Geschichte. Aber vielleicht sollte dieses historische Bewusstsein
nicht immer unbedingt am Anfang stehen. Womöglich ist es
wichtiger, dass Deutsche und Polen – vor allem *junge* Deutsche
und *junge* Polen – sich zunächst einmal ganz einfach treffen und
kennenlernen. Als freie Europäer in einem gemeinsamen neuen
Jahrhundert. Mir jedenfalls leuchtet sehr ein, was Doris Lem-
mermeier, die ehemalige Leiterin des Deutsch-Polnischen Ju-
gendwerks sagt: »Von deutscher Seite war der Austausch lange
Zeit sehr stark vom Versöhnungsgedanken geprägt – das haben
wir geschafft, die Versöhnung hat stattgefunden ... In Deutschland wäre es jetzt notwendig, einen anderen Blick auf Polen zu
bekommen, vielleicht mehr vom neuen, lebendigen und modernen Polen wahrzunehmen – natürlich in dem Bewusstsein der
gemeinsamen Geschichte. Wir Deutsche wissen erschreckend
wenig über das *heutige* Polen, und wenn wir hier nicht langsam
aufpassen, dann verschlafen wir etwas.«

Von der pulsierenden Gegenwart der modernen polnischen
Gesellschaft, Wirtschaft und Kultur in ihrer ganzen Vielfalt weiß
man bei uns in Deutschland tatsächlich viel zu wenig. Das zu
ändern halte ich für die wichtigste deutsch-polnische Aufgabe
der kommenden Jahre. Deshalb ist es unverständlich, dass das
Deutsch-Polnische Jugendwerk – eine einzige lange Erfolgsgeschichte seit 1991 – weiterhin mit der Hälfte des Budgets auskommen muss, das dem Deutsch-Französischen Jugendwerk zur Verfügung steht. Beide Institutionen sind wichtig und sollten nicht
gegeneinander ausgespielt werden. Auf jeden Fall aber gehört die
Förderung deutsch-polnischer Begegnungen auf unserer Priori-

tätenliste heute ganz weit nach oben – und ganz sicher auf der gleichen Stufe wie die Förderung des deutsch-französischen Austauschs.

Auch für die ökonomische Zukunft unseres Teils von Europa hängt viel davon ab, ob es uns gelingt, ein neues Verständnis der deutsch-polnischen Grenze zu entwickeln. Als »völlig künstlich« hat sie der Publizist Adam Krzemiński beschrieben: Sie zerschneide »Regionen, die Jahrhunderte lang zusammengehörten«. Was möglich ist, zeigt die Grenzregion zwischen Deutschland, Frankreich und der Schweiz: Tag für Tag überqueren hier 90 000 Arbeitnehmer den Rhein. Auch die Oderregion liegt seit 2004 mitten im neuen Europa. Es hängt von uns ab, ob wir diese Chance unter den Bedingungen des 21. Jahrhunderts zu nutzen verstehen. Wir müssen auf die richtigen Zukunftsbranchen setzen, strategische Cluster von Wissenschaft, Wirtschaft und Kultur schaffen und uns zu einer Region der zeitgemäßen Bildung und der Familienfreundlichkeit entwickeln.

Im 21. Jahrhundert werden wir im deutsch-polnischen Grenzgebiet entweder gemeinsam Erfolg haben – oder wir werden getrennt verlieren. Oder und Neiße müssen in Zukunft Nahtlinien sein, die uns verbinden, nicht mehr Trennlinien, die uns voneinander fernhalten. Meine Vision für die gemeinsame Zukunft von Deutschland und Polen lautet deshalb, dass wir den Quantensprung von der trennenden Grenze zur gemeinsamen Grenzregion schaffen müssen. Mein Ziel ist ein grenzüberschreitender deutsch-polnischer Kultur- und Wirtschaftsraum. Eine solche Region wird Deutschen und Polen gemeinsame europäische Heimat sein. Und nur ein solches Land wird im europäischen Wettbewerb der Regionen mithalten können.

Die Katastrophen der Vergangenheit können wir nicht ungeschehen machen. Aber wir können aus ihnen lernen – am besten, indem wir unsere gemeinsame Zukunft beherzt angehen. Je mehr uns ganz alltägliche deutsch-polnische Normalität gelingt, desto mehr werden beide Völker im 21. Jahrhundert zueinanderfinden.

Die beste Aussöhnungspolitik, die wir heute betreiben können, besteht deshalb in der aktiven Weiterentwicklung der positiven Alltagsnormalität, die sich zwischen Deutschen und Polen immer mehr entwickelt. Vieles bleibt dabei noch zu tun. Aber wir haben bereits viel erreicht – mehr, als wir manchmal selbst glauben.

Im Verhältnis Deutschlands zu Russland ist strategische Weitsicht das oberste Gebot. Man braucht nur auf die Landkarte Europas zu blicken, um zu erkennen, wie eng wir Deutschen mit Russland für immer verbunden sein werden. Aber Deutschland und Russland gehören nicht nur gemeinsam zur großen eurasischen Landmasse. Unsere beiden Nationen blicken auch auf Jahrhunderte gemeinsamer europäischer Geschichte zurück, in der sie immer wieder ungeheuren Einfluss aufeinander ausgeübt haben. Russland verfügt über riesige Energie- und Rohstoffvorkommen und weist zugleich auf verschiedenen Gebieten beträchtliche Modernitätsdefizite auf. Deutschland besitzt moderne Unternehmen, intakte Institutionen und innovative Technologien, aber kaum eigene Energievorkommen. Wenn beide Seiten ihre strategischen Interessen nüchtern in den Blick nehmen, zeigt sich sehr schnell, wie sehr sie einander in den kommenden Jahrzehnten brauchen werden.

Alles spricht also dafür, aus diesen Zutaten mit Kreativität und so wenigen Vorurteilen wie möglich eine zukunftsorientierte Politik der Gemeinsamkeit zu entwickeln, die sich für die Menschen in beiden Ländern als nützlich erweisen wird. Das deutsch-russische Verhältnis im 21. Jahrhundert auf eine grundlegend neue Weise kooperativ, partnerschaftlich und sogar freundschaftlich zu gestalten – das ist eine große politische Vision, die enorme Anstrengungen rechtfertigt. Wenn solch eine Politik erfolgreich sein soll, dann müssen wir die Hindernisse in den Blick nehmen und aus dem Weg räumen, die der Verwirklichung solch einer engen bilateralen Beziehung bislang im Wege stehen. Dafür benötigen wir Geduld, Beharrlichkeit und die Bereitschaft, gegebenenfalls auch Durststrecken und Enttäuschungen zu überwinden.

Beim Verhältnis zu Russland spielen nicht nur unterschiedliche ost- und westdeutsche Sichtweisen eine Rolle, sondern vielfach auch generationsbedingte Erfahrungen. In den Jahrzehnten nach dem Zweiten Weltkrieg wurde die Anwesenheit von sowjetischen Soldaten zum selbstverständlichen Bestandteil des ostdeutschen Alltags. In den achtziger Jahren war es eine halbe Million, wobei die meisten rund um Berlin auf dem Gebiet des heutigen Landes Brandenburg stationiert waren. Das Verhältnis zueinander war nicht von Feindseligkeit geprägt, eher lebte man aneinander vorbei. Offiziell beschwor die SED die »Deutsch-Sowjetische Freundschaft«, in der Lebenswirklichkeit blieb es zumeist bei inszenierten Begegnungen.

Der Blick der DDR-Bürger auf die Sowjetunion änderte sich ab 1985 mit Michail Gorbatschow. Dank seiner Reform- und Abrüstungspolitik gewannen die »Freunde« in den letzten Jahren der DDR auf subversive Weise eine völlig neue Attraktivität. Je stärker sich nämlich die SED den Ideen von Glasnost und Perestrojka widersetzte, desto mehr stieg das Ansehen Gorbatschows und der UdSSR in der Bevölkerung der DDR. Das führte zu geradezu absurden Situationen. Stets beschworen die Regierenden der SED ihre »unverbrüchliche Freundschaft zur Sowjetunion«. Aber als 1988/89 bei offiziellen Massenaufmärschen Porträts von Michail Gorbatschow hochgehalten wurden, registrierte die Stasi ausgerechnet dies als »feindlich-negative Tätigkeit«. Manchen, die so ihre Loyalität zur sozialistischen Führungsmacht demonstrierten, wurden die Gorbatschow-Bilder sogar entrissen.

»Gorbi, hilf uns«, riefen Bürgerinnen und Bürger auch, als der sowjetische Parteichef im Oktober 1989 zur Feier des 40. Jahrestages der DDR in Berlin eintraf. Doch mit Gorbatschows etwas kühler (wenngleich in exakt diesen Worten nie von ihm formulierter) Mahnung »Wer zu spät kommt, den bestraft das Leben« wussten die Herrscher der DDR nichts anzufangen. Zwei Wochen nach den Staatsfeierlichkeiten musste Erich Honecker unter dem Druck der öffentlichen Proteste zurücktreten. Das Ende der DDR war eingeleitet, und Gorbatschow kam ihren gescheiterten

Herrschern nicht zur Hilfe. »Ohne Sowjetunion gab und gibt es keine DDR«, erklärte Erich Mielke am 21. Oktober 1989. Zumindest mit dieser hellsichtigen Analyse behielt der Staatssicherheitsminister recht. Dass die UdSSR und ihre auf dem Gebiet der DDR stationierten Truppen in dieser historischen Situation nicht gewaltsam eingriffen, hat Michail Gorbatschow und der Sowjetunion unter den Bürgerinnen und Bürgern der DDR dauerhafte Dankbarkeit eingetragen. Dieses Gefühl der Dankbarkeit haben die Menschen, die in jenen Tagen und Wochen dabei waren, seitdem nie mehr vergessen. Auch deshalb ist noch heute die Bereitschaft der Ostdeutschen ausgeprägt, Russland und dem russischen Volk grundsätzlich positiv und wohlwollend zu begegnen.

Doch dieses prinzipielle Wohlwollen beschränkt sich nicht allein auf die Ostdeutschen. Es war und ist das Grundgefühl einer ganzen politischen Generation. Auch sehr viele Westdeutsche führen die friedlich geglückte Vereinigung Deutschlands nicht zuletzt auf Michail Gorbatschows Reformpolitik und Gewaltverzicht zurück. Fast alle, die – ob in der DDR oder in der Bundesrepublik – während der Jahrzehnte des Kalten Krieges unter der deutscher Teilung und der anhaltenden Furcht vor einer atomaren Konfrontation litten, empfinden die Zeit des völlig unerwartet einsetzenden Umbruchs und Umbaus der Sowjetunion noch immer als eine besonders glückliche Ära der Hoffnung. Auf diese positiven Erfahrungen gründet sich die große Bereitschaft der Deutschen, im Verhältnis zu Russland immer wieder auf Partnerschaft und, wo irgend möglich, sogar auf Freundschaft zu setzen.

Gerade jüngere Beobachter in Deutschland teilen diese prinzipielle Russlandfreundschaft allerdings nicht mehr ohne weiteres. Ihr Bild von Russland ist nicht in den achtziger und neunziger Jahren entstanden, als Michail Gorbatschow und nach ihm Boris Jelzin Russland nach Westen öffneten. Das Russland, das viele jüngere Beobachter in den vergangenen Jahren wahrgenommen haben, ist der wieder autoritärer regierte Staat Wladimir Putins, dem vor allem die Rückgewinnung imperialer Größe wichtig zu sein scheint. Auch dieses Russland gibt es. Tatsächlich hat das Land unter Putin große Anstrengungen unternommen, nach außen den in der Ära Jelzin eingebüßten Rang einer globalen Großmacht wiederzuerlangen und im Inneren vor allem für Stabilität und Wirtschaftswachstum zu sorgen.

Den Prozess, den man im Westen in den neunziger Jahren als »Öffnung« und »Liberalisierung« des riesigen Landes begriff, nahmen viele Russen vornehmlich als Chaos, Verelendung und Demütigung ihrer Nation wahr. Putin versprach Ordnung und die Wiederherstellung der russischen Ehre. Dass dabei auch übers Ziel hinausgeschossen wurde, ist kaum zu bestreiten. An ihren Tiefpunkt gelangten die russisch-deutschen Beziehungen daher während des russisch-georgischen Kriegs im Sommer 2008. Ganz gleich, welche Seite vor dem kurzen Krieg um Südossetien heftiger provoziert hat: Frank-Walter Steinmeier hatte recht, als er sehr deutlich erklärte, mit der unverhältnismäßigen Verletzung der territorialen Integrität Georgiens habe Russland »eine Grenze überschritten«. Mit dem massiven Vorgehen gegen Georgien hat Moskau seinen Kritikern im Westen zweifellos Argumente frei Haus geliefert – und seinen Freunden im Westen das Argumentieren ziemlich schwer gemacht.

Dies bedeutete einen empfindlichen Rückschlag für die besonders von Frank-Walter Steinmeier mit großem Engagement vorangetriebenen Bemühungen Deutschlands, im Verhältnis zu Russland eine kontinuierliche »Annäherung durch Verflechtung« voranzutreiben. Die Europäische Union und auch Deutschland hatten gar keine andere Wahl, als auf das russische Vorgehen sehr eindeutig zu reagieren. Viel spricht dafür, dass die Botschaft in Moskau durchaus angekommen ist. Die Bereitschaft, wo notwendig, klare Worte zu gebrauchen, gehört unabdingbar zu einer Beziehung, in der die Partner einander respektieren; wo solche Bereitschaft fehlt, geht wechselseitiger Respekt schnell verloren. Für die weitere Entwicklung der deutsch-russischen Beziehungen wäre dies fatal. Gerade sie benötigen Respekt *und* Selbstrespekt, damit sie sich positiv entwickeln können.

Auf dieser Grundlage ist es nun wieder an der Zeit, die konstruktive Zusammenarbeit mit Russland energisch voranzutreiben. Alles Gerede von einem »neuen Kalten Krieg« war immer unangemessen schrill und wenig hilfreich. Nun aber sprechen verschiedene Faktoren dafür, dass gerade jetzt nicht nur neues Tauwetter, sondern sogar ein wirklicher positiver Paradigmenwechsel in den Beziehungen zwischen Russland und dem Westen möglich ist. Zum einen hat sich nach dem Amtsantritt von Präsident Barack Obama in den Vereinigten Staaten sehr schnell gezeigt, dass zur Konfrontation immer mehrere Beteiligte gehören. Nicht Russland hat schließlich in den vergangenen zwei Jahrzehnten seinen Machtbereich ausgedehnt, vielmehr ist die NATO immer näher an die russische Grenze herangerückt. Sicherlich lagen der NATO-Osterweiterung freie Entscheidungen souveräner Staaten zugrunde, die diese aus legitimen und nachvollziehbaren Gründen trafen. Doch ebenso begreiflich ist, weshalb Russland an dieser Entwicklung wenig Gefallen fand. Mit Barack Obama und seiner Außenministerin Hillary Clinton gestalten jetzt zwei Politiker die amerikanischen Beziehungen zu Russland, die erkennbar bestrebt sind, das Verhältnis des Westens zu Moskau auf ganz neue Grundlagen zu stellen. Beim ersten offiziellen Treffen im März 2009 überreichte Hillary Clinton ihrem russischen Amtskollegen Sergej Lawrow einen »Neustart-Knopf«, der diese Bereitschaft symbolisieren sollte.

Noch wichtiger aber ist, dass die weltweite Finanz- und Wirtschaftskrise Russland in den vergangenen Monaten außerordentlich unsanft auf den Boden der Tatsachen zurückgeholt hat. Als Erdöl und Gas exportierender Staat ist Russland vom dramatischen Verfall der Rohstoffpreise besonders stark betroffen. Die russischen Aktienmärkte sind nahezu zusammengebrochen, die Wachstumsprognosen werden immer weiter nach unten korrigiert, die Währungsreserven sind heftig geschrumpft, die Preise für – zumeist importierte – Nahrungsmittel steigen. Russland muss sich auf steigende Arbeitslosigkeit und einen Verfall des Rubels einstellen. Dies alles ist für die russische Führung höchst besorgniserregend. Ihre politische Legitimität bezogen sie stets aus der Fähigkeit, Stabilität zu gewährleisten und den Wohlstand breiter Bevölkerungsschichten zu erhöhen. In der Ära Putin wuchs die russische Wirtschaft um durchschnittlich acht Prozent pro Jahr – nun droht für 2009 ein Einbruch um fünf Prozent oder sogar mehr. Entsprechend erschrocken reagiert die russische Öffentlichkeit auf die so plötzlich verfinsterte Gesamtsituation.

Nichts wäre in solch einer Lage so vermessen und unangebracht wie westliche Schadenfreude. Zum einen leiden ja auch die Länder der Europäischen Union und die Vereinigten Staaten unter den Auswirkungen der Weltwirtschaftskrise. Zum anderen wird sich Russland früher oder später von seiner gegenwärtigen Schwächephase erholen, spätestens dann, wenn die Energiepreise wieder steigen. Der Versuchung, Russland in allzu erratischem Hin und Her einmal als bedrohliches Imperium und dann wieder als eine Art »Obervolta mit Raketen« (Helmut Schmidt) zu betrachten, sollten wir unbedingt widerstehen. Die russische Wirklichkeit ist differenzierter. Auch im 21. Jahrhundert wird der alte Grundsatz weiter gelten, dass Russland nie so schwach ist, wie es uns in Krisensituationen erscheint – aber auch nie so stark, wie es uns in besseren Zeiten glauben machen will.

Richtig ist allerdings, dass Russland in der Weltwirtschaftskrise unserer Zeit auf schmerzhafte Weise die Nachteile seiner bislang nahezu ausschließlich auf Energieexporten basierenden Volkswirtschaft erfährt. Genau hier sollten Deutschland und Russland deshalb gemeinsam ansetzen. Jetzt erst recht muss das Projekt einer umfassenden deutsch-russischen »Modernisierungspartnerschaft« nach vorn gebracht werden, wie es Frank-Walter Steinmeier bereits im vergangenen Jahr vorgeschlagen hat. Dabei geht es um die intensive Zusammenarbeit auf sämtlichen Gebieten, die über unsere gemeinsame Zukunft entscheiden: von der Klimapolitik über Energieeffizienz und Gesundheitspolitik bis hin zur Bewältigung des demographischen Wandels, zu Bildung und Wissenschaft, zu zivilgesellschaftlichem Dialog und Rechtsstaatlichkeit. Krisen sind oft Zeiten angespannter Nerven, verstärkter Aggressionen und heftiger Konflikte – was dann häufig für die Betroffenen alles noch viel schlimmer macht. Krisen können aber auch Zeiten sein, in denen die Betroffenen näher zusammenrücken, weil sie tatsächlich im selben Boot sitzen. Genau so ergeht es Russen und Deutschen im 21. Jahrhundert. Wir müssen das nur erkennen – und sollten es dann am besten nie mehr vergessen.

1989 – 2009 – 2029:
Politik für das neue Ostdeutschland

Zur Zeit der Revolution von 1989 unterschied sich Ostdeutschland auf grundlegende Weise von der westdeutschen Bundesrepublik – die DDR war nun einmal vierzig Jahre lang ein eigener, grundlegend anderer Staat gewesen. Seither hat sich in Ostdeutschland unendlich viel verändert – aber vom Westen der Republik unterscheidet sich der Osten noch immer. Das Land, das einmal die DDR war, hat sich nicht so entwickelt, wie es in den Monaten der Revolution und Vereinigung vor zwei Jahrzehnten erwartet wurde. Die Bürgerbewegungen vom Herbst 1989, zu denen ich mich damals zählte, hofften auf eine runderneuerte, wahrhaft demokratische und freiheitliche DDR, die sich aber zugleich von der westdeutschen Bundesrepublik unterscheiden sollte. Dazu kam es nicht. Mit dem Beitritt der DDR zur Bundesrepublik im Herbst 1990 wurde dann umgekehrt das offizielle Ziel ausgerufen, alle ostdeutschen Lebensverhältnisse so schnell wie möglich an diejenigen der alten Bundesrepublik anzugleichen. Auch das ist so nicht eingetreten. Stattdessen hat sich in Ostdeutschland während der vergangenen zwei Jahrzehnte eine gesellschaftliche Ordnung herausgebildet, die sich deutlich von jener der westdeutschen Bundesländer unterscheidet: politisch und wirtschaftlich, sozial und mental. An dieser »Eigen-Artigkeit« Ostdeutschlands wird sich auf absehbare Zeit nichts ändern.

Manches spricht dafür, dass die Unübersichtlichkeit der ost-westdeutschen Verhältnisse sogar noch weiter zunehmen wird. Das *eine* einheitliche Ostdeutschland gab es schon früher nicht – heute existiert es weniger denn je.

Im Umbruch vor zwei Jahrzehnten entwickelte sich zunächst für ganz kurze Zeit ein Stil des politischen Umgangs, der sich ebenso sehr von dem der DDR in den Jahren zuvor unterschied wie von dem, was danach kommen sollte. Vier Jahrzehnte lang waren wir dem konfrontativen Politikverständnis der SED ausgesetzt gewesen. Genau das wollten wir nicht mehr haben. Ab sofort sollte es einvernehmlicher zugehen in unserem Land, kooperativer und kommunikativer. Es hat nichts mit Jammern und »Ostalgie« zu tun, wenn man heute feststellt, dass etwas mehr von dem zivilgesellschaftlichen Geist, der die ostdeutsche Gesellschaft in den Monaten ihres Aufbruchs erfasste, unserem Land heute nicht schlecht zu Gesicht stehen würde. Wirkliche Veränderung beginnt immer damit, dass sich ganz normale Menschen zusammentun, über gemeinsame Ziele verständigen und anfangen, sie in die Praxis umzusetzen. Dass in der DDR eine Revolution dabei herauskam, lag allein daran, dass das erstarrte System der SED nicht reformierbar war. Aus Untertanen wurden Bürger. Heute wird niemand daran gehindert, als selbstbewusster Bürger gemeinsam mit Gleichgesinnten die Dinge in die eigenen Hände zu nehmen – wir sollten es einfach tun. Gerade weil wir heute in Deutschland vor erheblichen Problemen stehen, werden wir ohne die Bereitschaft zum aktiven Miteinander für unser Gemeinwesen schlicht nicht über die Runden kommen. Dabei können wir an die Tradition des Herbstes vor zwanzig Jahren anknüpfen.

Manche Aspekte der DDR finden nach und nach auch im Westen unseres Landes Zustimmung. Das gilt zum Beispiel für die Themen Polikliniken, Kinderbetreuung und Ganztagsschule. Insofern hat der Satz »Es war nicht alles schlecht« seine Berechtigung. Bei diesen Fragen hat sich in Westdeutschland in den vergangenen

Jahren ein bemerkenswerter Paradigmenwechsel vollzogen. Was in der DDR – aus anderen politischen Motiven – als völlig selbstverständlich galt, führen nun auch westdeutsche Bundesländer ein. Angesichts veränderter Herausforderungen herrscht im Westen auch auf anderen Gebieten eine größere Aufgeschlossenheit bei der Suche nach neuen Lösungen. Das ist ein Fortschritt. Nach dem Ende des Kalten Krieges waren die »Sieger« zunächst meist nicht sehr empfänglich für vorlaute Vorschläge aus dem Mund der »Verlierer«. Heute wird eine Idee nicht mehr schon deshalb abgelehnt, weil sie aus dem Osten stammt. Auch das ist ein Fortschritt. Und häufig genug sind es tatsächlich Ostdeutsche, die vor dem Hintergrund ihrer besonderen Umbrucherfahrung der vergangenen zwei Jahrzehnte den Mut zum Experiment und zu ungewohnten Lösungen aufbringen. »Lasst es uns einfach ausprobieren« – so lautet das inoffizielle Leitmotiv derjenigen, die in Ostdeutsch-land in den letzten zwanzig Jahren den Aufbau angepackt haben. Ein solches Herangehen wird in den kommenden schwierigen Jahren lebenswichtig sein – und zwar in ganz Deutschland.

Ostdeutsche Veränderungsbereitschaft und gewachsene westdeutsche Neugier: Vielleicht kann in Deutschland mit der Zeit gerade aus der Mischung dieser beiden Haltungen ein neues, besseres Miteinander entstehen, das durch weniger Angst vor Wandel und Experimenten geprägt ist. Die Ostdeutschen jedenfalls haben in den vergangenen zwei Jahrzehnten Beispiel um Beispiel dafür geliefert, dass es möglich ist, sogar tiefgreifende Umbrüche zu gestalten – und letztlich zu überleben. Zu häufig reduziert man diese ostdeutsche »Umbruchkompetenz« auf bloße Flexibilität auf dem Arbeitsmarkt: die Bereitschaft sehr vieler Menschen, weite Wege zurückzulegen, früher mit der Arbeit anzufangen, später Feierabend zu machen, nachts und am Wochenende zu arbeiten oder mehrere Jobs miteinander zu kombinieren. Auch dies hat – notgedrungen – die ostdeutsche Wirklichkeit der vergangenen zwei Jahrzehnte gekennzeichnet. Aber darum allein geht es nicht. Mit dem Wort »Umbruchkompetenz« meine ich vielmehr die ganz grundlegende Fähigkeit zum Leben und Arbeiten unter Bedingungen der Ungewissheit und der Instabilität, die Fähigkeit zur Improvisation, zur Netzwerkbildung und, wenn nötig, zum abermaligen Neuanfang. Denn aufgrund ihrer Erfahrungen haben Ostdeutsche eines verinnerlicht: Es kann auch ganz anders kommen.

Auf diesem Gebiet ist der Osten dem Westen heute eindeutig voraus. Ökonomisch existiert in Westdeutschland vielfach noch immer eine Art »Kombinatsstruktur«, die aus dem Osten seit mittlerweile fast zwei Jahrzehnten völlig verschwunden ist: Industrielle Großunternehmen wie Siemens oder Volkswagen, Daimler oder BMW mit ihren Zehntausenden von Mitarbeitern stellen eine Spielart des Wirtschaftens dar, die es in Ostdeutschland – ob zum Guten oder Schlechten – ganz einfach nicht mehr gibt. Im Osten wird mittlerweile in ganz anderen, zum Teil fragileren, aber auch anpassungsfähigeren Strukturen und Prozessen gewirtschaftet. Es könnte sein, dass sich diese Art des flexiblen Wirtschaftens in kleineren Einheiten als das langfristig zukunftstauglichere Modell erweisen wird. Sicher kann man sich dessen zwar nicht sein. Aber mindestens ebenso unsicher scheint mir, ob die großen Flaggschiffe der deutschen Industrie die nächsten zwei Jahrzehnte noch überleben werden.

Allerdings sollten wir Ostdeutschen uns beim Verteilen von Ratschlägen nicht überheben. Denn bis auf weiteres bleiben wir auf die solidarische Unterstützung aus dem ökonomisch stärkeren Westen unseres Landes angewiesen. Und auch wir haben Entscheidungen getroffen oder mitgetragen, die sich im Laufe der Jahre als wenig wegweisend erwiesen haben. Hätten wir 1990 fairer und genauer differenziert, wäre mancher Fehler vermeidbar gewesen. Stattdessen ließen wir uns hinreißen, allzu umstandslos mit der Vergangenheit abzurechnen. So hätte es beispielsweise meiner Partei und der politischen Integration in Ostdeutschland langfristig sicherlich nicht geschadet, wenn die SPD bereit gewesen wäre, mehr erneuerungswillige ehemalige Mitglieder der SED in ihre Reihen aufzunehmen. Es hätte sich im Gesundheitssystem durchaus die Erkenntnis durchsetzen lassen, dass ambulante und stationäre Betreuung in Mischformen existieren können. Es wäre auch vermittelbar gewesen, dass Ärztehäuser und Polikliniken sinnvoll sind und vernünftiger Wettbewerb im Gesundheitssystem nicht die Existenz Hunderter von Krankenkassen erfordert. Noch heute bin ich nicht davon überzeugt, dass Ärzte, die ihre Praxen als Unternehmer leiten, bessere Mediziner sind. Haben wir immer hartnäckig genug für die Lösungen gekämpft, die uns sinnvoller erschienen?

Ähnliches gilt für Kinderbetreuung oder schulische Strukturen – nicht Inhalte! – aus den Jahrzehnten der DDR. Auf dem Gebiet der Verkehrsorganisation wiederum wäre von vornherein das Prinzip übernehmenswert gewesen, Güter wo immer möglich auf der Schiene zu transportieren. Dies alles hätte allerdings auf westdeutscher Seite die Bereitschaft zur Diskussion und Zusammenarbeit auf Augenhöhe vorausgesetzt. An dieser Einstellung hat es uns in Deutschland gerade in einer Zeit schlicht gemangelt, als sie uns alle zusammen hätte voranbringen können. »Verlierer« sind kleinlaut, und »Sieger« stellen wenig Fragen – so ist das Leben. Dabei kommen aber nicht immer unbedingt die besten Lösungen zustande.

Erst ein knappes Jahrzehnt nach dem Ende der DDR wuchs nach und nach die Einsicht, dass das deutsche Modell insgesamt einer Generalüberholung bedurfte. Das Wort »Reformstau« war plötzlich in aller Munde, Bundespräsident Roman Herzog forderte, dass ein »Ruck« durch Deutschland gehen müsse. Aus der Perspektive vieler Ostdeutscher wirkten diese Debatten merkwürdig – sie erlebten ihr ganzes Leben seit 1989 als einen einzigen ständigen Ruck. Heute endlich beginnen sich bei Gesundheitsreformen und Schulgesetzen Einsichten durchzusetzen, mit denen der Osten auch schon früher hätte aufwarten können. Manchmal ist es ernüchternd zu erleben, wie spät der eine oder andere Groschen fällt. Mit der Erneuerung unserer Gesellschaft könnten wir deutlich weiter sein, wäre von Beginn an eine gleichberechtigte Beziehung zwischen Ost und West möglich gewesen.

Dennoch dürfte sich langfristig erweisen, dass die Ostdeutschen in den vergangenen zwei Jahrzehnten als Stoßtrupp in eine neue Zeit fungiert haben – zum Nutzen unseres *ganzen* Landes. Schon heute ist Ostdeutschland insgesamt in mancher Hinsicht eine Pionierregion – nicht unbedingt deshalb, weil sich hier nur Vorbildliches ereignet hätte, sondern weil bestimmte Prozesse hier ganz einfach *früher* stattgefunden haben. Auf die schweren Umbrüche, mit denen die neuen Bundesländer nach 1989 konfrontiert wurden, hätten wir Ostdeutschen vielfach gern verzichtet. Aber diese Umbrüche waren teilweise unvermeidlich, und sie können jedenfalls nicht mehr rückgängig gemacht werden. Viele dieser Veränderungen betreffen zunehmend auch Westdeutschland. Manches, was die alte Bundesrepublik prägte, wird sich im 21. Jahrhundert wandeln. Etliche Annahmen werden so nicht mehr stimmen, weil nach und nach die Voraussetzungen für das Bestehende zerbröseln, in ökonomischer wie in demographischer, in sozialer wie in kultureller Hinsicht. Im Laufe von zwei Jahrzehnten sind in Ostdeutschland Erfahrungsgemeinschaften entstanden, die den Charakter einer gesellschaftlichen Avantgarde aufweisen – eine »Avantgarde wider Willen«, die sich selbst keineswegs als solche begreift und ihre eigenen Fähigkeiten und Vorteile meist noch gar nicht wahrnimmt. Dennoch ist in den vergangenen Jahren vielerorts ein neues ostdeutsches Selbstbewusstsein herangewachsen, dessen Ursachen in exakt dieser Konstellation liegen.

Wie sehr sich der Osten vom Westen unterscheidet und wie unterschiedlich zugleich Ostdeutschland *in sich* geworden ist, lässt sich anhand verschiedener Aspekte demonstrieren. Politik und Parteiensystem entwickeln sich im Osten anders – aber mit Bedeutung auch für den Westen. Die politische Stimmung in Ostdeutschland ist »stabil instabil«. Bis zur Bundestagswahl 2005 lagen die drei großen Parteien CDU, SPD und PDS bei Wahlen regelmäßig innerhalb eines Korridors von 20 bis 40 Prozent beieinander – mit einer klaren Hierarchie. Seit der Umwandlung der PDS zur Linkspartei hat sich dies deutlich verändert. Nun liegen die drei großen Parteien in einem Korridor zwischen 25 und 30 Prozent eng beieinander. SPD, CDU und Linkspartei besetzten in den vergangenen vier Jahren allesamt sowohl erste als auch dritte Plätze, eine klare Rangfolge der drei Parteien ist nicht mehr zu erkennen. Tendenziell hat die CDU in den vergangenen Jahren etwa zehn Prozentpunkte eingebüßt, während die Linkspartei etwa zehn Punkte zulegen konnte. Die SPD erreicht etwa dasselbe Niveau wie vor fünf Jahren.

Zugleich bestehen zwischen den ostdeutschen Bundesländern beträchtliche politische Unterschiede. Für alle fünf gilt: Die Ära der absoluten Mehrheiten ist Geschichte. Auch die Zeit der Drei-Parteien-Parlamente ist vorbei (einstweilen hat nur noch Thüringen einen Landtag mit drei Fraktionen). Für die FDP und leider auch für Rechtsextremisten scheint eine Basis entstanden zu sein, die ihnen Wählerzuspruch garantiert. Die Grünen hingegen tun sich weiterhin schwer, in Ostdeutschland Fuß zu fassen. Eine soziale und kulturelle Basis besitzen sie nur in den großen Universitätsstädten; das reicht (außer in Sachsen) jedoch nicht, um die Fünf-Prozent-Hürde sicher zu überwinden. Im Frühjahr 2009 regiert die SPD in fünf der sechs ostdeutschen Bundesländer, und es gibt realistische Chancen, dass dies am Ende des Jahres überall im Osten der Fall sein wird. Gleichwohl bleibt die Lage für uns ostdeutsche Sozialdemokraten schwierig. Im Gegensatz zu den alten Ländern, wo die SPD innerhalb des politischen Spektrums gewöhnlich links der Mitte verortet wird, ist die Sozialdemokratie in Ostdeutschland zwischen CDU und Linkspartei die »Partei der Mitte« schlechthin. Damit eröffnen sich für sie zwar größere Koalitionsmöglichkeiten, aber zugleich fällt Profilierung schwerer.

Auch in sozialer und ökonomischer Hinsicht wird es zunehmend schwierig, von einem einheitlichen Ostdeutschland zu sprechen. Städte, Regionen, gesellschaftliche Gruppen entwickeln sich unterschiedlich – und damit auch auseinander. Das zeigt sich beispielsweise in der Frage der Arbeitslosigkeit. 2008 wies Thüringen als erstes Bundesland im Osten eine niedrigere Erwerbslosenquote auf als das westdeutsche Schlusslicht Bremen. Zugleich aber klafft die Schere *innerhalb* der einzelnen ostdeutschen Bundesländer immer weiter auseinander. Auf dem Höhepunkt des jüngsten Aufschwungs im Jahr 2008 herrschte in einigen wenigen Regionen wie etwa dem westlichen Umland von Berlin nahezu Vollbeschäftigung – die Arbeitslosenquoten lagen hier bei 4 bis 5 Prozent. Zugleich gibt es Regionen, in denen die Erwerbslosigkeit seit Jahren kontinuierlich bei 20 Prozent liegt, etwa im sachsen-anhaltischen Sangerhausen oder in der brandenburgischen Uckermark.

Mit der Ausdifferenzierung der Arbeitslosigkeit korrespondiert die wirtschaftliche Entwicklung. Auch sie vollzieht sich in den Regionen immer unterschiedlicher. Im Brandenburger Kreis Teltow-Fläming südlich von Berlin hat sich die Wirtschaftsleistung zwischen 1995 und 2005 fast verdoppelt; im nur wenige Kilometer entfernten Kreis Oberspreewald-Lausitz ist sie im selben Zeitraum um ganze 6 Prozent gewachsen. Ähnlich gegenläufige Entwicklungen sind innerhalb aller ostdeutschen Länder zu verzeichnen. So klafft etwa das Bruttoinlandsprodukt pro Einwohner zwischen Schwerin in Mecklenburg-Vorpommern (31 000 Euro) und dem sächsischen Zwickauer Land (13 000 Euro) erheblich auseinander.

Das Gleiche gilt für die Einkommen der Beschäftigten in den neuen Bundesländern. Geblieben ist dagegen der niedrige Organisationsgrad der Gewerkschaften und die geringe Tarifbindung. Auch deshalb gibt es in der Frage der Angleichung der ostdeutschen Löhne an das westdeutsche Niveau kaum Fortschritte. Zwar werden in einigen tarifgebundenen Bereichen – im öffentlichen Dienst und in der Chemieindustrie – mittlerweile dieselben Gehälter gezahlt wie im Westen. In anderen Bereichen, vor allem in den kleinen und mittleren Betrieben, ist der Abstand zum Westen aber weiterhin beträchtlich. Für viele Unternehmen bedeutet dies einen wichtigen Wettbewerbsvorteil, auf den sie deshalb auch nur schwer verzichten können. Zugleich aber werden auf diese Weise die notwendige Vermögensbildung und private Altersvorsorge verhindert, die regionale Kaufkraft geschwächt und die Abwanderung von Fachkräften beschleunigt.

Parallel zu den ökonomischen Veränderungen differenziert sich die ostdeutsche Gesellschaft aus. Dies belegen beispielhaft langfristig angelegte Umfragen aus Brandenburg. Die Befragten wurden gebeten, ihren jeweiligen Ort in der gesellschaftlichen Hierarchie anzugeben. Die Ergebnisse zeigen, dass in den vergangenen fünfzehn Jahren die Oberschicht und die obere Mitte der Gesellschaft gewachsen sind (von 13 Prozent 1993 auf 25 Prozent 2009). Zugleich aber ist der Anteil der Menschen, die sich selbst in der unteren Mitte und Unterschicht verorten, stabil geblieben (24 Prozent 1993 und 22 Prozent 2009). Das bedeutet, dass die gesellschaftliche Mitte geschrumpft ist (von 64 Prozent 1993 auf 53 Prozent 2008). Angesichts der Verfestigung einer unteren Mitte und Unterschicht und einer wachsenden oberen Mitte und Oberschicht entstehen soziale Trägergruppen für Parteien wie die Linkspartei und die FDP, die sich nur noch als politisches Sprachrohr ganz bestimmter Klientelinteressen begreifen. Über die »Zukunft der Volksparteien« wird in Westdeutschland seit vielen Jahren diskutiert; in Ostdeutschland lässt sich schon heute besichtigen, was passiert, wenn ihre integrierende Kraft tatsächlich auf Dauer nachlassen sollte.

Auf noch einem Gebiet lag der Osten überraschenderweise vorn. Die Schockwellen der weltweiten Finanzkrise trafen in Deutschland zuerst im Osten ein. Bereits 2007 geriet die Sächsische Landesbank wegen ihres Engagements auf überhitzten ausländischen Immobilienmärkten in eine gefährliche Schieflage, die am Ende nur durch den Verkauf der Bank behoben werden konnte. Noch sind die Auswirkungen der massiven Wirtschafts- und Finanzkrise auf die neuen Bundesländer allerdings schwer abzuschätzen. Klar ist leider, dass der wirtschaftliche Aufholprozess der ostdeutschen Länder gegenüber den westdeutschen nahezu zum Stillstand gekommen ist. Nach wie vor sind die ökonomischen Rahmenbedingungen in Ost und West sehr verschieden, aber unterschiedlich entwickelt haben sich auch die verschiedenen Regionen innerhalb der ostdeutschen Länder. Von der schweren Automobilkrise betroffen sind vor allem Sachsen und Thüringen, wo in den vergangenen Jahren eine umfangreiche Automobilindustrie einschließlich vieler Zulieferer entstanden ist. Auch die Chipindustrie steckt in einer weltweiten Strukturkrise, die durch Überkapazitäten gekennzeichnet ist. Von dieser Krise ist vor allem die Region Dresden schwer getroffen. Der dortige Innovationsvorsprung wurde durch staatliche Zuschüsse in dreistelliger Millionenhöhe gestützt; offen ist, wie nachhaltig solch eine Subventionierung wirkt.

Den ostdeutschen Unternehmen ist es in den vergangenen Jahren gelungen, auf ausländischen Märkten Fuß zu fassen. Gleichwohl liegt die Exportquote im verarbeitenden Gewerbe der neuen Länder noch deutlich niedriger als in Westdeutschland. Sie beträgt zwischen 25 Prozent in Brandenburg und 40 Prozent in Sachsen und Thüringen, während sie sich im Westen auf 45 Prozent beläuft. Angesichts des gegenwärtigen Einbruchs der Weltwirtschaft ist die geringe Einbindung Ostdeutschlands in den Welthandel derzeit sogar eher von Vorteil. Insgesamt ist die Struktur der Wirtschaft im Osten mittlerweile stabiler und ausgewogener als noch vor fünf oder zehn Jahren. Die vorwiegend kleinen und mittleren Unternehmen haben an Substanz zugelegt, die Bedeutung der Bauwirtschaft ist erheblich gesunken. Damit ist die ostdeutsche Wirtschaft im Vergleich zum letzten konjunkturellen Abschwung am Anfang des Jahrzehnts deutlich widerstandsfähiger geworden.

Zugleich aber ist Ostdeutschland intensiv mit der westdeutschen Wirtschaft verwoben und damit von deren Kraft abhängig. Einem scharfen Abschwung in den alten Bundesländern kann sich die ostdeutsche Ökonomie nicht entziehen. Der Nachfragerückgang aus dem Ausland, der die westdeutsche Exportwirtschaft am härtesten trifft, wird sozusagen in den Osten »durchgeleitet«. Dagegen könnte es die Krise entschärfen, dass die derzeit besonders stark gebeutelten großen Privatbanken in Ostdeutschland nur unterdurchschnittlich aktiv sind. Eine wesentlich größere Rolle spielen hier erfreulicherweise die Sparkassen und Genossenschaftsbanken, die sich auch in der Krise bislang als besonders robust erwiesen haben.

Insgesamt ist das Bild der ostdeutschen Wirtschaft also zwiespältig. Solange wir die Dimension der gegenwärtigen Weltwirtschaftskrise noch nicht kennen, lässt sich kaum seriös voraussagen, wie gut oder schlecht die neuen Bundesländer davonkommen werden. Nur eines wissen wir: Im Jahr 2009 wird Ostdeutschland zum ersten Mal nach dem Beitritt der DDR zur Bundesrepublik einen Rückgang des Bruttoinlandsprodukts erleben. Auch dass dieser Rückgang ein erhebliches Ausmaß von minus zwei Prozent oder mehr haben wird, ist bereits klar. Dies ist von besonderer psychologischer Bedeutung. In den vergangenen Jahren haben die Menschen in Ostdeutschland die wirtschaftliche Lage in ihrem Landesteil zwar mehrheitlich als »schwierig« wahrgenommen, dennoch hat es immer eine – wenn auch geringe – Aufwärtsbewegung gegeben.

In dieser schwierigen Situation muss Politik für Ostdeutschland also ganz unterschiedliche Rahmenbedingungen zugleich bewältigen. Irgendeinen grandiosen »Masterplan« mit der *einen* zentralen Lösung für das *eine* Ostdeutschland, wie er in den vergangenen zwei Jahrzehnten immer wieder gefordert wurde, kann es unter diesen Umständen vernünftigerweise nicht geben. Wir müssen, sehr geduldig und sehr nüchtern, mehrere strategische Ansätze zugleich verfolgen und dabei vor allem auf zwei Dinge achten: auf die entscheidenden Engpässe und die wichtigsten Stärken Ostdeutschlands. Viel zu häufig hat sich die Politik in den vergangenen Jahren bei dem Versuch aufgerieben, bestehende Schwächen wettzumachen. Auch das ist wichtig. Erfolg versprechender ist es jedoch, die spezifischen Stärken Ostdeutschlands zu identifizieren und zu Vorbildern zu entwickeln, um auf diese Weise Positivkreisläufe in Gang zu setzen: Was funktioniert, macht Mut und schafft Selbstbewusstsein – und wo Mut und Selbstbewusstsein wachsen, da funktionieren manche Dinge bald besser. Ein bisschen ostdeutsches »Yes, we can« brauchen wir also durchaus, naive Selbsthypnose dürfen wir jedoch auf keinen Fall betreiben. Fest im Auge behalten müssen wir in Ostdeutschland jederzeit die zentralen Engpässe, mit denen wir es zu tun haben, denn sie vor allem könnten letztlich verhindern, dass sich positive Leitbilder verwirklichen lassen.

Der erste Engpass betrifft die Bevölkerungsentwicklung und, damit verbunden, die Frage der Fachkräfte. Allein zwischen 1990 und 2004 schrumpfte die Bevölkerung in Ostdeutschland um 7 Prozent. Hinter dieser Zahl verbergen sich allerdings starke regionale Unterschiede: Sachsen-Anhalt verlor in dieser Zeit 14 Prozent, Thüringen 10 Prozent, Mecklenburg-Vorpommern und Sachsen büßten je 11 Prozent ihrer Einwohner ein. In Berlin und Brandenburg blieb die Einwohnerzahl in der Summe gleich, jedoch bei starken internen Verschiebungen im Falle Brandenburgs. Bis 2020 wird die Bevölkerung in allen ostdeutschen Ländern noch einmal zwischen 10 und 15 Prozent abnehmen. Sachsen-Anhalt wird dann ein volles Drittel seiner Einwohnerzahl von 1990 verloren haben. Eine Ursache dieser Entwicklung ist die enorme Abwanderung, die alle ostdeutschen Länder betrifft. Seit 2001 ist sie zwar zurückgegangen, aber nicht ganz zum Stillstand gekommen.

Ein weiterer – zunehmend wichtigerer – Grund der Bevölkerungsabnahme ist der scharfe Geburtenrückgang nach der Wende. Noch Mitte der achtziger Jahre waren in der DDR etwa 1,8 Kinder pro Frau zur Welt gekommen, doch mit dem »Wendeschock« von 1990 stürzte diese Zahl auf 0,7 ab. Mittlerweile ist die durchschnittliche Geburtenrate zwar wieder auf 1,3 pro Frau gestiegen. Damit liegt Ostdeutschland aber zum einen noch immer deutlich am unteren Ende der europäischen Geburtenraten, zum anderen ist inzwischen die Gesamtzahl jüngerer Frauen stark zurückgegangen.

Die Abwanderung, die nicht geborenen Kinder und die längere Lebenserwartung führen zu einer beschleunigten Alterung der ostdeutschen Bevölkerung. Dies wird in den kommenden Jahren derjenige Engpass sein, der die Entwicklung in Ostdeutschland am meisten beschränkt. Aus ihm ergeben sich erhebliche Konsequenzen für die soziale Infrastruktur, die Wirtschaftsentwicklung und den Arbeitsmarkt unseres Landesteils. Vor allem führt die Alterung des Ostens zu einer erheblichen Abnahme der erwerbsfähigen Bevölkerung, in Brandenburg etwa um fast ein Drittel bis 2030. Auch hier gibt es erhebliche regionale Unterschiede. In einigen Regionen Brandenburgs wird sich die Zahl der Erwerbspersonen sogar halbieren! Unter diesen Umständen könnte Ostdeutschland in die Lage geraten, *zugleich* unter hoher Arbeitslosigkeit und Fachkräftemangel zu leiden. Weil sich die Wirtschaft immer weiter ausdifferenziert und wissensintensiver wird, droht ein Missverhältnis zwischen den vorhandenen Arbeitssuchenden, die häufig über die »falschen« Qualifikationen verfügen, und dem Anforderungsprofil der benötigten Fachkräfte.

Eine weitere Besonderheit hat erheblichen Einfluss auf die demographische Zukunft der neuen Länder: Abgewandert sind vor allem junge und gut ausgebildete Menschen. Gleichzeitig entwickelte sich bis 2005 eine hohe strukturelle Arbeitslosigkeit. Das führte dazu, dass heute jedes vierte ostdeutsche Kind in einer Familie lebt, die auf staatliche Unterstützung angewiesen ist. In manchen Regionen stammt sogar fast die Hälfte der Kinder aus »Hartz-IV-Familien«. Das hat beträchtliche Konsequenzen auf die Entwicklung der Kinder – wenn man an ihr Lebensumfeld, ihre Bildungschancen sowie das Fehlen positiver Vorbilder und Rollenmodelle denkt. Hier ganz besonders ist auf den Gebieten der Familien-, Sozial- und Bildungspolitik sowie bei der Gesundheitsprävention ein wirklich vorsorgender Sozialstaat gefragt.

Ostdeutschland muss familienfreundlicher werden. Vor allem

junge Frauen haben in den vergangenen Jahren den Osten verlassen – und damit exakt diejenige Bevölkerungsgruppe, die in den neuen Ländern am stärksten gebraucht wird. Alle Bereiche des öffentlichen Lebens müssen deshalb auf ihre Familienfreundlichkeit überprüft werden. In den ostdeutschen Ländern wird jede und jeder Einzelne gebraucht – schlicht weil immer weniger Menschen vorhanden sind. Mehr als je zuvor muss deshalb Bildung im Mittelpunkt aller Politik stehen. Das traditionell *quantitativ* gute System der Kinderbetreuung muss systematisch *qualitativ* verbessert und zu einem System der Kinderbildung ausgebaut werden. Nur so können Entwicklungsdefizite von Kindern früh und damit rechtzeitig behoben werden. Aufgrund der schwierigen sozialkulturellen Lage vieler Familien muss die aktivierende und aufsuchende Familienberatung und -unterstützung ausgebaut werden. Ein herausragendes Beispiel dafür sind die »Netzwerke Gesunde Kinder« in Brandenburg. Schulen in sozialen Brennpunkten brauchen besondere Unterstützung beispielsweise durch hochwertige Ganztagsprogramme oder Schulpsychologen.

Als biographische Klippen erweisen sich – nicht nur in Ostdeutschland – immer häufiger die Übergänge zwischen den einzelnen Lebensphasen der Menschen. Das betrifft vor allem die Schwelle zwischen der Schule beziehungsweise der Hochschule und dem Arbeitsplatz. Zu viele Absolventen von Haupt- und Realschulen werden von Abiturienten verdrängt, wenn sie sich auf die Suche nach Ausbildungsplätzen machen. Wir müssen Barrieren beim Zugang zum Hochschulstudium abbauen und Vorbilder sichtbar machen: Schüler, Lehrer und Eltern wissen oft ganz einfach zu wenig über die tatsächlich vorhandenen, aber oft nicht vermuteten ökonomischen Erfolgsgeschichten in ihrer Nachbarschaft und die neuen Berufsbilder, die damit zusammenhängen.

Seit Jahr und Tag wiederhole ich aus Überzeugung den Satz: Ich kann und ich will mir unsere Gesellschaft ohne starke Gewerkschaften nicht vorstellen. Manchmal ist mir diese Aussage als bloße Verbeugung vor einer Tradition ausgelegt worden. Zwar kann ich mit diesem Vorwurf gut leben, tatsächlich aber geht es mir um etwas anderes. Verhandlungsstarke, fest verankerte und erneuerungsfreudige Gewerkschaften sind – wiederum: nicht nur – in Ostdeutschland eine entscheidende Bedingung positiver Gesellschaftsentwicklung. Nur so wird es in den neuen Ländern langfristig möglich sein, die Interessen von Arbeitnehmern – unter Berücksichtigung regionaler Besonderheiten – wirkungsvoll zu vertreten, angemessene Lohnabschlüsse zu erreichen und damit langfristig attraktiv für Fachkräfte zu bleiben. Davon abgesehen sind Lohnangleichung und höhere Löhne der sicherste Weg, um Altersarmut zu verhindern.

Ein zweiter Engpass ist die niedrige Eigenkapitalquote der ostdeutschen Unternehmen. Das macht sie in der Wirtschaftskrise anfälliger, weil es ihnen schwerer fällt, Durststrecken zu überstehen. Die geringe Kapitaldecke führt auch dazu, dass die ostdeutschen Betriebe noch immer strukturelle Defizite bei der Innovationsfähigkeit aufweisen. So entfallen beispielsweise nur fünf Prozent der industriellen Forschung in Deutschland auf die neuen Länder. Das führt zu einer geringeren Fertigungstiefe der Industrie in diesem Teil Deutschlands. Es fehlt an industrienaher Forschung und Entwicklung sowie an industrienahen Dienstleistungen. Auch für diesen Engpass gibt es keine einfachen Lösungen. Schon heute listet der Bericht zum Stand der Deutschen Einheit sieben Programme auf, die allesamt die Innovationskraft von Unternehmen stärken sollen. Sieben weitere Bundesprogramme sind darauf ausgerichtet, die dünne Eigenkapitaldecke von Unternehmen auszugleichen, indem sie zum Beispiel Vermarktungshilfen oder günstige Kredite bereitstellen. Flankiert werden diese Programme durch zusätzliche Anstrengungen der Länder. Man wird auf solche Maßnahmen in den kommenden Jahren nicht verzichten können. Ihre Vielzahl mag erstaunen, sie erklärt sich aber aus den spezifischen Bedürfnissen unterschiedlicher Unternehmen und Branchen. Insgesamt eignet sich dieses Thema kaum für parteipolitische Auseinandersetzungen, da die

Positionen hier nahe beieinanderliegen. Ein Handlungsfeld von zentraler strategischer Bedeutung bleibt es dennoch. Das Problem abzumildern wird ganz entscheidend für den Erfolg der ostdeutschen Wirtschaft in den kommenden Jahrzehnten sein.

Damit Ostdeutschland die genannten Engpässe hinter sich lassen kann, ist es umso wichtiger, dass wir uns unserer Stärken und Potenziale bewusst werden, um diese energisch auszubauen. Entscheidende, bislang aber unterbewertete Vorteile bestehen vor allem in der ostdeutschen *Energiekompetenz* sowie in der *geographischen Lage* Ostdeutschlands in der Mitte des neuen Europas.

Öffentlich viel zu wenig beachtet, haben sich die ostdeutschen Länder in den vergangenen Jahren zu einem einzigen großen Kompetenzzentrum auf dem Gebiet der Energie entwickelt. Lange schienen die großen Ansiedlungsanstrengungen der Automobil- und Mikroelektronikindustrie für den Osten bedeutsamer. Ob das so bleiben wird, ist mindestens fraglich. Jedenfalls stehen in Ostdeutschland heute nicht nur die effizientesten Braunkohlekraftwerke. Hier wird auch an Technologien gearbeitet, die einen Durchbruch bei der klimafreundlichen Verbrennung fossiler Energieträger bedeuten könnten. Sollte es großtechnisch gelingen, Kohlendioxid bei der Verbrennung von Braunkohle abzuspalten und zu speichern, könnte Ostdeutschland zu einem international führenden »Innovationslabor« in Sachen Energie werden.

Auch bei den erneuerbaren Energien hat sich Ostdeutschland an die Spitze gesetzt. Jede sechste Solarzelle der Welt kommt aus Ostdeutschland, das damit ein international herausragender Standort für Solarindustrie und Fotovoltaik geworden ist. In Sachsen und Sachsen-Anhalt, Thüringen und Brandenburg sind wichtige Forschungs- und Produktionsstätten der Solarindustrie entstanden. Bei der Produktion und Installation von Windkraftanlagen liegen Brandenburg und Sachsen-Anhalt deutschlandweit an der Spitze. 40 Prozent der in Deutschland installierten Windkraftleistung entfallen auf die ostdeutschen Länder. Zudem sind zwei Drittel der Biokraftstoffproduktion in Ostdeutschland angesiedelt.

Angesichts der globalen Klimakrise werden diese »Standortvorteile« Ostdeutschlands bisher vollkommen unterschätzt. Ihre langfristige strategische Bedeutung für Wirtschaftskraft, Innovationsfähigkeit und Beschäftigung werden noch nicht in ausreichendem Maße erkannt und kommuniziert. Die Energieversorgung, einschließlich der Produktion von Anlagen, ist ein wichtiger Wirtschaftszweig der Zukunft, der sich langfristig selbst tragen wird. In Ostdeutschland knüpft diese Branche an langjährige industrielle Traditionen an. Eine ausgewogene Energiepolitik, die sowohl auf erneuerbare Energien als auch – in ökologisch verantwortbarer Weise – auf die Kohle setzt, stößt in Ostdeutschland auf Zustimmung. Das zeigte das geringe Echo, das jüngst ein Volksbegehren in Brandenburg fand, mit dem die Erschließung neuer Kohlefelder verhindert werden sollte. Gerade einmal ein Prozent der Wahlberechtigten unterstützte diese Initiative.

Elemente strategischer Energiepolitik für Ostdeutschland umfassen also die Unterstützung sowie den Ausbau von Forschung und Entwicklung auf den Feldern Energieversorgung und Klimaschutz, die Vernetzung von Wissenschaft und Energiewirtschaft. Fortschritte, Potenziale und vorhandene Kapazitäten müssen in ihrer Zukunftsträchtigkeit begriffen und positiv in die Öffentlichkeit vermittelt werden. Das gilt besonders für den hier und da aus mangelnder Weitsicht noch skeptisch betrachteten Ausbau der erneuerbaren Energien. Schließlich wird es darauf ankommen, dass wir in Deutschland eine ebenso breit angelegte wie offene Debatte darüber führen, welche Aussichten für eine klimafreundliche Nutzung unserer heimischen Braunkohle bestehen.

Die Energie- und Klimapolitik macht äußerst schwierige Abwägungen erforderlich. Wer das verdrängt, setzt die Zukunft unserer Gesellschaft aufs Spiel. Je mehr Menschen verstehen, dass es einfache und bequeme Lösungen auf diesem Gebiet schlicht nicht gibt, desto besser für unser Land. Nur dann haben diejenigen eine Chance, mit ihren Argumenten öffentlich durchzudringen, die für abgewogene und realistische Energie- und Klimapolitik eintreten. Nach dem Muster »Bei uns kommt der Strom aus der Steckdose« denken tatsächlich immer noch viel zu viele. Diese Grundhaltung müssen wir zurückdrängen – und zwar durch geduldige Aufklärung. Denn selbstverständlich hat der Strom aus der Steckdose Voraussetzungen – ebenso wie die Wärme in unseren Heizkörpern. Und über diese Voraussetzungen müssen wir miteinander reden.

Genauso abträglich für eine aufgeklärte Energie- und Klimapolitik sind Debatten, in denen – meist im Brustton der Überzeugung – hervorgehoben wird, welche Energieträger unbedingt *abgelehnt* werden sollten. Erdöl wird knapp und – ungeachtet des jüngsten Preisverfalls – mittelfristig auf jeden Fall teurer; deshalb wird gefordert, dass wir uns so schnell und so weitgehend wie möglich vom Erdöl abnabeln. Zugleich soll möglichst kein Strom mehr aus Kohle gewonnen werden, weil so Lebensräume zerstört werden und das bei der Verbrennung anfallende Kohlendioxid das Klima anheizt – es sei denn, es gelingt, das Kohlendioxid zurückzuhalten und zu lagern. Die Kernenergie wiederum halten viele Menschen – zu Recht – für gefährlich und auf die Dauer nicht verantwortbar. Beim Erdgas gilt die zunehmende Abhängigkeit von Russland als Problem. Windräder sind unbeliebt, weil sie als Verschandelung der Natur wahrgenommen werden. Und der verstärkte Anbau von Biokraftstoffen verknappt weltweit die Produktion von Nahrungsmitteln.

Für viele solcher Einwände gegen bestimmte Energieträger sprechen gewichtige Argumente. Hoch problematisch ist allerdings, dass sie uns *zusammengenommen* geradezu zur Untätigkeit zwingen. Mit bloßer Ablehnung und Verweigerung lässt sich keine verantwortliche Politik machen. Wer sich im Grunde jede Option verbaut, katapultiert sich von vornherein aus der ernsthaften Debatte um Energie und Klima heraus. Aber Negation genügt nicht. Wenn der Strom tatsächlich weiterhin aus unseren Steckdosen kommen soll, wenn unsere Unternehmen wettbewerbsfähig sein sollen und unsere Wohnungen beheizt – dann brauchen wir *konstruktive* Antworten. Vor uns liegen intensive Debatten zu diesem Thema. An ihnen sollten und werden sich Ostdeutsche intensiv beteiligen.

Wie bereits beschrieben, liegt Ostdeutschland nicht nur geographisch, sondern auch mit Blick auf seine historischen Erfahrungen im Zentrum Europas. Mit der Osterweiterung der EU in den Jahren 2004 und 2007 ist Ostdeutschland aus seiner Randlage innerhalb der EU ins Zentrum des Binnenmarktes gerückt. In der ostdeutschen Selbstwahrnehmung gibt es allerdings zuweilen noch eine gewisse »Randlagenmentalität«. Das muss sich ändern, denn wie sehr Ostdeutschland von seiner Lage profitiert, zeigen bereits heute die außerordentlich hohen Wachstumsraten beim Export nach Osteuropa. Auch wenn der absolute Umfang noch vergleichsweise gering ist, sind die Potenziale angesichts der wirtschaftlichen Dynamik in Ostmitteleuropa groß – jedenfalls unter der Voraussetzung, dass die derzeitige Wirtschaftskrise dort keine dauerhaften Schäden anrichtet.

Ostdeutschland kann in den kommenden Jahren eine echte Brücke nach Osteuropa werden – und zwar in politischer, geographischer und wirtschaftlicher Hinsicht. Deutschland insgesamt, aber die ostdeutschen Länder im Besonderen, können ein guter Anwalt und »Übersetzer« ost- und ostmitteleuropäischer Interessen in der EU sein. Ihre Transformationserfahrungen machen die neuen Länder in Ost und West auf diesem Gebiet außerordentlich glaubwürdig. Die strategische Position Ostdeutschlands innerhalb Europas ist der breiten Öffentlichkeit, aber auch vielen Entscheidungsträgern noch gar nicht richtig bewusst. Ostdeutschland kann ein regelrechtes Sprungbrett für die Erschließung der Märkte in Osteuropa sein. Um die Chancen zu nutzen, die sich durch engere Kooperation bieten, müssen wichtige Infrastrukturvorhaben Richtung Osteuropa weiter ausgebaut werden. Auf die »Verkehrsprojekte Deutsche Einheit« sollten dringend »Verkehrsprojekte Europäische Einheit« folgen. Weil die außenwirtschaftlichen Kontakte intensiviert werden müssen,

brauchen die ostdeutschen Unternehmen verstärkte Unterstützung bei der Markterschließung in Osteuropa.

*

Zwanzig Jahre nach der Revolution von 1989 steht Ostdeutschland also vor schwierigen Herausforderungen. Der demographische Umbruch geht weiter, die finanziellen Zuweisungen aus dem
Solidarpakt werden planmäßig zurückgefahren, die langfristigen
sozialen und kulturellen Auswirkungen der hohen Arbeitslosigkeit lassen sich noch gar nicht ermessen. Und alle diese Struktur-
probleme werden nun auch noch überlagert und verschärft durch
eine beispiellose Weltwirtschaftskrise, deren weitere Entwicklung und langfristige Folgen im Frühjahr 2009 niemand voraussagen kann. Kurz, es bleibt in Ostdeutschland in den kommenden Jahren nicht nur schwierig – es wird sogar wieder schwieriger
werden. Und trotzdem: Die Zukunft ist offen für politischen Ge-
staltungswillen, gerade in Ostdeutschland, gerade in der Mitte
unseres neuen Europas. Weder die Verbreiter des Geredes von
der permanenten Benachteiligung aller Ostdeutschen haben die
Wirklichkeit auf ihrer Seite, noch die Gesundbeter, die noch
immer an irgendwie vom Himmel fallende »blühende Landschaften« glauben. Tatsächlich ist Ostdeutschland nicht zu ewi-
ger Benachteiligung verurteilt, aber wir sollten auch nicht darauf
hoffen, dass sich Retter von außen finden werden, die für uns die
ostdeutschen Kohlen aus dem Feuer holen. Was uns in Ostdeutschland gelingen soll, das müssen wir schon selbst vollbrin-
gen. Insofern gleicht unsere Lage derjenigen im Herbst 1989:
Wieder kommt es auf uns selbst an, wieder müssen wir die Dinge
selbst in die Hand nehmen.

Vor allem müssen wir uns zwei Jahrzehnte nach der Revolution
von 1989 endgültig davon verabschieden, die ostdeutsche Gegenwart und Zukunft immer nur an den Verhältnissen in der DDR
zu messen. »Man sollte aufhören, Ostdeutschland weiter als in
einer historischen Ausnahmesituation befindlich zu beschreiben,
in der die Brucherfahrung von 1989 im Zentrum steht«, schrieb

vor einiger Zeit die junge ostdeutsche Autorin Jana Hensel. »Man muss beginnen, über diesen Bruch hinweg zu erzählen und endlich die Kontinuitäten aufzuzeigen.« Jana Hensel hat recht. Schier endlos ließe sich weiter darüber streiten, was in der DDR besser oder schlechter, gerechter oder ungerechter war, welche der damaligen »Errungenschaften« hätten bewahrt werden müssen und welche Defizite wir energischer hätten abstellen sollen. Mein persönliches, aus eigener Erfahrung gewonnenes Urteil in diesen Dingen ist sehr klar: Wäre das System der SED demokratisch und freiheitlich gewesen, wäre es rechtsstaatlich und solidarisch gewesen, ökologisch und lebenswert – wir Bürgerinnen und Bürger hätten im Herbst 1989 keinen Grund gehabt, es zu beseitigen. Andere sehen die DDR in milderem Licht. Aber die entscheidende Frage lautet: Wem eigentlich hilft es auf die Dauer weiter, wenn wir uns immer weiter an diesen vergangenheitsfixierten Debatten festbeißen? Welche unserer drängenden Gegenwartsprobleme lösen wir, wenn wir auf dem Weg nach vorn immer nur den Rückspiegel im Blick haben? Nur sehr wenige, fürchte ich.

»Zukunft braucht Herkunft« – dieser Zusammenhang bleibt mir wichtig. Wir sollten wissen, wo wir herkommen. Wo allerdings die Orientierung am Gewesenen zum Selbstzweck wird statt zur Ressource der Erneuerung, da verbauen wir uns die Zukunft. So gesehen gibt es Bestandteile ostdeutscher Geschichte, über die im Grunde viel mehr geredet werden müsste, als wir dies üblicherweise tun. Ostdeutschland war in den vergangenen zwei Jahrzehnten unendlich viel mehr als eine »Nicht-mehr-DDR«! Wenn wir uns im Jahr 2009 an die Revolution von 1989 und ihre Folgen erinnern, dann vor allem deshalb, weil hier seitdem etwas wirklich Neues entstanden ist, geschaffen durch die Arbeit und das Engagement der Menschen in Ostdeutschland. Deshalb sollten wir uns vielmehr mit eben diesen zwanzig Jahren *selbst* beschäftigen, die zwischen dem Aufbruch von 1989 und heute vergangen sind. Zwanzig ereignisreiche, teilweise dramatische und ganz sicher auch schwierige Jahre waren das. Und vor allem: *unsere* zwanzig Jahre.

Zwei Jahrzehnte, in denen wir Ostdeutschen unseren Weg ganz neu suchen mussten – und millionenfach gefunden haben. Zwei Jahrzehnte, in denen wir Rückschläge erlitten haben, manchmal zu Boden gegangen und in den meisten Fällen wieder aufgestanden sind. Solche Erfahrungen machen nicht immer Freude, aber eines machen sie auf jeden Fall: lebenstüchtig und unerschrocken.

Im Herbst 1989 sind wir gemeinsam aufgebrochen. Für mich ganz persönlich begann diese Geschichte in gewisser Weise am 11. September 1989 auf dem Flughafen von Budapest – jenem Tag, an dem ich aller Ungewissheit zum Trotz meine Entscheidung traf, in die DDR zurückzukehren. Hier wollte ich sein, hier wollte ich gemeinsam mit meinen Freunden dabei helfen, aus meiner Heimat ein besseres, ein lebenswerteres Land zu machen. Ungezählte Bürgerinnen und Bürger haben seither auf andere Weise und an anderen Orten ihr Teil dazu beigetragen, dass Ostdeutschland weit vorangekommen ist. In der DDR war immer viel von »Aufbau« die Rede – viel zu viel sogar. Der Aufbau hingegen, der uns seit 1989 in Ostdeutschland unter enorm schwierigen Bedingungen gelungen ist, wird gemessen daran deutlich weniger thematisiert – zu wenig. Ich finde, dass sich das ändern sollte, und zwar schon deshalb, weil wir in ganz Deutschland in den kommenden Jahren noch eine ganze Menge von der unverzagten und unerschrockenen Grundhaltung brauchen werden, die Millionen von Ostdeutschen seit dem Herbst 1989 an den Tag gelegt haben. Rückschläge erleiden, wieder aufstehen, sich neu orientieren und unbeeindruckt weitermachen – genau das haben die Ostdeutschen in den vergangenen zwei Jahrzehnten sehr gründlich erlernt. Das sind nicht die schlechtesten Fertigkeiten, um im 21. Jahrhundert zurechtzukommen. Ob uns diese im Umbruch erworbenen Kompetenzen bereits zu einer »Avantgarde« machen, an der sich in Zeiten andauernder Veränderung andere orientieren können, weiß ich nicht. Was ich dagegen weiß, ist dies: Die Welt im Jahr 2029 wird grundlegend anders aussehen und funktionieren als die Welt im Jahr 2009. Wir in Ostdeutschland werden vorbereitet sein.

Lebenslauf

Matthias Platzeck
geboren 1953 in Potsdam, verheiratet, 3 Kinder

1972 – 1974	Grundwehrdienst bei der Nationalen Volksarmee
1974 – 1979	Studium an der Technischen Hochschule Ilmenau; Abschluss als Diplomingenieur für biomedizinische Kybernetik
1979 – 1980	Wissenschaftlicher Mitarbeiter am Institut für Lufthygiene in Karl-Marx-Stadt
1980 – 1982	Direktor für Ökonomie und Technik im Kreiskrankenhaus Bad Freienwalde
1982 – 1990	Abteilungsleiter für Umwelthygiene bei der Hygieneinspektion Potsdam
April 1988	Gründungsmitglied der Potsdamer Bürgerinitiative Arbeitsgemeinschaft für Umweltschutz und Stadtgestaltung (ARGUS) sowie der AG Pfingstberg

November 1989 bis April 1990	Gründungsmitglied und Sprecher der Grünen Liga
Dezember 1989 bis Februar 1990	Teilnehmer an den Verhandlungen des Zentralen Runden Tisches der DDR
Februar 1990 bis April 1990	Minister ohne Geschäftsbereich im Kabinett Modrow
März 1990 bis Oktober 1990	Parteiloser Volkskammerabgeordneter für die Grüne Partei der DDR, parlamentarischer Geschäftsführer der Fraktionsgemeinschaft Bündnis 90/Grüne
Oktober 1990 bis Dezember 1990	parteiloser Bundestagsabgeordneter von Bündnis 90/Grüne
November 1990 bis November 1998	Minister für Umwelt, Naturschutz und Raumordnung des Landes Brandenburg
Juni 1995	Eintritt in die SPD
November 1998 bis Juni 2002	Oberbürgermeister der Brandenburger Landeshauptstadt Potsdam
Seit 2000	Landesvorsitzender der SPD Brandenburg
seit Juni 2002	Ministerpräsident des Landes Brandenburg
November 2005 bis April 2006	Bundesvorsitzender der SPD

Bildnachweis